David Graeber

Bürokratie

Die Utopie der Regeln

Aus dem Amerikanischen von
Hans Freundl und Henning Dedekind

Klett-Cotta

Die *Einführung* und die Kapitel 1 und 2 (S. 7–180) hat Hans Freundl, das Kapitel 3 und den Exkurs im Anhang (S. 181–271) hat Henning Dedekind übersetzt.

Der Verlag Klett-Cotta dankt dem Originalverlag Melville House (Brooklyn, London) für die freundliche Genehmigung zum Abdruck der Abbildungen S. 189, 190 (Carl Beckmann: Die automatische Schnellrohrpostlinie Berlin Haupttelegraphenamt-PA O 17, entwickelt und gebaut 1927/28, Berlin: Mix & Genest, 1929) und S. 207 (Robert Fludd, Meteorologica cosmica, Frankfurt, 1626, S. 8).

MIX
Papier aus verantwortungsvollen Quellen
FSC® C014889

Klett-Cotta
www.klett-cotta.de
Die Originalausgabe erschien unter dem Titel
»The Utopia of Rules. On Technology, Stupidity, and the Secret Joys of Bureaucracy«
im Verlag Melville House, Brooklyn, London 2015

Printed in Germany
Umschlag: Rothfos & Gabler, Hamburg
Gesetzt von Dörlemann Satz, Lemförde
Gedruckt von Friedrich Pustet GmbH & Co. KG, Regensburg
ISBN 978-3-608-94752-6

Bibliografische Information der Deutschen Nationalbibliothek
Die Deutsche Nationalbibliothek verzeichnet diese Publikation in der Deutschen Nationalbibliografie; detaillierte bibliografische Daten sind im Internet über http://dnb.d-nb.de abrufbar.

Inhalt

Einführung

Das Eherne Gesetz des Liberalismus und die Ära der totalen Bürokratisierung

Über Bürokratie spricht heute kaum noch jemand. Doch Mitte des vergangenen Jahrhunderts und vor allem Ende der Sechziger- und Anfang der Siebzigerjahre war dieser Begriff allgegenwärtig. Umfangreiche soziologische Wälzer mit hochtrabenden Titeln erschienen wie beispielsweise *A General Theory of Bureaucracy*[1], *The Politics of Bureaucracy*[2] oder auch *The Bureaucratization of the World*[3] und populäre Schriften und Ratgeber wie *Parkinsons Gesetz*[4], *Das Peter-Prinzip*[5] oder *The Bureaucrats: How to Annoy Them*[6]. Kafkaeske Romane gab es und satirische Filme. Es herrschte eine Stimmung, als würden Marotten und Absurditäten des bürokratischen Lebens und der bürokratischen Verfahren das moderne Leben bestimmen und daher verdienen, eingehend diskutiert zu werden. Seit dem Ende der Siebzigerjahre hat das Interesse an dieser Thematik jedoch eigenartigerweise nachgelassen.

Dies vergegenwärtigt beispielhaft die nachstehende Grafik, indem sie veranschaulicht, wie häufig das Wort »Bürokratie« in den Titeln englischer Publikationen der vergangenen 150 Jahre vorkommt. Unmittelbar nach dem Zweiten Weltkrieg hatte das Thema nur geringe Bedeutung; das Interesse nahm ab den Fünfzigerjahren kontinuierlich zu und klang, nachdem 1973 der Höhepunkt erreicht war, langsam aber stetig wieder ab.

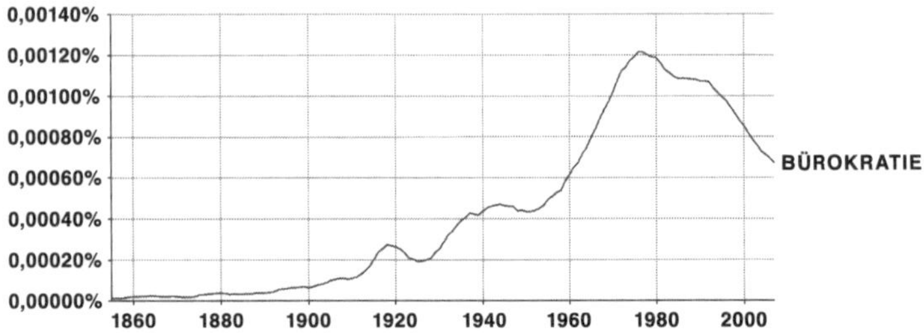

Woran mag das liegen? Nun, ganz augenscheinlich haben wir uns an die Bürokratie gewöhnt. Bürokratie ist heute das Wasser, in dem wir schwimmen. Stellen wir uns eine andere Grafik vor, in der die durchschnittliche Zahl der Stunden dokumentiert wird, die ein typischer Amerikaner, Brite, Deutscher oder Thailänder damit verbringt, Formulare auszufüllen oder anderen bürokratischen Verpflichtungen nachzukommen. (Unnötig zu erwähnen, dass der Großteil dieser Verpflichtungen nichts mehr mit herkömmlichem Papierkram zu tun hat.) Diese Grafik weist höchstwahrscheinlich zunächst eine ganz ähnliche Kurve auf, wie sie in der ersten Darstellung zu sehen ist: einen langsamen Anstieg bis 1973. Ab diesem Punkt jedoch nähme die zweite Kurve einen anderen Verlauf – anstatt zurückzufallen, würde sie weiter steigen, würde sie sogar jäh ansteigen und die Tatsache belegen, dass ab dem Ende des 20. Jahrhunderts die Angehörigen der Mittelschicht immer länger damit beschäftigt sind, sich mit Telefonketten und Computeroberflächen auseinanderzusetzen. Andere hingegen, die weniger gut Situierten, müssen Tag für Tag immer mehr Zeit aufwenden, um die immer komplizierteren Hürden zu überwinden, die den Zugang zu den im Rückgang befindlichen sozialen Diensten regulieren.

Meiner Meinung nach könnte eine solche Grafik etwa folgendermaßen aussehen:

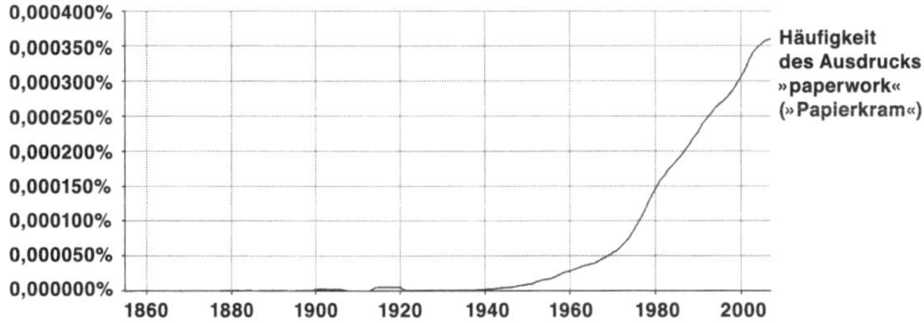

Diese grafische Darstellung bezieht sich nicht auf die Zeit, die mit Papierkram oder Schreibarbeit verbracht wird, sondern darauf, wie häufig der Ausdruck »paperwork« in englischsprachigen Büchern verwendet wird. Weil uns keine Zeitmaschinen zur Verfügung stehen, um unmittelbarere Untersuchungen anzustellen, dürfte dies den Sachverhalt annäherungsweise am besten erfassen.

Übrigens erbringen auch die meisten mit Papierkram und Schreibarbeit in Verbindung stehenden Begriffe fast identische Ergebnisse, wie Abb. 3 belegt:

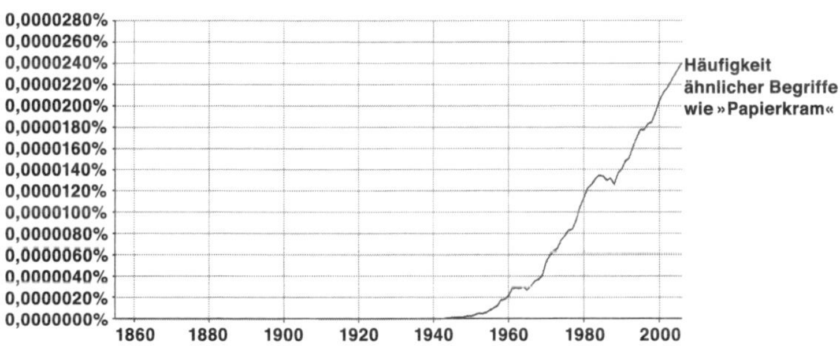

Die Ansätze und Perspektiven, die ich in diesem Buch vorstelle, befassen sich alle auf die eine oder andere Weise mit diesem Missverhältnis. Wir denken nicht mehr über Bürokratie nach –

dennoch beeinflusst und bestimmt sie jeden einzelnen Aspekt unseres Lebens. Fast scheint es so, als hätten wir uns als planetarische Zivilisation entschlossen, die Ohren mit den Händen zuzuhalten und zu summen, sobald dieses Thema zur Sprache kommt. Sofern wir überhaupt noch zu diskutieren bereit sind, verwenden wir populäre Begriffe der Sechziger- oder Siebzigerjahre. Die sozialen Bewegungen der Sechzigerjahre inspirierten im großen Ganzen die Linke und ihr Denken; man rebellierte gegen die bürokratische Mentalität oder, genauer gesagt, gegen die seelenzerstörerische Gleichförmigkeit der Wohlfahrtsstaaten der Nachkriegszeit. Konfrontiert mit grauen Funktionären der staatskapitalistischen wie der staatssozialistischen Systeme standen die Rebellen der Sechzigerjahre für den individuellen Ausdruck und die spontane Gemeinschaft und widersetzten sich jeder Form sozialer Kontrolle nach dem Motto: »Regeln und Regulierungen, wer braucht die eigentlich?«

Nach dem Zusammenbruch der Wohlfahrtsstaaten alter Prägung erscheint all dies höchst bizarr. Nachdem die politische Rechte, die auf »Marktlösungen« für alle sozialen Probleme beharrt, sich zielstrebig die Sprache des antibürokratischen Individualismus angeeignet hat, bescheidet sich die Linke mehrheitlich mit erbarmungswürdigen Rückzugsgefechten und versucht, so gut es geht die Reste des alten Wohlfahrtsstaats zu bewahren: Aber diese Linke hat sich mit den Versuchen abgefunden – und führt sie häufig sogar selbst an – den Staat »effizienter« zu machen, indem Dienstleistungen teilweise privatisiert und »Marktprinzipien«, »Marktanreize« oder marktbezogene »Verantwortlichkeitsprozesse« in die Struktur des bürokratischen Apparates implantiert werden.

Das Ergebnis ist eine politische Katastrophe. Anders kann man es nicht nennen. Was als »gemäßigte« linke Lösung für soziale Probleme jeglicher Art präsentiert wird – radikale linke Lösungen sind fast überall von vornherein ausgeschlossen –, stellt eine alptraumhafte Verbindung der schlimmsten Elemente der Bürokratie mit den schlimmsten Elementen des Kapitalismus dar. Es ist, als habe jemand versucht, die am wenigsten anziehende politische Position zu formulieren. Wie stark das Beharrungsvermögen linker Ideale ist, belegt der Umstand, dass vielen eine Partei als wählbar erscheint, die Derartiges propagiert – nicht weil sie eine solche Politik angemessen finden, sondern weil dies die einzige Politik ist, die von Wählern links der Mitte als zulässig wahrgenommen wird.

Kann es daher verwundern, dass jedes Mal, wenn irgendwo eine soziale Krise ausbricht, die Rechte und nicht die Linke jener Akteur ist, der dem Volkszorn Ausdruck verleiht?

Zumindest verfügt die Rechte über eine Bürokratiekritik. Sehr gelungen ist diese Kritik keineswegs – aber es gibt sie wenigstens. Die Linke hat keine Bürokratiekritik (mehr). Können Linksorientierte aber nichts Negatives über die Bürokratie sagen, übernehmen sie zwangsläufig eine verwässerte rechte Kritik.[7]

Die rechte Kritik lässt sich zügig abhandeln. Sie wurzelt im Liberalismus des 19. Jahrhunderts.[8] Die Erzählung, die in Europa im Gefolge der Französischen Revolution in Kreisen der Mittelschicht entstand, ging dahin, dass die zivilisierte Welt eine allmähliche, ungleichmäßige, aber unvermeidliche Transformation erlebte. Sie führte weg von der Herrschaft von Kriegereliten mit ihren autoritären Regierungen, ihren priesterlichen Dogmen und ihrer durch Kasten bestimmten sozialen Schichtung und brachte eine neue Ordnung hervor, die auf Freiheit, Gleichheit und dem aufgeklärten wirtschaftlichen Eigeninteresse beruhte. Die neuen merkantilen Schichten des Mittelalters höhlen die überkommene feudale Ordnung aus wie Termiten, die von unten an den Fundamenten nagen – ja, wie Termiten, aber welche von der guten Sorte. Prunk und Glanz absolutistischer Herrscher, die nun gestürzt wurden, waren nach der liberalen Lesart der Geschichte das letzte Aufbäumen der alten Ordnung: Verschwände sie, würden die Staaten durch Märkte, die Religion durch die Wissenschaft und die festgefügten gesellschaftlichen Hierarchien durch freie Vereinbarungen zwischen Individuen abgelöst werden.

Das Aufkommen von Bürokratien ist mehr oder minder problematisch, denn es passte nicht richtig in diese Erzählung. All diese langweiligen Funktionsträger, die in ihren Büros saßen und ausgeklügelten Befehlsketten unterworfen waren, galten eigentlich als feudale Relikte; bald würden sie wie die alten Armeen und die Offizierskorps überflüssig werden. Schlagen Sie einen beliebigen russischen Roman vom Ende des 19. Jahrhunderts auf: Die Sprösslinge der alten Adelsfamilien – praktisch alle handelnden Charaktere in diesen Büchern – sind Offiziere oder Beamte (niemand, der irgendwie von Bedeutung war, schien einer anderen Tätigkeit nachzugehen). Militärische und zivile Hierarchien zeichnen sich anscheinend durch nahezu identische Ränge, Titel und Ansprüche aus.

Offenkundig bestand aber ein Problem. Wenn die Bürokraten tatsächlich nur ein Überbleibsel waren, warum vermehrte sich dann ihre Zahl von Jahr zu Jahr? Und zwar nicht nur in rückständigen Ländern wie Russland, sondern auch um 1900 in aufstrebenden Industriegesellschaften wie England und Deutschland?

Hier setzte die zweite Phase der kritischen Auseinandersetzung ein: Bürokratie wurde nun als inhärenter Makel des demokratischen Projekts betrachtet.[9] Der wichtigste Vertreter dieser Denkrichtung war Ludwig von Mises, ein emigrierter österreichischer Aristokrat, der in seinem Buch *Die Bürokratie* (1944) die These vertrat, eine staatliche Verwaltung könne niemals ähnlich effizient funktionieren wie die unpersönlichen Preisbildungsmechanismen des Marktes. Die Ausdehnung des Stimmrechts auch auf die Verlierer des freien wirtschaftlichen

Kräftespiels rufe unweigerlich staatliche Eingriffe hervor, die als gutgemeinte Versuche auftreten, soziale Probleme administrativ zu lösen. Von Mises räumte ein, viele, die solche Lösungen propagierten, seien guten Willens, er war aber dennoch überzeugt, ihre Bemühungen verschlimmere nur die Situation. Die politische Grundlage der Demokratie werde zerstört, weil die Verwalter der Sozialprogramme unvermeidlich mächtiger und einflussreicher werden würden als die gewählten Regierungspolitiker: Stets würden sie sich für noch weitergehende und radikalere Maßnahmen einsetzen. Wohlfahrtsstaaten, die sich in Ländern wie Frankreich oder England oder noch deutlicher in Dänemark und Schweden herausbildeten, schlagen nach von Mises' Ansicht im Laufe von einer oder zwei Generationen unweigerlich in faschistische Systeme um.

Nach dieser Sichtweise veranschaulicht der Aufstieg der Bürokratie perfekt, wie verheerend sich gute Absichten auswirken können. Vermutlich am eingängigsten spitzte Ronald Reagan diese Denkweise durch sein berühmtes Bonmot zu: »Die [...] schrecklichsten Worte in der englischen Sprache lauten: ›Ich bin von der Regierung, und ich komme, um zu helfen.‹«

Problematisch an dieser Erklärung ist nur: Sie hat so gut wie nichts mit der tatsächlichen Entwicklung zu tun. Historisch entstanden die Märkte nicht als autonome, freie Bereiche, die unabhängig von staatlichen Behörden oder ihnen sogar entgegengesetzt waren. Gerade das Gegenteil ist der Fall. Historisch sind Märkte eine Nebenwirkung staatlichen Handelns, vor allem militärischer Unternehmungen, oder sie wurden unmittelbar durch staatliche Politik geschaffen. Dies gilt zumindest seit der Erfindung der Münzprägung, die als Mittel entwickelt wurde, um Soldaten zu entlohnen. Während des längsten Teils der eurasischen Geschichte bediente sich das gewöhnliche Volk informeller Kreditvereinbarungen. Geld, Gold, Silber, Bronze als physische Zahlungsmittel sowie parallel entstehende, unpersönliche Märkte begleiteten in erster Linie Truppenmobilisierungen, Städteplünderungen, erpresste Tributzahlungen und das Verteilen der Kriegsbeute. Auch die modernen Bankensysteme wurden zur Kriegsfinanzierung geschaffen.

Problembehaftet ist also schon von Anfang an die herkömmliche Geschichtsschilderung. Darüber hinaus stellt sich eine weitere gravierende Schwierigkeit ein. Die Vorstellung, der Markt sei in gewisser Weise dem Staat entgegengesetzt und unabhängig von ihm, rechtfertigte spätestens seit dem 19. Jahrhundert eine Wirtschaftspolitik des »laissez faire«. Sie sollte die Rolle des Staates mindern, entfaltete diese Wirkung aber in Wirklichkeit nie. Der englische Liberalismus beispielsweise erreichte keineswegs eine Reduzierung staatlicher Bürokratie, sondern genau dessen Gegenteil: Er brachte eine stetig wachsende Zahl von Verwaltungsbeamten, Archivaren, Inspektoren, Notaren und Polizisten hervor. Sie erst ermöglichten den liberalen Traum einer Welt der freien vertraglichen Vereinbarungen zwischen autonomen Individuen. Die Aufrechterhaltung einer freien Marktwirtschaft erforderte tausendmal mehr Papierkram als eine absolutistische Monarchie wie die Ludwigs XIV.

Das offenkundige Paradox – zielt staatliche Politik darauf ab, die Einmischung des Staates in die Wirtschaft einzudämmen, führt dies am Ende zu mehr Regulierung, mehr Bürokratie und mehr Polizei – lässt sich so regelmäßig beobachten, dass wir dieses Paradox meiner Ansicht nach als ein *allgemeines soziologisches Gesetz* betrachten können. Ich schlage vor, es das »Eherne Gesetz des Liberalismus« zu nennen.

Das Eherne Gesetz des Liberalismus besagt: Jede Marktreform, jede Regierungsinitiative, die den Amtsschimmel bändigen und die Marktkräfte fördern will, resultiert in der Zunahme von Vorschriften, Verwaltungsarbeit und der vom Staat beschäftigten Bürokraten.

Der französische Soziologe Emile Durkheim beobachtete diese Tendenz bereits an der Wende zum 20. Jahrhundert[10], die sich schließlich auch allgemein nicht mehr ignorieren ließ. Mitte des 20. Jahrhunderts waren selbst äußerst konservative Kritiker wie von Mises bereit einzugestehen – zumindest in ihren akademischen Schriften –, dass Märkte sich nicht selbst regulieren und dass eine Armee von Verwaltungsbeamten erforderlich ist, um ein marktwirtschaftliches System am Laufen zu halten. Für von Mises wurde diese Armee erst dann problematisch, wenn sie dazu eingesetzt wurde, Marktergebnisse zu korrigieren, die den Armen übermäßiges Leid zufügten.[11]

Bald erkannten rechtsgerichtete Populisten, dass es, ungeachtet der Realitäten, sehr wirkungsvoll war, Bürokraten ins Visier zu nehmen. In ihren öffentlichen Erklärungen gewann die Verurteilung »abgehobener Bürokraten« – wie der US-amerikanische Gouverneur George Wallace in seinem Präsidentschaftswahlkampf 1968 erstmals diejenigen bezeichnete, die von den Steuergeldern hart arbeitender Bürger leben – eine zentrale Bedeutung und wurde unerbittlich gehässig vorgetragen.

Wallace kommt in diesem Zusammenhang eine Schlüsselrolle zu. An ihn erinnern sich die Amerikaner heute in erster Linie als einen gescheiterten Reaktionär oder grimmigen Fanatiker, den letzten eingefleischten Anhänger der Rassentrennung, der einmal mit einer Axt vor einer Schultür aufkreuzte. Im Hinblick auf sein Vermächtnis kann man ihn aber auch als politisches Genie betrachten. Als erster Politiker schuf er eine nationale Plattform für einen rechtsgerichteten Populismus, der sich bald als so ansteckend erweisen sollte, dass mittlerweile – rund eine Generation später – Vertreter nahezu aller politischen Richtungen davon infiziert sind. Unter amerikanischen Arbeitern herrscht heute die Auffassung vor, die Regierung bestehe vor allem aus zwei Arten von Menschen: aus »Politikern«, prahlerische Gauner und Lügner, die man wenigstens abwählen kann; und aus »Bürokraten«, die herablassend elitär auftreten und praktisch kaum mehr zu entmachten sind. Es existiere gewissermaßen ein stillschweigendes Bündnis zwischen den als parasitär abgewerteten Armen (die in Amerika gewöhnlich mit rassistischem Unterton dargestellt werden) und den ähnlich parasitär selbstgerechten Beamten, deren Existenz darauf beruhe, Arme mit dem Geld anderer Leute zu unterstützen.

Sogar die Mehrheitsströmung der Linken – oder dessen, was man heutzutage unter Linke versteht – hat nicht viel mehr anzubieten als eine verwässerte Sprachversion der Rechten. Bill Clinton zum Beispiel hatte sich während seiner politischen Karriere so ausgiebig dem Kampf gegen die Forderungen öffentlich Bediensteter gewidmet, dass er sich nach dem Bombenanschlag von Oklahoma City genötigt sah, die Amerikaner darauf hinzuweisen, auch öffentlich Bedienstete seien Menschen, und gelobte, die Bezeichnung »Bürokraten« nie mehr zu verwenden.[12]

Im gegenwärtigen amerikanischen Populismus – und zunehmend auch in ähnlichen Strömungen in anderen Ländern – gibt es zur »Bürokratie« nur eine einzige Alternative: den »Markt«. Manchmal bedeutet dies, der Staat solle wie ein Unternehmen geführt werden oder man solle die Bürokraten aus dem Weg räumen und der Natur ihren Lauf lassen, damit die Menschen einfach ihren Geschäften nachgehen können, ohne durch die zahllosen von oben auferlegten Regeln und Vorschriften eingeschränkt zu werden. Und man solle es der Magie des Marktes erlauben, ihre eigenen Lösungen hervorzubringen.

»Demokratie« bedeutet in diesem Zusammenhang Markt; »Bürokratie« besagt demgegenüber die Einmischung des Staates in den Markt, und diese Bedeutung besitzt der Begriff auch heute im Allgemeinen.

Das war nicht immer so. Der Aufstieg des modernen Unternehmens Ende des 19. Jahrhunderts erschien zu dieser Zeit als eine

Form der Übertragung moderner, bürokratischer Verfahrensweisen auf den privaten Sektor – und diese Verfahrensweisen galten als unverzichtbar für große Unternehmungen, denn sie waren effizienter als die Netze aus persönlichen oder informellen Verbindungen, die in einer Welt der kleinen Familienbetriebe vorherrschend waren. Diese neuen, privaten Bürokratien entwickelten sich zuerst in den USA und in Deutschland. Für Max Weber, den deutschen Soziologen, tendierten vor allem die Amerikaner seiner Zeit dazu, die öffentliche und die private Bürokratie als wesensähnlich zu betrachten:

> Die Gesamtheit der bei einer Behörde tätigen Beamten mit dem entsprechenden Sachgüter- und Aktenapparat bildet ein »Büro« (in Privatbetrieben oft »Kontor« genannt). … Man kann ganz ebenso als die Besonderheit des modernen Unternehmers hinstellen: daß er sich als »ersten Beamten« seines Betriebes geriere, wie der Beherrscher eines spezifisch bürokratischen modernen Staates sich als dessen »ersten Diener« bezeichnete. Die Vorstellung, staatliche Bürotätigkeit und privatwirtschaftliche Kontortätigkeit seien etwas innerlich Wesensverschiedenes, ist kontinentaleuropäisch und Amerikanern im Gegensatz dazu gänzlich fremd.[13]

Anders gesagt, anstatt sich darüber zu beklagen, dass der Staat wie ein Unternehmen geführt wurde, gingen die Amerikaner um die Jahrhundertwende schlicht davon aus, dass man den Staat und die Unternehmen – die großen Unternehmen jedenfalls – auf dieselbe Art und Weise führen müsse.

Zweifellos wurde die amerikanische Wirtschaft im 19. Jahrhundert die meiste Zeit überwiegend von kleinen Familienunternehmen und der Hochfinanz bestimmt – ganz ähnlich wie in Großbritannien zu dieser Zeit. Doch der Aufstieg Amerikas zur Weltmacht ab dem Ende des Jahrhunderts ging einher mit der

Herausbildung einer spezifisch amerikanischen Unternehmensform: des korporativen – oder bürokratischen – Kapitalismus.

Giovanni Arrighi hat darauf hingewiesen, dass sich zur selben Zeit in Deutschland ein ähnliches korporatives Modell entwickelte und dass die beiden Länder – die USA und Deutschland – in der ersten Hälfte des neuen Jahrhunderts darum rangen, wer das im Niedergang begriffene britische Empire beerben und seine eigene Vorstellung von einer globalen wirtschaftlichen und politischen Ordnung durchsetzen würde. Es ist allgemein bekannt, wer diese Auseinandersetzung gewonnen hat.

Arrighi erwähnt einen weiteren interessanten Aspekt. Anders als das britische Empire, das seine Freihandels-Rhetorik ernst meinte und durch die berühmte Anti-Corn Law Bill von 1846 seine eigenen Schutzzölle abschaffte, waren weder Deutschland noch die USA besonders am Freihandel interessiert. Vor allem die Amerikaner beschäftigten sich viel stärker damit, internationale Verwaltungsstrukturen aufzubauen. Die erste Maßnahme, welche die USA ergriffen, nachdem sie nach dem Zweiten Weltkrieg offiziell von Großbritannien die Zügel übernommen hatten, war die Schaffung der ersten tatsächlich weltumspannenden bürokratischen Institutionen durch die Gründung der Vereinten Nationen und der Institutionen von Bretton Woods – des Internationalen Währungsfonds, der Weltbank und des GATT, aus dem später die Welthandelsorganisation (WTO) wurde. Das britische Empire hatte niemals derartige Bemühungen angestellt. Es hatte entweder andere Länder erobert oder mit ihnen Handel getrieben. Die Amerikaner dagegen versuchten, alles und jeden ihrer Verwaltung zu unterwerfen.

Briten, das kann ich aus eigener Beobachtung sagen, sind ziemlich stolz darauf, »bürokratisch« nicht besonders begabt zu sein. Amerikaner hingegen sind etwas verlegen darüber, dass sie sehr gute Bürokraten sind.[14] Denn das passt nicht in das Selbstbild der Amerikaner. Sie halten sich für eigenverantwortliche und selbständige Individualisten. (Genau aus diesem Grund ist die rechtspopulistische Verteufelung der Bürokratie in Amerika so erfolgreich.) Unbestreitbar sind die USA nach wie vor – und seit mehr als einem Jahrhundert – eine zutiefst bürokratische Gesellschaft. Dies wird deshalb gern und oft übersehen, weil die meisten bürokratischen Verhaltensweisen und Einstellungen der Amerikaner – von der Kleidung über die Sprache bis zur Gestaltung der Formulare und der Büros – aus dem privaten Sektor stammen.

Als Romanautoren und Soziologen den »Organizational Man« oder den »Mann im grauen Flanellanzug« beschrieben, das seelenlose, konformistische US-Äquivalent zum sowjetischen Apparatschik, sprachen sie nicht von Beamten in der Denkmalschutzbehörde der Stadt New York oder der Verwaltung der Sozialversicherung – sie beschrieben das mittlere Management von Unternehmen. Gewiss, zu dieser Zeit wurden die Bürokraten in den Unternehmen noch nicht als Bürokraten bezeichnet. Doch sie legten bereits den Standard fest, dem administrative Funktionsträger zu genügen hatten.

Die Bezeichnung »Bürokrat« als Synonym für »Beamter« zu verstehen, geht zurück in die Zeit des New Deals in den Dreißigerjahren, in der auch bürokratische Strukturen und Verfahrensabläufe erstmals im Alltagsleben der Menschen sichtbar wurden. Von Anfang an arbeiteten die Beamten, die Roosevelts Politik des New Deal umsetzen sollten, eng mit den Entscheidungsträgern in Unternehmen wie Ford, Coca Cola oder Procter & Gamble zusammen und übernahmen vieles von deren Auftreten und deren Einstellungen. Als die USA in den Vierzigerjahren auf die Kriegswirtschaft umstellten, folgte auch die riesige Bürokratie des US-amerikanischen Militärs diesem Vorbild. Dadurch wurde die Bezeichnung »Bürokrat« fast ausschließlich mit den Beamten verbunden. Obgleich sie auch den ganzen Tag nur am Schreibtisch sitzen, Formulare ausfüllen oder Berichte schreiben, werden Firmenmanager der mittleren Ebene oder Offiziere praktisch nie als Bürokraten betrachtet. Die Polizei oder die Mitarbeiter der NSA übrigens auch nicht.

Schon seit langem verschwimmen die Grenzen zwischen dem öffentlichen und dem privaten Bereich in den USA. Das amerikanische Militär beispielsweise ist berühmt für seine Drehtür-Effekte: Ranghohe Offiziere aus dem Beschaffungswesen landen später regelmäßig im Vorstand von Unternehmen, die Militäraufträge erhalten. Die Notwendigkeit, bestimmte heimische Industriezweige für militärische Zwecke einzusetzen und weitere Branchen aufzubauen, hat es der US-Regierung ermöglicht, gewissermaßen eine Industrieplanung nach sowjetischem Stil zu betreiben, ohne dies jemals zugeben zu müssen. Nahezu jede wirtschaftliche Aktivität, von der Erhaltung einer bestimmten Zahl von Stahlfabriken bis zu den anfänglichen Forschungen zur Entwicklung des Internets, kann mit der Aufrechterhaltung der Verteidigungsbereitschaft gerechtfertigt werden. Weil diese Planung durch ein Bündnis zwischen militärischen und unternehmerischen Bürokraten umgesetzt wird, nimmt sie aber niemand als bürokratisch wahr.

Mit dem Aufstieg des Finanzsektors hat diese Entwicklung jedoch ein qualitativ neues Niveau erreicht – nun lässt sich praktisch nicht mehr auseinanderhalten, was öffentlich und was privat ist. Das hat nichts zu tun mit der häufig erwähnten Übertragung einstmaliger staatlicher Aufgaben an private Unternehmungen. Es hängt in erster Linie damit zusammen, wie die Privatunternehmen heute ihre Abläufe organisieren.

Ich möchte Ihnen ein Beispiel geben. Unlängst musste ich mich mehrere Stunden lang telefonisch mit der Bank of America auseinandersetzen, um aus dem Ausland eine Kontoauskunft zu erhalten. Diese Angelegenheit umfasste Gespräche mit vier verschiedenen Bankmitarbeitern, Weiterleitungen auf zwei nicht existierende Telefonnummern, drei ausführliche Erläuterungen komplizierter und anscheinend willkürlicher Regelungen sowie zwei gescheiterte Versuche, veraltete Anschrift- und Telefondaten zu aktualisieren, die auf verschiedenen Computersystemen gespeichert waren. Mit anderen Worten, ich wurde in typisch bürokratischer Manier von einer Stelle zur anderen weitergeschickt. (Und trotzdem gelang es mir nicht, als alles vorbei war, auf mein Konto zuzugreifen.)

Ein verantwortlicher Bankmanager würde – daran habe ich nicht den geringsten Zweifel –, sofern ich überhaupt zu ihm vordringen könnte, sofort behaupten, die Bank treffe keine Schuld und dies alles sei nur die Folge eines undurchsichtigen Gewirrs staatlicher Vorschriften. Untersucht man, wie diese Regelungen zustande gekommen sind, würde sich zeigen – darin bin ich mir ebenso sicher –, dass sie von Abgeordneten in Bankausschüssen, Lobbyisten und von der Bank beauftragten Anwälten zusammen erarbeitet wurden und dieses Verfahren durch großzügige Spenden zugunsten der Wahlkampfkassen dieser Parlamentarier geölt wurde. Gleiches gilt für viele andere Aktivitäten, von Bonitätsbeurteilungen, der Festsetzung von Versicherungsprämien und der Behandlung von Hypothekenanträgen bis zum Kauf eines Flugtickes, dem Erwerb eines Tauchscheins oder dem Versuch, für das eigene Arbeitszimmer in einer Privatuniversität einen ergonomischen Bürostuhl zu beantragen.

Der Großteil des Papierkrams, den wir zu erledigen haben, bewegt sich in dieser Zwischenzone. Scheinbar ist er privat, tatsächlich aber vollkommen staatlich festgelegt. Der Staat setzt den rechtlichen Rahmen, sichert die Vorschriften durch seine Gerichte und alle ausgeklügelten Rechtsdurchsetzungsmechanismen ab, die damit zusammenhängen. Dennoch arbeitet er eng mit privaten Konzernen zusammen, um eine bestimmte private Profitrate sicherzustellen.

In solchen Fällen ist die Sprache, die wir verwenden – und die der rechten Kritik entlehnt ist – völlig unangemessen. Sie sagt uns nichts darüber, was sich tatsächlich ereignet.[15]

Nehmen wir etwa den Begriff »Deregulierung«. Im gegenwärtigen politischen Diskurs wird »Deregulierung« – ähnlich wie »Reform« – ausnahmslos als etwas Vorteilhaftes betrachtet. Deregulierung bedeutet weniger bürokratische Einmischung und weniger Regeln und Vorschriften, die Handel und Innovation behindern. Durch diese Deutung des Begriffes geraten all jene in eine schwierige Lage, die auf der linken Seite des politischen Spektrums stehen. Weil sie Deregulierung ablehnen – selbst wenn sie darauf hinweisen, dass ein Übermaß dieser Art von »Deregulierung« zu der Bankenkrise von 2008 führte – fordern sie scheinbar nach noch mehr Regeln und Vorschriften. Also würden schließlich noch mehr Männer in grauen Anzügen auftauchen, die der Freiheit und der Innovation im Weg stehen und den Menschen vorschreiben, was sie tun müssen.

Aber diese Argumentation beruht auf falschen Grundannahmen. Kehren wir zu den Banken zurück. Es gibt keine »unregulierte« Bank. Und es kann auch keine geben. Banken sind Institutionen, denen die Regierung die Macht der Geldschöpfung übertragen hat – oder, um es technisch präziser auszudrücken, das Recht, Schuldscheine herauszugeben. Diese Schuldscheine erkennt die Regierung als legales Zahlungsmittel an und akzeptiert sie daher, um Steuern zu bezahlen und andere Verbindlichkeiten auf ihrem nationalen Territorium zu begleichen. Offenkundig erlaubt die Regierung niemandem – am allerwenigsten einem gewinnorientierten Unternehmen –, beliebig viel von diesem Zahlungsmittel zu erzeugen. Das wäre verrückt. Die Befugnis, Geld zu schöpfen, kann von der Regierung definitionsgemäß nur unter präzis beschriebenen (sprich regulierten) Bedingungen vergeben werden. Und genau damit haben wir es zu tun: Die Regierung reguliert alles, von den Mindestreserven einer Bank bis zu ihren Geschäftszeiten; sie legt fest, welche Zinssätze, Gebühren und Überziehungszinsen sie verlangen darf, welche Sicherheitsvorkehrungen sie treffen kann oder muss, wie sie ihre Geschäftsbücher zu führen hat, wann sie ihre Kunden über ihre Rechte und Pflichten informieren muss und vieles mehr.

Was ist also gemeint, wenn von »Deregulierung« gesprochen wird? Im herkömmlichen Wortgebrauch bezeichnet der Begriff eine »Veränderung der regulatorischen Struktur in einer Weise, die mir zusagt«. In der Praxis kann sich dies auf nahezu alles beziehen. Im Falle der Fluggesellschaften und der Telekommunikationsunternehmen der Siebzigerjahre bedeutete es die Umwandlung eines Regulierungssystems, das wenige große Firmen begünstigte, in ein System, das den sorgfältig überwachten Wettbewerb zwischen mehreren mittelgroßen Unternehmen förderte.

In Bezug auf das Bankwesen bedeutete »Deregulierung« üblicherweise genau das Gegenteil: den Übergang von einer geregelten Konkurrenz mittelgroßer Institute zu einem System, das einer Handvoll großer Finanzkonglomerate eine marktbeherrschende Stellung einräumt. Deshalb ist dieser Begriff »Deregulierung« so praktisch. Bezeichnet man neue regulatorische Maßnahmen einfach als »Deregulierung«, kann man sie in der öffentlichen Wahrnehmung als einen Schritt präsentieren, um die Bürokratie zu vermindern und individuelle Initiative zu fördern, auch wenn fünfmal so viele Formulare ausgefüllt, Berichte geschrieben und Vorschriften von Anwälten ausgelegt werden müssen, und fünfmal so viele Behördenmitarbeiter eingestellt werden, die allein damit befasst sind, umfangreiche Begründungen dafür zu liefern, warum man bestimmte Dinge nicht machen darf.[16]

Für diesen Prozess – das allmähliche Verschmelzen von öffentlicher und privater Macht zu einer Einheit, die überfrachtet ist mit Regeln und Vorschriften, deren letztlicher Zweck darin besteht, Wohlstand in Form von Gewinnen abzuschöpfen –, gibt es noch keinen Namen. Schon allein das ist bezeichnend. Diese Entwicklungen können sich vor allem deshalb vollziehen, weil wir noch über keine begrifflichen Mittel verfügen, um über sie zu sprechen. Ihre Auswirkungen lassen sich jedoch in allen Lebensbereichen beobachten und füllen unsere Tage mit Papierkram aus. Die Formulare werden immer länger und komplizierter. Einfache Dokumente wie Rechnungen oder Fahrkarten oder Mitgliedsausweise für Sportvereine oder Buchclubs sind mit seitenlangen kleingedruckten rechtlichen Erläuterungen versehen.

Ich möchte eine Bezeichnung vorschlagen. Ich halte es für sinnvoll, diesen Prozess die »totale Bürokratisierung« zu nennen. Zunächst wollte ich vom Zeitalter der »räuberischen Bürokratisierung« sprechen, aber das ist ohnehin die grundlegende Natur jenes Ungetüms, das ich hier darstellen möchte. Dieses Ungetüm regte sich erstmals, so könnte man sagen, als die öffentliche Diskussion über Bürokratie Ende der Siebzigerjahre abzuklingen begann, und es wuchs in den Achtzigerjahren. Doch erst in den Neunzigerjahren gewann es richtig an Kraft und Stärke.

In einem früheren Buch habe ich den Gedanken geäußert, dass der grundlegende historische Bruch, der zu unserem gegenwärtigen Wirtschaftsregime führte, im Jahr 1971 erfolgte, als der US-Dollar vom Goldstandard abgekoppelt wurde. Dies ebnete den Weg zunächst zur Finanzialisierung des Kapitalismus und schließlich zu wesentlich tiefergreifenden langfristigen Umwälzungen, die nach meiner Vermutung das Ende des Kapitalismus insgesamt befördern werden. Davon bin ich nach wie vor überzeugt. Doch hier geht es um wesentlich kurzfristigere Auswirkungen. Was bedeutete die Finanzialisierung für die stark bürokratisierte Gesellschaft des Amerikas der Nachkriegszeit?[17]

Man kann diese Entwicklung meiner Ansicht nach am besten als eine Verschiebung der sozialen Loyalität des Managements der Großkonzerne bezeichnen: Während sich die Manager früher de facto in einem fragilen Bündnis mit ihren Arbeitern sahen, fühlten sie sich nun in erster Linie mit den Investoren verbunden.

John Kenneth Galbraith hat schon vor Jahrzehnten auf diesen Zusammenhang hingewiesen: Wenn man eine Organisation aufbaut, deren Aufgabe darin besteht, Parfüms, Milchprodukte oder Flugzeugrümpfe herzustellen, dann werden die Menschen, die mit dieser Tätigkeit befasst sind, danach streben, noch bessere Parfüms, Milchprodukte oder Flugzeugrümpfe herzustellen, und nicht vorrangig daran denken, wie sie die Gewinne der Anteilseigner steigern können. Da zudem während des größten Teils des 20. Jahrhunderts ein Job in einer großen bürokratischen Megafirma eine lebenslange Beschäftigungsgarantie darstellte, neigten die Beteiligten – die Manager und die Arbeiter gleichermaßen – zu der Einstellung, dass sie in dieser Hinsicht ein gemeinsames Interesse einte, das jenem der Eigentümer und der Investoren entgegenstehen konnte.

Diese Art von Solidarität über Klassengrenzen hinweg hatte auch einen Namen, man bezeichnete sie als »Korporatismus«. Man sollte dieses Verhältnis aber nicht romantisch verklären. Es bildete unter anderem die philosophische Grundlage für den Faschismus. Der Faschismus habe einfach, so könnte man behaupten, den Gedanken übernommen, Arbeiter und Manager hätten gemeinsame Interessen, Organisationen wie Unternehmen oder soziale Gemeinschaften bildeten ein organisches Ganzes, Finanziers verkörperten eine fremde, parasitäre Kraft und der Faschismus hätte diesen Gedanken übersteigert und zugleich mörderisch auf die Spitze getrieben. Selbst in ihren milderen sozialdemokratischen Spielarten in Europa und Amerika verband sich eine entsprechende Politik häufig mit einer Art von Chauvinismus.[18] Aber auch in diesen Varianten wurde die Gruppe der Investoren eigentlich als Außenseiter betrachtet, gegen die sich die Arbeiter und die Manager in gewissem Maß in einer einheitlichen Front zusammenschließen konnten.

Für die Radikalen der Sechzigerjahre, die häufig erlebten, wie Antikriegsdemonstrationen von nationalistischen Transport- oder Bauarbeitern angegriffen wurden, waren die reaktionären Implikationen des Korporatismus offenkundig. Die Anzugträger und die gutbezahlten Facharbeiter des Industrieproletariats, die »Archie Bunkers«, standen eindeutig auf derselben Seite. Es überraschte daher nicht, dass sich die linke Bürokratiekritik stärker auf die Gemeinsamkeiten zwischen der Sozialdemokratie und dem Faschismus konzentrierte, als ihre Verfechter zuzugeben bereit waren. Diese Kritik ist heute vollkommen irrelevant.[19]

Ab den Siebzigerjahren bildete sich die heutige Situation heraus, als eine strategische Umorientierung der oberen Ränge der amerikanischen Unternehmensbürokratie stattfand – sie wandten sich von den Arbeitern ab, richteten sich auf die Anteilseigner und schließlich auf das Finanzwesen insgesamt aus. Firmenübernahmen und -zusammenschlüsse, feindliche Übernahmen, Ramschanleihen und Unternehmenszerschlagungen, die unter Reagan und Thatcher aufkamen und in den Aufstieg der Privat Equity Firmen mündeten, waren nur einige besonders dramatische frühe Mechanismen, die diese Loyalitätsverlagerung widerspiegeln. Genau genommen war es eine zweifache Bewegung: das Konzernmanagement wurde stärker finanzialisiert, zugleich aber wurde der Finanzsektor korporatisiert oder konzernartig durchformt, und Investmentbanken,

Hedgefonds und ähnliche Einrichtungen verdrängten die individuellen Investoren. Investoren- und Exekutivseite ließen sich praktisch nicht mehr unterscheiden. (Hier drängt sich der Begriff »Finanzmanagement« auf, der sich gleichermaßen darauf bezieht, wie die ranghöchsten Vertreter einer Unternehmensbürokratie ihre Firma leiten, wie auch darauf, wie Investoren ihre Portfolios managen.)

Bald schon vergötterten die Medien heldenhafte Konzernchefs, deren Erfolg man hauptsächlich an der Zahl der Mitarbeiter maß, die sie entließen. Ab den Neunzigerjahren gehörte lebenslange Beschäftigung in derselben Firma für Angestellte der Vergangenheit an. Wollten Unternehmen sich die Loyalität ihrer Mitarbeiter sichern, griffen sie immer häufiger zu dem Mittel, sie mit Aktienoptionen zu bezahlen.[20]

Zum neuen Glaubensbekenntnis wurde der Blick auf die Welt durch die Augen eines Investors – daher stellten die Zeitungen in den Achtzigerjahren ihre Gewerkschaftsberichterstattung ein, während in den TV-Nachrichten am unteren Bildschirmrand Laufbänder mit den aktuellen Börsenkursen auftauchten. Jedermann könne, so wurde allgemein propagiert, durch die Beteiligung an privaten Pensionsfonds oder an Investmentfonds sich ein Stückchen Kapitalismus sichern. Den magischen Kreis erweiterte man nur, um auch die besser bezahlten Fachkräfte und die Unternehmensbürokraten einbeziehen zu können.

Gerade diese Erweiterung war äußerst wichtig. Keine politische Revolution gelingt ohne Bündnispartner. Von entscheidender Bedeutung ist es, zumindest einen Teil oder besser noch den Großteil der Mittelschicht davon zu überzeugen, dass auch ihre Position vom finanzgetriebenen Kapitalismus beeinflusst wird. Schließlich wurden die liberaleren Teile dieser aus Fachkräften und Managern bestehenden Elite zur sozialen Basis dessen, was man nun als »linke« Parteien bezeichnete.

Die eigentlichen Arbeiterorganisationen wie die Gewerkschaften schickte man in die Wüste. Und deshalb üben sich etwa die Führer der Demokratischen Partei in den USA und von New Labour in Großbritannien regelmäßig in öffentlichen Distanzierungsritualen, in denen sie sich von den Gewerkschaften lossagen, die historisch ihre stärksten Unterstützer darstellten. Dabei handelte es sich um Personen, die ohnehin meist in stark bürokratisierten Organisationen arbeiteten, wie etwa in Schulen, Krankenhäusern oder Rechtsabteilungen von Unternehmen. Die tatsächliche Arbeiterschaft, die solchen Charakteren eher mit Ablehnung begegnete, zog sich entweder vollständig aus der Politik zurück oder begnügte sich damit, bei Wahlen für rechte Protestparteien zu stimmen.[21]

Das war nicht lediglich eine politische Neuausrichtung. Es handelte sich vielmehr um eine kulturelle Transformation. Und sie schuf die Voraussetzungen für jenen Prozess, in dessen Verlauf die bürokratischen Techniken und Verfahren (Leistungsbewertungen, Fokusgruppen, Zeitverwendungserhebung etc.), die in der Finanzwirtschaft und in Unternehmen entwickelt wurden, auch in anderen Bereichen der Gesellschaft Einzug hielten – in der Bildung, der Wissenschaft, der Verwaltung – und schließlich nahezu alle Aspekte des Alltagslebens manipulierten. Dieser Prozess lässt sich wahrscheinlich am besten anhand seiner Sprache zurückverfolgen. Bestimmte Ausdrücke tauchen zuerst in diesen Kreisen auf, eine Sprache voll mit wohlklingenden, leeren Begriffen wie *Vision, Qualität, Anteilseigner, Führung, Exzellenz, Innovation, strategische Ziele* oder *beste Praktiken*. (Vieles davon geht zurück auf »Selbstoptimierungs«-Ansätze wie Lifespring, Mind Dynamics und EST, die in den Siebzigerjahren auf Vorstandsetagen sehr populär waren, doch bald verselbständigte sich diese Sprache.)

Stellen Sie sich vor, jemand markiere auf einer Karte einer größeren Stadt jeden Ort, an dem Dokumente mit mindestens drei dieser Begriffe verwendet werden, mit einem blauen Punkt. Weiter stellen wir uns vor, wir könnten die Veränderungen verfolgen, die sich im Lauf der Zeit ergeben. Diese neue bürokratische Unternehmenskultur breitet sich aus wie blaue Flecken in einer Petrischale, beginnend in den Finanzbereichen, dann weiter zu den Vorstandsetagen, den Behörden und den Universitäten, bis sie schließlich alle Orte erfasst, an denen eine bestimmte Zahl von Menschen zusammenkommt, um über die Verwendung von Ressourcen jeglicher Art zu diskutieren.

Trotz aller Verherrlichung der Märkte und der Initiative des Einzelnen bringt dieses Bündnis aus Staat und Finanzwirtschaft häufig Ergebnisse hervor, die erschreckend den schlimmsten Bürokratie-Exzessen in der ehemaligen Sowjetunion oder in früheren rückständigen Kolonialgebieten im globalen Süden ähneln. So gibt es, um nur ein Beispiel zu nennen, eine umfangreiche anthropologische Literatur über den Kult, der sich in der Kolonialwelt um Urkunden, Bescheinigungen und Diplome entfaltet hat. In Bangladesch, Trinidad oder Kamerun, die zwischen dem lähmenden Erbe der Kolonialherrschaft und ihren eigenen magischen Traditionen schwanken, sollen angeblich amtliche Papiere als eine Art materieller Fetisch betrachtet werden – gleich magischen Gegenständen, die aus sich heraus Macht übertragen, vollkommen getrennt von dem tatsächlichen Wissen, der Erfahrung oder der Ausbildung, die sie repräsentieren. Tatsächlich hat aber gerade in vermeintlich »fortgeschrittenen« Gesellschaften wie den USA, GUroßbritannien oder Kanada seit den Achtzigerjahren das Vertrauen in amtliche Dokumente enorm an Bedeutung zugenommen. Die Anthropologin Sarah Kendzior führte in diesem Zusammenhang aus:

> »Die Vereinigten Staaten sind mittlerweile die Gesellschaft der Welt, die am stärksten von amtlichen Dokumenten determi-

> niert ist«, schreiben James Engell und Anthony Dangerfield in Saving Higher Education in the Age of Money (2005). Heute ist ein Bachelor-Abschluss für Jobs erforderlich, für die ohne große intellektuelle Anforderungen zwei Jahre Vollzeit-Ausbildung benötigt werden, keineswegs aber vier.«
>
> Die Förderung der College-Ausbildung als Voraussetzung für eine Existenz in der Mittelschicht … hat dazu geführt, dass Leuten ohne College-Abschluss Berufe mit öffentlichem Einfluss versperrt bleiben. 1971 besaßen 58 Prozent der Journalisten eine College-Ausbildung, heute sind es 92 Prozent. Viele Publikationsorgane verlangen einen Master- oder ein Diplom-Abschluss – obwohl die meisten bekannten Journalisten niemals Journalismus studiert haben.[22]
>
> Der Journalismus ist eines der vielen Berufsfelder mit öffentlichem Einfluss – wie auch die Politik –, in denen Zeugnisse de facto eine Sprecherlaubnis darstellen. Wer darüber nicht verfügt, hat es schwer, auf diesen Gebieten eine Anstellung zu finden oder sich zu behaupten. Befähigung ist ohne Zeugnisse weniger wert, doch die Fähigkeit, Zeugnisse zu erwerben, ist meist auch abhängig vom Geldbeutel der Familie.[23]

Die gleiche Geschichte könnte man eigentlich auch für alle anderen Berufe erzählen, von Krankenschwestern bis zu Kunstlehrern, von Physiotherapeuten bis zu Außenpolitikberatern. Nahezu jede Unternehmung, die Meisterschaft erfordert (und die man am besten durch die Praxis lernt), besteht heute auf einer formellen Berufsausbildung und einem Abschlusszeugnis. Anscheinend gilt dies im privaten wie im öffentlichen Sektor, weil solche Unterscheidungen im Hinblick auf bürokratische Belange zunehmend bedeutungslos werden. Während diese Maßnahmen – wie alle bürokratischen Maßnahmen – gepriesen werden gerechte, unpersönliche Mechanismen auf Gebieten schaffen zu können, in denen es früher auf Insiderwissen und soziale Verbindungen ankam, stellt sich in der Praxis oft eine gegenteilige Wirkung ein. Wie jeder weiß, der eine weiterführende Schule abgeschlossen hat, sind es gerade die Kinder aus besser verdienenden Schichten, die aufgrund der materiellen Mittel ihrer Familien am wenigsten auf finanzielle Unterstützung angewiesen sind. Sie wissen am besten, wie man sich in der Welt des Papierkrams bewegt, um sich die entsprechend benötigte Unterstützung zu verschaffen.[24]

Alle anderen häufen während ihrer jahrelangen Berufsausbildung einen riesigen Schuldenberg an, auf dem sie am Ende sitzen. Folglich fließt ein beträchtlicher Teil ihres Einkommens, das sie später durch die Ausübung ihres erlernten Berufes erzielen, Monat für Monat in den Finanzsektor. Diese neuen Ausbildungsvoraussetzungen lassen sich in manchen Fällen nur unverhohlen als Schwindel bezeichnen, denn die Kreditgeber und die Anbieter der Ausbildungsprogramme dringen gemeinsam bei der Regierung darauf, dass beispielsweise alle Pharmazeuten künftig eine zusätzliche Eignungsprüfung absolvieren müssen. Tausende, die bereits in dem Beruf arbeiten, sind dadurch gezwungen, Abendschulen zu besuchen, die sich viele nur mit Hilfe teurer Studentendarlehen leisten können.[25] Die Kreditgeber lenken im Endeffekt einen Teil des späteren Einkommens der meisten Pharmazeuten ganz legal in ihre eigene Kasse.[26]

Letzteres mag als Extremfall erscheinen, dennoch ist es beispielhaft, wie eng private und öffentliche Bürokratien unter dem neuartigen Finanzregime bereits verschmolzen sind. Zunehmend stammen die Gewinne amerikanischer Unternehmen nicht mehr aus Handel oder Herstellung, sondern aus dem Finanzbereich – letztlich also aus den Schulden anderer Leute. Diese Schulden entstehen nicht zufällig. Sie werden zum großen Teil absichtlich erzeugt – und zwar durch eben diese Verbindung von öffentlicher und privater Macht. Die Korporatisierung der Bildung und die darauffolgende Steigerung der Studienkosten – da die Studenten gezwungen werden, riesige Fußballstadien oder andere Lieblingsprojekte der Verantwortlichen zu finanzieren oder einen Beitrag zur Finanzierung der Gehälter der unablässig wachsenden Universitätsverwaltung zu leisten – die zunehmende Bedeutung von Zeugnissen als Voraussetzung für den Einstieg in einen Job, der einen der Mittelschicht gemäßen Lebensstil eröffnet, die dadurch wachsende Verschuldung – all dies verbindet sich zu einem fest verwobenen Netz. Der Regierung sind damit die wichtigsten Mittel an die Hand gegeben, um Unternehmensgewinne abzuschöpfen – als eine Folge der Verschuldung. Man male sich nur einmal aus, was passiert, wenn jemand mit dem Gedanken spielen sollte, die Rückzahlung seines Ausbildungsdarlehens einzustellen: Dann nimmt der gesamte juristische Apparat seine unerbittliche Tätigkeit auf: Vermögensgegenstände werden beschlagnahmt, das Gehalt gepfändet und darüber hinaus drohen hohe Geldstrafen. Eine weitere Folge besteht darin, als Schuldner gezwungen zu sein, immer weitere Lebensbereiche der Bürokratie zu unterwerfen, die sie so handhaben müssen, als wären sie selbst eine kleine Firma, die Input und Output erfasst und ständig darum kämpft, ihre Konten auszugleichen.

Dieses Abschöpfungssystem, das sich in eine Regel- und Vorschriftensprache (ver-)kleidet, funktioniert nur im Entferntesten – wenn überhaupt – wie die Autorität des Rechts. Ganz im Gegenteil, das Rechtssystem ist inzwischen selbst zum Instrument eines Abschöpfungssystems geworden, das immer willkürlicher agiert. Weil die Gewinne von Banken und Kreditkartenunternehmen zu einem immer größeren Teil aus »Gebühren und Strafzahlungen« stammen, die ihren Kunden abverlangt werden – was so weit geht, dass Leute, die von einem Scheck zum nächsten leben, damit rechnen müssen, für eine Kontoüberziehung um fünf Dollar mit achtzig Dollar Gebühren belastet zu werden –, handeln die Finanzunternehmen heute mit einem völlig veränderten Regelwerk. Bei einer Konferenz über die Krise im Bankensystem konnte ich mich kurz mit einem Ökonomen austauschen, der für eine Institution des Bretton-Woods-Systems (deren Name ich hier besser nicht nenne) arbeitete. Warum, fragte ich ihn, ist noch immer kein einziger Bankverantwortlicher vor Gericht gestellt worden für die Betrügereien, die zur Finanzkrise von 2008 führten?

BEAMTER: Nun, Sie müssen verstehen, dass die US-amerikanischen Strafverfolgungsbehörden bei Finanzdelikten stets auf eine Verhandlungslösung drängen. Sie möchten nicht vor Gericht gehen. Das Ergebnis besteht immer darin, dass die Finanzinstitution eine Strafe zahlt, die manchmal Hunderte Millionen Dollar beträgt, aber sie muss sich keines kriminellen Vergehens schuldig bekennen. Die Anwälte erklären einfach, sie würden die Anklage nicht bestreiten, sollte sie aber zahlen, dann seien sie – formal betrachtet – keines Vergehens für schuldig befunden worden.
ICH: Sie sagen also, wenn die Regierung herausfindet, dass zum Beispiel Goldman Sachs oder die Bank of America einen Betrug begangen hat, dann erlegt sie ihnen am Ende nur eine Strafzahlung auf?
BEAMTER: Richtig.
ICH: Also in diesem Fall … gut, ich glaube, die eigentliche Frage lautet: Hat es schon einmal einen Fall gegeben, in dem der Betrag, den die Firma zahlen musste, höher war als die Summe, die sie mit dem Betrug verdient hat?
BEAMTER: Oh, meines Wissens nicht. Gewöhnlich ist die Strafe deutlich niedriger.
ICH: Wovon sprechen wir hier, von 50 Prozent?
BEAMTER: Ich würde eher sagen, 20 bis 30 Prozent im Durchschnitt. Aber das ist von Fall zu Fall sehr unterschiedlich.

ICH: Bedeutet das … korrigieren Sie mich bitte, wenn ich etwas Falsches sage, bedeutet das nicht, dass die Regierung sagt: »Ihr könnt betrügen, wie ihr wollt, aber wenn wir euch draufkommen, müsst ihr uns unseren Anteil abgeben.«

BEAMTER: Nun, so kann ich es aus naheliegenden Gründen nicht ausdrücken, solange ich diesen Job ausübe …

Und die Macht dieser Banken, die Konteninhaber für eine Überziehung mit achtzig Dollar Strafgebühren zu belasten, wird natürlich von demselben Rechtssystem gestützt, das sich mit einer kleinen Abgabe zufriedengibt, wenn die Bank selbst einen Betrug begeht.

Einerseits mag dies nur als ein weiteres Beispiel einer altbekannten Geschichte erscheinen: Die Reichen spielen immer nach anderen Regeln. Wenn die Kinder von Bankern immer ungeschoren davonkommen, wenn sie mit Mengen von Kokain erwischt werden, die ihnen mit Sicherheit Jahrzehnte im Gefängnis eingebracht hätten, sofern sie arm oder schwarz gewesen wären, warum sollte es dann anders sein, wenn sie erwachsen und selbst Banker geworden sind?

Hier geht es, glaube ich, um etwas noch tiefer liegendes, nämlich um den Kern des bürokratischen Systems. Derartige Institutionen bringen stets eine Kultur der Komplizenschaft hervor. Denn es geht nicht darum, dass einige Leute gegen Regeln verstoßen. Vielmehr wird die Loyalität gegenüber der Organisation daran gemessen, ob die Leute bereit sind, diese Verstöße zu verleugnen und zu vertuschen. Und wenn die bürokratische Logik auf die Gesellschaft insgesamt ausgedehnt wird, beginnen wir alle, nach diesen Regeln zu spielen.

Diesen Aspekt sollten wir eingehend betrachten. Wir haben es hier mit einer bestimmten Form von Doppelmoral zu tun, die geradezu typisch ist für alle Arten bürokratischer Systeme. Utopisch sind in einem gewissen Ausmaß alle Bürokratien, denn sie propagieren ein abstraktes Ideal, dem die Menschen so, wie sie nun einmal sind, niemals genügen können.

Kehren wir noch einmal zu den Zeugnissen zurück. Seit Max Weber haben Soziologen immer wieder betont, ein bestimmendes Bürokratiekennzeichen bestehe darin, dass jene, die eine Bürokratie bilden, nach formellen, unpersönlichen Kriterien ausgewählt werden – meistens mit Hilfe von schriftlichen Prüfungen. Bürokraten werden also nicht gewählt wie etwa die Politiker; aber sie sollen ihren Job auch nicht deswegen bekommen, weil sie der Vetter von jemandem sind. Wir haben es hier in der Theorie mit Meritokratien, also mit Leistungs- oder Verdienstherrschaften zu tun. Dieses System lässt sich aber tatsächlich, wie jeder weiß, tausendfach beeinflussen und verändern. Viele Stelleninhaber haben ihren Posten tatsächlich deswegen bekommen, weil sie der Vetter von jemandem sind, was auch allgemein bekannt ist.

Das wichtigste Kriterium für die Loyalität gegenüber der Organisation wird die Komplizenschaft. Beruflicher Aufstieg beruht nicht auf Verdiensten und auch nicht darauf, der Vetter von jemandem zu sein, sondern in erster Linie auf der Bereitschaft, an die Fiktion zu glauben, der berufliche Aufstieg beruhe auf Verdiensten, obwohl jeder weiß, dass das nicht stimmt.[27] Oder an die Fiktion, Regeln und Vorschriften gälten für alle gleichermaßen, während sie in Wirklichkeit häufig als Mittel für völlig willkürliche persönliche Machtausübung eingesetzt werden.

So haben Bürokratien schon immer funktioniert. Historisch war diese Tatsache jedoch die meiste Zeit nur für jene von Bedeutung, die tatsächlich innerhalb administrativer Strukturen tätig waren, etwa als konfuzianische Gelehrte im mittelalterlichen China. Alle anderen Menschen mussten sich nur selten Gedanken über Organisationen machen. Sie kamen gewöhnlich nur alle paar Jahre mit ihnen in Berührung, wenn es Zeit war, ihre Felder und ihr Vieh bei den örtlichen Steuerbehörden registrieren zu lassen. In den vergangenen zwei Jahrhunderten hat sich die Bürokratie geradezu epidemisch ausgebreitet, und bürokratische Prinzipien haben sich in den letzten 30 bis 40 Jahren auf nahezu alle Bereiche unseres Daseins ausgeweitet. In der Folge hat sich auch diese Kultur der Komplizenschaft verbreitet. Viele glauben tatsächlich, dass die Gerichte das Finanzestablishment so behandeln, wie es behandelt werden sollte, dass sie vielleicht zu hart mit ihm umgehen, und dass gewöhnliche Bürger hundertmal härter für eine Kontoüberziehung bestraft werden müssten. Präsentieren sich Gesellschaften als riesige, auf Zeugnissen und Dokumenten beruhende Meritokratien und nicht als willkürliche Abschöpfungssysteme, dann versuchen alle eilfertig, sich persönliche Vorteile zu verschaffen, indem sie vorgeben, daran zu glauben, dass dieses Verdienst tatsächlich vorliegt und ihnen zukommt.

Wie könnte also eine linke Kritik der totalen oder räuberischen Bürokratisierung aussehen?

Einen Hinweis dazu kann meiner Meinung nach die Geschichte des Global Justice Movement liefern, denn dabei handelt es sich um eine Bewegung, die zu ihrer eigenen Überraschung entdeckt hat, dass genau das ihr Thema ist. Ich erinnere mich sehr gut daran, denn ich war damals in den Neunzigerjahren stark in dieser Bewegung engagiert. »Globalisierung«, wie sie von Journalisten wie Thomas Friedmann verstanden wurde (und eigentlich von der gesamten journalistischen Gilde in Amerika und anderen reichen Ländern der Welt), wurde fast als eine Naturgewalt dargestellt. Der technische Fortschritt – insbesondere das Internet – vernetzte die Welt so stark wie noch niemals zuvor, die wachsende Kommunikation zog wachsenden Handel nach sich, und die nationalen Grenzen würden immer bedeutungsloser werden, wenn Freihandelsabkommen den Globus zu einem einzigen Weltmarkt umformten. In den damaligen politischen Debatten fasste man diese Entstehung und ihren Verlauf als so selbstverständliche Gegebenheit auf, dass alle, die Widerspruch anmeldeten, als Leute angesehen wurden, die fundamentale Naturgesetze anfochten – als Hinterwäldler also, als Dummköpfe oder als linke Pendants evangelikaler Fundamentalisten, die die Evolution als Schwindel betrachten.

Als das Global Justice Movement aufkam, wurde es in den Medien als ein Rückzugsgefecht ergrauter, altmodischer Linker diffamiert, die den Protektionismus wiederbeleben, die nationale Souveränität bewahren und Handels- und Kommunikationsschranken errichten wollten und sich ausnahmslos gegen den unaufhaltsamen Lauf der Geschichte zu stemmen versuchten. Doch diese Einschätzung war offenkundig abwegig. Das belegte schon das Durchschnittsalter der Demonstranten von gefühlten 19 Jahren, vor allem in den reicheren Ländern. Die Bewegung selbst bildete ein Panorama der Globalisierung ab: Es war eine kaleidoskopartige Allianz von Leuten aus allen Teilen der Welt und umfasste so unterschiedliche Organisationen wie indische Bauernverbände, kanadische Postgewerkschaften, indigene Bevölkerungsgruppen in Panama oder anarchistische Kollektive aus Detroit.

Darüber hinaus beharrten die Vertreter des Global Justice Movement leidenschaftlich darauf, dass die allseits medial gepriesene »Globalisierung« trotz aller gegenteiligen Bekundungen nicht verwechselt werden dürfe und nichts zu tun habe mit der Aufhebung von Grenzen und dem freien Verkehr von Personen, Gütern und Ideen. In Wirklichkeit gehe es darum, einen wachsenden Teil der Weltbevölkerung hinter militärisch gesicherten nationalen Grenzen festzusetzen, innerhalb derer soziale Sicherungssysteme systematisch abgebaut werden konnten, um ein Reservoir von Arbeitskräften zu schaffen, die aus Verzweiflung dazu bereit waren, nahezu umsonst zu arbeiten.

Gegen diese Politik stellten die Demonstranten das Konzept einer wirklich grenzenlosen Welt.

Natürlich kamen die Verfechter dieser Ideen im Fernsehen oder den großen Zeitungen nicht zu Wort – zumindest nicht in Ländern wie Amerika, wo Medien durch ihre internen Unternehmensbürokratien streng überwacht werden. Solche Argumente galten einfach als tabu. Wir entdeckten dann jedoch, dass wir etwas fast ebenso Wirkungsvolles tun konnten. Wir belagerten die Gipfeltreffen, die Handelsabkommen aushandelten, sowie die jährlichen Treffen der Institutionen, die Bedingungen für die sogenannte Globalisierung festlegten, formulierten und durchsetzten. Bevor diese Bewegung Amerika erreichte, etwa als sie das World Trade Meeting in Seattle im November 1999 belagerte – und die späteren Blockaden bei den Treffen des Internationalen Währungsfonds und der Weltbank in Washington –, wussten die meisten Amerikaner gar nichts von diesen Organisationen. Die Aktionen wirkten wie ein Zauberspruch, der alles ans Tageslicht brachte, was eigentlich verborgen bleiben sollte: Wir mussten nur vor den Versammlungsorten aufziehen und den Zugang zum Tagungsgebäude blockieren, und entlarvten allein dadurch die Existenz einer weitverzweigten globalen Bürokratie miteinander verbundener Organisationen, über die eigentlich niemand nachdachte. Auf ebenso magische Weise machten wir der Welt bewusst, dass Tausende schwerbewaffneter Polizeikräfte vorhanden waren, deren Anwesenheit offenbarte, wie Globalbürokraten gegen alle vorzugehen beabsichtigten – unabhängig davon, wie gewaltlos sie auch waren –, die sich ihnen in den Weg zu stellen versuchten.

Eine überraschend wirkungsvolle Strategie, wie sich herausstellt: Innerhalb von zwei bis drei Jahren brachten wir beinahe neu vorgeschlagene Handelsabkommen zum Scheitern; Institutionen wie der IWF wurden praktisch aus Asien, Südamerika und aus fast allen Ländern der Welt verbannt.[28]

Diese Bildsprache funktionierte deshalb, weil sie aufzeigte, dass alles, was man den Menschen bisher über die Globalisierung erzählt hatte, eine Lüge war. Kein natürlicher Prozess friedvollen Handels sollte die neuen Technologien ermöglichen. »Freihandel« und »freie Märkte« sollten zielstrebig das erste effektive[29] und weltumspannende bürokratische System entfesseln. Seine Grundlagen hatte man schon in den Vierzigerjahren geschaffen, doch erst nach dem Ende des Kalten Krieges konnte es seine volle Wirkung entfalten. Mehr und mehr verwuchsen – wie auch in den meisten anderen, kleineren bürokratischen Systemen, die zu dieser Zeit entstanden – im weiteren Verlauf öffentliche und private Elemente so eng miteinander, dass man diese häufig nicht mehr auseinanderhalten konnte – nicht einmal mehr in konzeptioneller Hinsicht.

Die Struktur sah etwa folgendermaßen aus: An der Spitze standen die Handelsbürokratien wie der IWF, die Weltbank, die Welthandelsorganisation (WTO) und die G8-Gruppe sowie die länderübergreifenden Wirtschaftszusammenschlüsse NAFTA und EU. Diese Organisationen entwickelten die wirtschafts- und sozialpolitischen Grundsätze, denen auch angeblich demokratische Regierungen im globalen Süden folgten. Unterhalb dieser Ebene rangierten die großen globalen Finanzkonzerne wie Goldman Sachs, Lehman Brothers, American Insurance Group (AIG) oder auch Institutionen wie Standard & Poors. Danach kamen die transnationalen Großunternehmen. (Ein Großteil des »internationalen Handels« bestand im Grunde nur aus dem Transfer von Materialien zwischen verschiedenen Zweigstellen dieser Großkonzerne.) Schließlich muss man auch noch die Nichtregierungsorganisationen (NGO) berücksichtigen, die in vielen Teilen der Welt nun jene sozialen Dienstleistungen bereitstellten, die vorher von den Regierungen erbracht worden waren. Beispielsweise konzipierte die Stadtentwicklungsplanung einer nepalesischen Stadt oder die Gesundheitsversorgung einer nigerianischen Stadt ein Büro in Zürich oder Chicago.

Zugleich aber wurde über diese Entwicklung nicht in dieser Begrifflichkeit diskutiert – dass »Freihandel« und »freie Märkte« in Wirklichkeit den Aufbau globaler administrativer Strukturen bedeuteten, die in erster Linie darauf zielten, Investoren-Profite abzuschöpfen, und dass »Globalisierung« in Wirklichkeit Bürokratisierung bedeutete. Wir kamen oft schon ziemlich nahe heran. Aber wir sprachen es nur selten explizit aus.

Rückblickend meine ich, wir hätten konsequenter nachhaken müssen. Auch die Bedeutung neuer Formen des demokratischen Prozesses zu betonen, die im Zentrum der Bewegung stand – von Volksversammlungen, Sprecherräten und dergleichen –, zeigte, wie Menschen miteinander auskommen, wie sie sogar wichtige Entscheidungen fällen und komplexe politische Projekte umsetzen, ohne dass jemand Formulare ausfüllen, sich an ein Gericht wenden oder damit drohen musste, die Wachdienste oder die Polizei zu rufen. Das Global Justice Movement war auf seine Weise die erste linke antibürokratische Bewegung im Zeitalter der totalen Bürokratisierung. Und daher, so glaube ich, hält sie wichtige Lehren bereit für all jene, die eine ähnliche Kritik zu entwickeln versuchen. Abschließend möchte ich drei Themenkomplexe anschneiden:

1. Man sollte die Bedeutung physischer Gewalt nicht unterschätzen.

Die Armeen schwerbewaffneter Polizisten, die das Sommercamp der Protestierer stürmten, waren nicht irgendeine eigenartige Nebenerscheinung der »Globalisierung«. Immer wenn von »freien Märkten« die Rede ist, empfiehlt es sich, nach dem Mann mit dem Schießeisen Ausschau zu halten. Er ist nie weit weg.

Der Liberalismus des 19. Jahrhunderts, der den freien Markt propagierte, fiel zusammen mit der Erfindung der modernen Polizei und von Privatdetektivagenturen[30], und im Laufe der Zeit setzte sich auch die Vorstellung durch, diese Polizei solle die oberste Regelungsinstanz für nahezu alle Aspekte des städtischen Lebens sein, von der Überwachung von Straßenhändlern bis zur Festlegung des zulässigen Lärmpegels bei privaten Feiern oder auch zur Beilegung von Streitigkeiten zwischen Familienmitgliedern oder Internatsschülern. Wir haben uns mittlerweile schon so sehr an den Gedanken gewöhnt, notfalls immer die Polizei rufen zu können, wenn eine schwierige Situation zu regeln ist, dass es vielen von uns schwerfällt, sich vorzustellen, was die Menschen getan haben, als das noch nicht möglich war.[31] Denn tatsächlich hatten in der Geschichte die allermeisten Menschen – auch jene, die in großen Städten lebten – keine Möglichkeit, sich in solchen Situationen an die Polizei zu wenden. Oder zumindest nicht an eine unpersönliche bürokratische Instanz, die, wie die moderne Polizei, die Macht besaß, durch Gewaltandrohung Lösungen durchzusetzen, die sie für angemessen erachtete.

An dieser Stelle könnte man das *Eherne Gesetz des Liberalismus* um einen kleinen Zusatz erweitern. Die Geschichte hat gezeigt, dass eine Politik, die den »Markt« fördern will, stets dazu geführt hat, dass die Zahl jener Menschen vermehrt wurde, die in Ämtern mit Verwaltungsaufgaben befasst sind. Die Geschichte belegt aber auch, dass die Reichweite und die Dichte jener sozialen Beziehungen zunimmt, die letztlich mit Gewaltandrohung reguliert werden. Offenkundig steht das im Gegensatz zu allem, was uns über die Märkte erzählt wurde, aber der tatsächliche Fortgang bestätigt es.

Diesen Aspekt als eine »Begleiterscheinung« zu bezeichnen, ist irreführend, denn im Grunde sprechen wir hier über zwei verschiedene Möglichkeiten, eine bestimmte Sache zu benennen: Die Bürokratisierung des Alltagslebens bedeutet, den Menschen unpersönliche Regeln und Vorschriften aufzuerlegen; unpersönliche Regeln und Vorschriften funktionieren aber nur, wenn sie durch Gewaltandrohung gestützt werden.[32] Nahezu überall tauchen während dieser letzten Phase der totalen Bürokratisierung Überwachungskameras auf, Polizeifahrzeuge, Herausgeber von Ausweiskarten, Männer und Frauen in unterschiedlichen Uniformen, die entweder in öffentlichem oder in privatem Auftrag tätig sind und in Taktiken der Bedrohung, der Einschüchterung und nicht zuletzt auch der physischen Gewaltanwendung ausgebildet werden. Oder sie werden überall eingesetzt – sogar auf Spielplätzen – in Schulen, Universitäten, Krankenhäusern, Bibliotheken, Parks oder Urlaubsorten, wo man vor fünfzig Jahren ihre Anwesenheit noch als skandalös oder zumindest als befremdlich empfunden hätte.

Zugleich beharren viele Sozialtheoretiker darauf, der unmittelbare Gewalteinsatz spiele eine immer geringere Rolle, um die Strukturen sozialer Kontrolle aufrechtzuerhalten.[33] Je mehr Berichte man darüber liest, wie etwa mit Elektroschockwaffen wegen unerlaubter Bibliotheksbenutzung gegen Studenten vorgegangen wird oder wie englische Professoren wegen verbotswidrigen Überquerens einer Straße auf dem Campus in Haft genommen und wegen eines schweren Vergehens angeklagt werden, umso lauter wird das trotzige Beharren darauf, dass gerade jene Arten subtiler, symbolischer Macht, die beispielsweise englische Professoren analysieren, eine zentrale Rolle spielen. Dass die Machtausübung so plump und einfach funktioniert, wie es der Augenschein nahelegt, gerät mehr und mehr zu einer verzweifelten Weigerung, genau dies zu akzeptieren.

In meiner Heimatstadt New York habe ich in den vergangenen Jahrzehnten beobachtet, wie sich Bankfilialen schier endlos vermehrten. Als ich aufwuchs, waren die meisten Bankniederlassungen große, freistehende Gebäude, die wie griechische oder römische Tempel aussehen sollten. Im Laufe der letzten drei Jahrzehnte wurden in den wohlhabendsten Vierteln Manhattans in nahezu jedem dritten Block Filialen der drei oder vier Megabanken eröffnet. Im Großraum New York gibt es heute Tausende davon, die jeweils einen anderen Laden ersetzt haben, der früher Lebensmittel und Haushaltswaren verkaufte oder Dienstleistungen irgendwelcher Art anbot. Diese Bankzweigstellen sind zu perfekten Symbolen unserer Zeit geworden: Geschäfte, die Abstraktionen verkaufen – makellose Kästen, die nicht viel mehr enthalten als Glas, Stahl-Trennwände, Computer-Monitore und bewaffnetes Sicherheitspersonal. Sie definieren die vollkommene Verbindung zwischen Waffen und Information, denn recht viel mehr gibt es hier nicht. Und gerade diese Verbindung hat eine Aura entstehen lassen, die über fast alle Aspekte unseres Lebens verfügt.

Denken wir darüber überhaupt nach, verhalten wir uns im Allgemeinen so, als bewirke die Technologie dies alles: Eine ganz neue, vom Computer erschaffene Welt ist entstanden. Und so sieht sie auch aus. Auffallend ähneln alle diese funkelnagelneuen Bankhallen jener virtuellen Realität der Videospiele aus den Neunzigerjahren. Als seien wir nun endlich fähig, virtuelle Welten Realität werden zu lassen und unser Leben auf Videospiele zu verkleinern, während wir uns in den zahllosen Labyrinthen neuer Bürokratien zurechtzufinden versuchen. Videospiele produzieren nichts Wirkliches; folglich entsteht diese Welt mit einem Schlag, und wir verbringen unser Leben damit, Punkte zu sammeln und Leuten mit dem Schießeisen aus dem Weg zu gehen.

Diese Computerschöpfung – diese Welt, in der wir heute leben – beruht auf einer Illusion. Geradezu fatal wäre die Annahme, diese schöne neue Welt sei unausweichlich eine technologische Auswirkung und keine Folge sozialer und politischer

Kräfte. In diesem Zusammenhang sind die Lehren der »Globalisierung«, die angeblich irgendwie durch das Internet herbeigeführt wurde, äußerst wichtig:

2. Man sollte die Bedeutung der Technologie als ursächlichem Faktor nicht überschätzen.

Was als »Globalisierung« bezeichnet wird, geht politisch letztlich auf Neuausrichtungen, Entscheidungen und neue Bürokratien zurück. Ihnen folgten neue physische Technologien wie die Containerverschiffung oder das Internet. Daher ist die bürokratische Durchdringung des Alltagslebens, die durch den Computer ermöglicht wurde, nicht das Ergebnis einer technologischen Entwicklung. Vielmehr verhält es sich genau umgekehrt. Technologischer Wandel ist keine unabhängige Variable. Die Technologie schreitet voran, häufig überraschend oder unerwartet. Welche allgemeine Richtung Technologie einschlägt, hängt von sozialen Faktoren ab.

Allzu leicht vergessen wir, dass Informationstechnologien unsere unmittelbare und alltägliche Bürokratisierungserfahrung veranlassen: Facebook, Bankgeschäfte via Smartphone, Amazon, PayPal, unzählige Handgeräte, welche die uns umgebende Welt auf Karten, Formen, Codes und Bilder reduzieren.

Die Grundlage dafür bilden nach wie vor die hier beschriebenen Neuentwicklungen der Siebziger- und Achtzigerjahre: die Verbindung von Finanz- und Unternehmensbürokratien, die neue Unternehmenskultur, die daraus erwuchs. Der Bildungs-, Wissenschafts- und Verwaltungsbereich wurde dabei so weitgehend durchdrungen, dass schließlich private und öffentliche Bürokratien zu einem komplexen Gefüge aus Formalitäten und Verwaltungsabläufen verschmolzen. All dies zielte darauf ab, den Wohlstand unmittelbar abzuschöpfen.

Es war also keine Folge neuer Technologien. Im Gegenteil, die entsprechenden Technologien benötigten mehrere Jahrzehnte, bis sie voll ausgereift waren. In den Siebzigerjahren spielten die Computer noch keine ernstzunehmende Rolle. Banken und Verwaltungen setzten sie gern ein, doch für die meisten Menschen, die mit ihnen zu tun bekamen, verkörperten sie den bürokratischen Schwachsinn. Wann immer etwas schief lief, verdrehte man die Augen und machte »irgendeinen Computer« dafür verantwortlich. Weitere vier Jahrzehnte später, währenddessen die Informationstechnologien emporschossen und unablässig in sie investiert wurde, repräsentieren jene Computer, die Finanzinstitute einsetzen, nun die Definition unfehlbarer magischer Effizienz.

Stellen Sie sich zum Beispiel einen Geldautomaten vor. Ich kann mich nicht erinnern, dass ich in den vergangenen dreißig Jahren jemals einen falschen Betrag ausgezahlt bekommen hätte, wenn ich mir an einem Bankautomaten Geld besorgte. Und ich kenne auch niemanden, dem das widerfahren wäre.

Als aber nach der amerikanischen Präsidentschaftswahl im Jahr 2000 die Öffentlichkeit informiert wurde, man müsse mit einer Fehlerquote von 2,8 Prozent bei den elektronischen Wahlmaschinen rechnen, wiesen einige Kritiker frech darauf hin, ein Land, das sich für die beste Demokratie der Welt hält, akzeptiere, dass Wählerstimmen durch Wahlmaschinen regelmäßig falsch ausgezählt werden, während täglich Hunderte Millionen Transaktionen an Bankautomaten stattfinden, bei denen die Fehlerquote null Prozent beträgt. Was sagt dies darüber aus, was für die Amerikaner wirklich zählt?

Die Finanztechnologie wird nicht mehr verspottet, sondern hat sich als etwas derart Verlässliches profiliert, dass sie heute das Rückgrat unserer gesellschaftlichen Wirklichkeit bildet. Niemand muss sich Gedanken darüber machen, ob der Geldautomat auch die korrekte Zahl von Scheinen herausgibt. Ist er in Betrieb, macht er keine Fehler. Finanziellen Abstraktionen verleiht das die Aura absoluter Sicherheit – »Zurhandenheit«, wie Martin Heidegger es ausdrückt – und macht sie zu einem bestimmenden Teil unserer praktischen Infrastruktur alltäglicher Abläufe und Aktivitäten, so dass wir darauf keine Gedanken mehr verschwenden müssen. Gleichzeitig aber verfällt die konkrete Infrastruktur wie Straßen, Aufzüge, Brücken und U-Bahn-Gleise, mehr und mehr, und das Umland der großen Städte ist übersät mit den gescheiterten futuristischen Visionen früherer Generationen, die nun verlassen, schmutzig und stinkend verrotten. Nichts von all dem geschah zufällig. Es ist eine Frage nationaler Prioritäten, das Ergebnis politischer Entscheidungen, die festlegen, wohin die Finanzmittel fließen, sei es in Denkmalschutz oder in wissenschaftliche Forschung. Das ist die Welt, die all die Dokumente über »Vision«, »Qualität«, »Führung« und »Innovation« hervorgebracht hat. Der technologische Wandel hat unsere gegenwärtige Lage nicht verursacht; vielmehr ist die Entwicklungsrichtung, die der technologische Wandel eingeschlagen hat, größtenteils eine Funktion der Macht des Finanzwesens.

3. Man bedenke, dass es stets um Wert geht.

Oder: wenn jemand behauptet, sein wichtigster Wert sei die Rationalität, sagt er das nur, weil er nicht zugeben will, was tatsächlich sein wichtigster Wert ist.

Die »Selbstoptimierungs«-Philosophie, aus der diese neue bürokratische Sprache zum großen Teil entlehnt ist, beharrt darauf, dass wir in einer zeitlosen Gegenwart leben, dass Geschichte bedeutungslos ist, dass wir die uns umgebende Welt durch die Kraft unseres Willens selbst erschaffen. Das ist eine Art von individualistischem Faschismus.

Als diese Philosophie in den Siebzigerjahren populär wurde, verfochten einige christlich-konservative Denker ganz ähnliche Denkansätze: Sie betrachteten elektronisches Geld gewissermaßen als eine Ausdehnung von Gottes Schöpfungskraft, die sich anschließend mittels des Geistes begabter Unternehmer in eine materielle Realität verwandelte. Es ist leicht nachzuvollziehen, wie dies zur Schaffung einer Welt führen konnte, in der finanzielle Abstraktionen als Fundament der Realität erscheinen, und viele unserer erlebten Umgebungen sehen denn auch so aus, als hätte sie jemand am Computer-Bildschirm im 3-D-Druckverfahren hergestellt. Diese Vorstellung einer auf digitalem Weg erzeugten Welt könnte auch als eine perfekte Illustration eines anderen sozialen Gesetzes betrachtet werden – zumindest meiner Meinung nach sollte es als soziales Gesetz verstanden werden: Wenn man einer Gruppe von Menschen mit den ausgefallensten Ideen ausreichend viel Macht gibt, werden sie, ob absichtlich oder nicht, am Ende eine Welt hervorbringen, die so organisiert ist, dass das Leben in ihr auf tausenderlei subtile Weise den Eindruck vermittelt, diese Ideen seien offenkundig wahr.

In Nordamerika ist dies der Schlusspunkt der langwierigen Bemühungen, die allgemeinen Vorstellungen über die Entstehung von Wert zu verändern. Die meisten Amerikaner hängen zum Beispiel einer holzschnittartigen Version der Arbeitswertlehre an. Diese erschien intuitiv einleuchtend in einer Welt, in der die meisten Menschen Landwirte, Mechaniker oder Ladenbesitzer waren. All die schönen Dinge des Lebens gab es deswegen, weil die Menschen sich die Mühe machten, sie herzustellen; und dazu bedurfte es sowohl des Kopfes als auch der Muskeln, und zwar üblicherweise ungefähr zu gleichen Teilen. Mitte des 19. Jahrhunderts verwendeten sogar führende Politiker bisweilen eine Sprache, die von Karl Marx hätte stammen können. So erklärte etwa Abraham Lincoln:

> Arbeit geht dem Kapital voraus und ist unabhängig von ihm. Das Kapital ist lediglich die Frucht der Arbeit und hätte nicht entstehen können, wenn nicht vorher schon die Arbeit existiert hätte. Die Arbeit ist dem Kapital übergeordnet und verdient eine wesentlich höhere Wertschätzung.[34]

Den Aufstieg des bürokratischen Kapitalismus im »Vergoldeten Zeitalter« begleitete das selbstbewusste Bemühen neuer Tycoons, diese Art von Sprache zurückzudrängen und der kühnen neuen Philosophie der Zeit zum Durchbruch zu verhelfen – der Stahlmagnat Andrew Carnegie sprach von der »Bibel des Wohlstands« –, dass Wert vielmehr aus dem Kapital erwachse. Carnegie und seine Mitstreiter finanzierten eine groß angelegte Kampagne zur Verbreitung dieses Denkens, nicht nur in den Rotary Clubs und den Handelskammern des Landes, sondern auch in Schulen, Kirchen und Bürgervereinigungen.[35] Das Grundargument lautete, die hohe Effizienz der großen Unternehmen, die diese Männer leiten, bringe materiellen Überfluss in einem Ausmaß hervor, dass die Amerikaner sich durch ihren Konsum verwirklichen könnten, anstatt durch das, was sie herstellten. Nach dieser Sichtweise war Wert letztlich das Produkt einer hochbürokratisierten Organisation der neuen Industriekonglomerate.

Das Global Justice Movement hat uns gelehrt: In der Politik geht es letztlich immer um Wert; aber auch jene Kräfte, die solche gigantischen bürokratischen Systeme entfesseln, geben praktisch niemals zu, welche Werte sie tatsächlich vertreten. Das galt zu Zeiten Carnegies ebenso wie heute. Üblicherweise werden sie – wie die Räuberbarone zu Beginn des 20. Jahrhunderts – darauf beharren, dass ihr Handeln im Dienste der Effizienz oder der »Rationalität« stehe. Doch diese Sprache erweist sich letztlich immer als vage, sogar als unsinnig. Der Begriff »Rationalität« ist hierfür ein Paradebeispiel. Eine »rationale« Person ist jemand, der imstande ist, grundlegende logische Verbindungen herzustellen und die Wirklichkeit in einer nicht verzerrten Weise einzuschätzen. Mit anderen Worten, jemand, der nicht verrückt ist. Wer verkündet, sein Handeln stütze sich auf Rationalität – und das gilt für Linke wie Rechte gleichermaßen –, behauptet stillschweigend auch: Wer widerspricht, sei höchstwahrscheinlich verrückt. Er nimmt also schlicht die denkbar arroganteste Haltung ein. Diese Leute verwenden »Rationalität« häufig auch als Synonym für »technische Effizienz« und rücken dadurch die Frage in den Vordergrund, wie sie eine bestimmte Angelegenheit handhaben wollen, weil sie nicht sagen wollen, worum es ihnen eigentlich geht.

Die neoklassische Volkswirtschaftslehre bedient sich gern dieses Mittels. Wenn ein Ökonom beweisen möchte, es sei »irrational«, an nationalen Wahlen teilzunehmen (weil der dafür nötige Aufwand den Nutzen für den einzelnen Wähler übersteige), verwendet er diesen Begriff, weil er nicht sagen möchte: »Es ist irrational für Akteure, für die Bürgerbeteiligung, für die politische Ideale oder Gemeingüter keine Werte an sich darstellen. Sie betrachten öffentliche Angelegenheiten nur unter dem Blickwinkel ihres eigenen persönlichen Vorteils.« Warum sollte man nicht rational ermitteln können, auf welche Weise man die eigenen politischen Ideale durch Wahlbeteiligung fördern kann? Nach den Annahmen mancher Ökonomen jedoch ist jeder, der diesen Weg verfolgt, nicht ganz bei Sinnen.

Anders gesagt, über rationale Effizienz zu sprechen, ermöglicht, sich einer Diskussion darüber zu entziehen, wozu diese Effizienz eigentlich dienen soll, also einer Diskussion über jene letztlich irrationalen Ziele, die als die eigentlichen Zwecke des menschlichen Verhaltens betrachtet werden. Hier haben wir also noch eine weitere Domäne, in der die Märkte und die Bürokratie dieselbe Sprache sprechen. Beide behaupten, in erster Linie im Interesse der individuellen Freiheit und der individuellen Selbstverwirklichung durch Konsum zu agieren. Selbst Befürworter des bürokratischen alten preußischen Staates des 19. Jahrhunderts wie Hegel oder Goethe rechtfertigten dessen autoritäre Maßnahmen, weil diese seinen Bürgern ermöglichte, sich ihres Besitzes vollkommen sicher zu fühlen und daher in ihrem privaten Heim zu tun und zu lassen, was sie wollten – sich beispielsweise den Künsten, der Religion, der Liebe oder philosophischen Spekulationen zu widmen oder auch nur frei darüber zu entscheiden, welche Biersorte sie trinken, welche Musik sie hören oder welche Kleidung sie tragen wollten. Als der bürokratische Kapitalismus in den USA aufkam, leitete er seine Rechtfertigung ebenfalls aus konsumistischen Gründen her: Man konnte von den Arbeitern verlangen, die Kontrolle über ihre Arbeitsbedingungen abzutreten, wenn man ihnen dadurch ein breites Spektrum an erschwinglichen Produkten bieten konnte, die sie in ihrem Privatbereich nutzen konnten.[36] Stets ging man davon aus, es gebe eine Synergie zwischen der unpersönlichen, regelgebundenen Organisation – sei es im privaten oder öffentlichen Bereich oder in der Sphäre der Produktion – und der Möglichkeit freier Selbstentfaltung im Club, im Café, in der Küche oder bei Familienausflügen.

Das wichtigste Erbe der Dominanz bürokratischer Organisationsformen in den vergangenen zwei Jahrhunderten besteht darin, eine intuitive Trennung eingeführt zu haben zwischen rationalen, technischen Mitteln und den letztlich irrationalen Zielen, für die diese eingesetzt werden und die als Verkörperung des gesunden Menschenverstands erscheinen. Auf nationaler Ebene rühmen sich Beamte, sie seien imstande, die effizientesten Mittel und Wege zu finden, um die von den Herrschern des Landes ausgegebenen oder erträumten nationalen Ziele zu verfolgen, ob diese nach kultureller Vortrefflichkeit drängen, imperiale Eroberungen anstreben, eine wirklich gerechte soziale Ordnung herstellen oder die Unterweisungen der Bibel wortgetreu umsetzen wollen. Für Individuen gilt dasselbe, weil wir alle es als selbstverständlich erachten, dass sich Menschen nur deshalb auf den Markt begeben, um sich möglichst effizient selbst bereichern zu können. Haben sie schließlich das begehrte Geld, ist völlig offen, was sie damit anstellen werden: Ob sie sich ein Haus oder einen Rennwagen kaufen, sich der privaten Erforschung von UFO-Phänomenen widmen oder die Wünsche ihrer Kinder erfüllen.

Weil alles so selbstverständlich erscheint, können wir uns kaum vorstellen, dass in den meisten bisherigen Gesellschaften eine solche Unterscheidung völlig sinnlos gewesen wäre. Zu fast allen Zeiten und an beinahe jedem Ort der Welt ging man davon aus: Die Art und Weise, wie ein Mensch etwas macht, wird davon bestimmt, was er ist.[37] In dem Augenblick jedoch, so hat es den Anschein, in dem man die Welt in diese beiden Sphären teilt – in die rein technische Kompetenz und in die davon abgetrennten letzten Werte –, versucht jede der beiden Sphären in die andere einzudringen. Rationalität oder Effizienz seien Werte an sich, worauf manche verweisen. Sie seien sogar letztgültige Werte, und wir sollten – was immer das bedeuten mag – eine »rationale« Gesellschaft schaffen. Wieder andere werden darauf insistieren, Leben solle zu einer Kunst oder zu einer Religion werden. Doch alle diese Ansätze setzen jene Teilung vor, für deren Überwindung sie nachdrücklich eintreten.

Im größeren Rahmen spielt es keine Rolle, ob man die Welt mittels bürokratischer Effizienz oder der Rationalität des Marktes zu organisieren versucht – die grundlegenden Annahmen bleiben die gleichen. Darum lässt sich auch zwischen den beiden Sphären so einfach hin- und herpendeln, wie es etwa die früheren sowjetischen Funktionäre bewiesen haben, als sie unbekümmert von der totalen Staatskontrolle über die Wirtschaft zur totalen Vermarktung umschwenkten. Durch dieses ständige Hin- und Herpendeln erhöhten sich entsprechend dem

Ehernen Gesetz die Zahl der Bürokraten, die in ihren Ländern beschäftigt waren, drastisch.[38] Mehr noch, dies kann auch erklären, warum diese beiden Pole nahezu nahtlos miteinander verschmelzen können wie in der gegenwärtigen Ära der totalen Bürokratisierung.

Wer einmal Flüchtling war oder auch nur bei der Anmeldung seiner Tochter an einer Musikschule einen mehrseitigen Aufnahmeantrag ausfüllen musste, den befremdet die Ansicht, Bürokratie sei rational oder effizient. Aber so sieht es aus der Vogelperspektive aus. Von innen – aus der Froschperspektive – betrachtet, erscheinen die Algorithmen und die mathematischen Formeln, mit denen die Welt bewertet und beurteilt wird, nicht nur als Messgrößen für Werte, sondern sogar als die Ursachen von Werten.[39] Bei ihrer Arbeit bewerten Bürokraten größtenteils Dinge und Sachverhalte. Ständig beurteilen, überprüfen, messen und wägen sie die relativen Vorzüge bestimmter Pläne, Vorschläge, Anwendungsmöglichkeiten, Handlungsverläufe oder Beförderungskandidaten. Marktreformen festigen diese Tendenz nur. Das gilt für sämtliche Ebenen.

Am unmittelbarsten erfahren dies die Armen, die ein aufdringliches Heer moralisierender Sachbearbeiter ständig überwacht, die ihre Befähigung zur Kindererziehung beurteilen und ihre Kühlschränke inspizieren, um herauszufinden, ob sie wirklich mit ihrem angegebenen Partner zusammenleben, die nachforschen, ob sie sich intensiv genug um eine neue Arbeitsstelle bemühen, und ihren Gesundheitszustand daraufhin überprüfen, ob sie vielleicht doch körperliche Arbeiten verrichten könnten. Alle reichen Länder beschäftigen heute Heerscharen von Funktionsträgern, deren wichtigste Aufgabe darin besteht, den Mittellosen ein schlechtes Gewissen zu machen.

Diese Praxis des Bewertens und Beurteilens ist noch viel stärker ausgeprägt in der Welt der höher qualifizierten Beschäftigten und der Führungskräfte, die massiv von Zeugnissen und

Dokumenten bestimmt ist. In ihr herrscht die Auditkultur und ist erst dann etwas real, wenn es quantifiziert, tabellarisch dargestellt oder in irgendein Computerprogramm oder einen Quartalsbericht eingetragen werden kann. Diese Welt ist nicht nur ein Effekt der immer weiter wachsenden Finanzialisierung. Denn was ist die Welt der durch Wertpapiere besicherten Derivate, der Schuldverschreibungen und ähnlichen exotischen Finanzinstrumente anderes als die Apotheose des Prinzips, Werte seien letztlich ein Ergebnis von Bürotätigkeit? Und so kristallisiert sich ein Berg an Bewertungen und Beurteilungen heraus, den ein genervter Sachbearbeiter anzuhäufen beginnt, wenn er feststellt, ob jemand wirklich arm genug ist, um kostenlose Medikamente für sein Kind zu erhalten, und der seinen Gipfel bei den Anzugträgern erreicht, die sich mit dem hochfrequenten Wetthandel befassen und sich der Frage widmen, wie lange jemand in der Lage sein wird, seine Hypothek zu bedienen.

Eine zeitgemäße Bürokratiekritik muss aufzeigen, wie sich alle diese Stränge – die Finanzialisierung, die Gewalt, die Technologie, die Verschmelzung des Öffentlichen und des Privaten – zu einem geschlossenen, sich selbst erhaltenden Netz verknüpfen. Der permanente Finanzialisierungsvorgang bedeutet, dass ein stetig wachsender Teil der Unternehmensgewinne in Form von Rentenabschöpfung anfällt. Da es sich dabei im Grunde um nicht viel mehr als legalisierte Erpressung handelt, wird dieser Prozess durch eine stetig wachsende Zahl von Regeln und Vorschriften begleitet sowie durch eine immer ausgeklügeltere und allgegenwärtige Androhung von physischer Gewaltanwendung, um seine Durchsetzung sicherzustellen. Die Gewaltandrohung wird omnipräsent. Wir bemerken unsere Bedrohung folglich gar nicht mehr, weil wir uns selbst ohne diese Gewaltandrohung nicht mehr vorstellen können. Zugleich werden Gewinnanteile der Rentenabschöpfung wieder eingesetzt, um einzelne Gruppen der oberen Mittelschicht und der Facharbeiter zu begünstigen oder um neue Gruppen von Unternehmensbürokraten zu schaffen, die mit Papierkram und Verwaltungsarbeit befasst sind.

Ein Phänomen scheint mit einem Mal auf, über das ich an anderer Stelle schon geschrieben habe: die ständige Zunahme offenkundig sinnloser »Bullshit-Jobs« in den vergangenen Jahrzehnten – strategische Visionskoordinatoren, Human-Resources-Berater, Analysten für Rechtsabteilungen und dergleichen –, obwohl sogar Personen in diesen Positionen insgeheim oft davon überzeugt sind, sie trügen in Wirklichkeit nichts zur Entwicklung ihres Unternehmens bei. Die Logik, die gesellschaftlichen Klassen neu auszurichten, wird dadurch unablässig erweitert; diese Logik kam in den Siebziger- und Achtzigerjahren auf, als die Unternehmensbürokratien das Finanzsystem erweiterten.

Gelegentlich stößt man auf ein Beispiel, in dem sich all dies wie in einem Brennglas bündelt. Im September 2013 besuchte ich eine Teefabrik in der Nähe von Marseille; sie war von ihren Arbeitern besetzt worden. Seit mehr als einem Jahr trotzte die Belegschaft der örtlichen Polizei. Wie war es zu dieser Situation gekommen? Ein Fabrikarbeiter mittleren Alters führte mich durch die Anlage und erklärte mir, es ginge vordergründig darum, dass die Fabrik nach Polen verlagert werden sollte, weil dort die Löhne niedriger seien. In Wirklichkeit aber drehe sich die Auseinandersetzung um die Gewinnverteilung. Die ältesten und erfahrensten Mitarbeiter der etwas mehr als hundert Leute umfassenden Belegschaft hätten jahrelang die Effizienz der großen Teeabfüllmaschinen verbessert. Die Produktion sei gestiegen, die Gewinne auch. Aber was hatten die Eigentümer mit dem zusätzlichen Profit getan? Hatten sie den Arbeitern eine Lohnerhöhung gewährt, um sie für die gesteigerte Produktivität zu belohnen? In den Fünfziger- und Sechzigerjahren, als noch überall der Keynesianismus im Schwange war, hätten sie dies zweifellos getan. Heute aber nicht mehr. Hatten sie mehr Arbeitskräfte eingestellt und die Produktion ausgeweitet? Auch nicht. Vielmehr hatten sie die mittlere Managementebene verstärkt.

Jahrelang, so erklärte der Arbeiter, habe es nur zwei leitende Manager gegeben, den Chef und den Personalleiter. Als der Gewinn stieg, tauchten immer mehr Herren in Anzügen auf, bis es schließlich ein Dutzend waren. Die Anzugträger hatten alle wohlklingende Titel, aber fast nichts zu tun, weshalb sie ihre Zeit größtenteils damit verschwendeten, im Betrieb umherzuspazieren und die Arbeiter zu beobachten, Erfassungs- und Bewertungsinstrumentarien zu entwickeln sowie Pläne und Berichte zu verfassen. Schließlich wollten sie das gesamte Unternehmen ins Ausland verlagern – vermutlich, um rückwirkend ihre Existenz zu rechtfertigen. Dabei drohten ihnen, so fügte er hinzu, keine großen Nachteile, denn sie würden wahrscheinlich an einen attraktiveren Standort umziehen, während die Arbeiter jedoch zum größten Teil ihre Jobs verlieren würden. Nun hatten die Arbeiter den Betrieb besetzt, und kurz darauf waren vor dem Gelände Polizeikräfte aufgezogen.

Eine linke Bürokratiekritik fehlt schmerzlich. Dieses Buch ist kein Entwurf einer solchen Kritik. In keinerlei Hinsicht versucht es, eine allgemeine Theorie der Bürokratie auszuarbeiten, eine Geschichte der Bürokratie insgesamt oder auch nur des gegenwärtigen Stadiums der totalen Bürokratisierung zu schreiben. Vielmehr versammle ich hier Ansätze und Perspektiven, die andeuten, welche Richtungen eine linke Bürokratiekritik heute einschlagen könnte. Im ersten Kapitel geht es um Gewalt, im zweiten um Technologie und im dritten um Rationalität und Wert.

Die Kapitel bilden keine zentrale These. Vielleicht könnte

man sagen, sie kreisen um ein Argument, im Wesentlichen aber versuchen sie, ein Gespräch in Gang zu setzen – ein längst überfälliges Gespräch.

Vor einem Problem stehen wir alle: Bürokratische Abläufe, Gewohnheiten und Anforderungen überwältigen uns. Unser Leben dreht sich um das Ausfüllen von Formularen. Aber die Sprache, über die wir verfügen, um diese Dinge zu erläutern, ist beklagenswert unangemessen – sie verschärft das Problem höchstwahrscheinlich noch. Wir müssen eine Möglichkeit finden, um angemessen darüber sprechen zu können. Was lehnen wir an dieser Entwicklung ab? Wir müssen uns ernsthaft über die damit verbundene Gewalt austauschen. Was stimuliert diese Entwicklung? Was hält sie aufrecht? Welche Elemente beinhalten das Potential, unsere Gesellschaft wahrhaft frei zu gestalten? Wie hoch ist der Preis, der für das Leben in einer komplexen Gesellschaft bezahlt werden muss? Und schließlich: Was könnte und sollte vollständig beseitigt werden? Wenn dieses Buch auch nur in bescheidenem Ausmaß mithilft, einen Anstoß zu einer solchen Diskussion zu geben, hat es einen wichtigen Beitrag zum politischen Leben geleistet.

1

Tote Zonen der Phantasie

Über strukturelle Dummheit

Ich möchte mit einer Geschichte über die Bürokratie beginnen.

Im Jahr 2006 erlitt meine Mutter mehrere Schlaganfälle. Bald wurde klar, ohne fremde Hilfe würde sie nicht mehr in ihrer Wohnung leben können. Da ihre Krankenversicherung keine häusliche Pflege bezahlte, empfahlen uns mehrere Sozialarbeiter, einen Antrag auf Leistungen nach dem Medicaid-Programm zu stellen. Um diese Unterstützung zu erhalten, darf das Gesamtvermögen der betreffenden Person jedoch nicht mehr als 6000 Dollar betragen. Wir hoben ihre Ersparnisse ab – was streng genommen wohl ein Betrug war, wenngleich ein sehr eigenartiger Betrug, da die Regierung Tausende Sozialarbeiter beschäftigt, deren Hauptaufgabe anscheinend darin besteht, den Leuten zu erklären, wie sie diesen speziellen Betrug begehen können –, aber kurz darauf erlitt meine Mutter einen weiteren schweren Schlaganfall, und sie musste in einem Pflegeheim eine längere Reha-Kur absolvieren. Nach ihrer Entlassung aus der Reha-Klinik war sie auf häusliche Pflege angewiesen, aber da tauchte ein Problem auf: Die Leistungen, die sie von der Sozialversicherung erhielt, wurden direkt überwiesen, aber sie konnte kaum noch ihren Namen schreiben. Wenn ich also keine Kontovollmacht bekam und ihre monatliche Miete zahlen konnte, würde sich das Geld anhäufen, und sie würde den Unterstützungsanspruch verlieren, und nachdem ich den Wust an Medicaid-Dokumenten ausgefüllt hatte, musste ich persönlich vorsprechen, damit ihr Antrag in das Bearbeitungsverfahren aufgenommen wurde.

Ich besorgte mir bei ihrer Bank die erforderlichen Formulare und brachte sie zum Pflegeheim. Die Dokumente mussten notariell beglaubigt werden. Die Mitarbeiterin am Empfang erklärte mir, in ihrer Einrichtung gebe es zwar eine Notarin, aber ich müsse erst einen Termin vereinbaren. Sie griff zum Hörer und stellte mich zu einer körperlosen Stimme durch, die mich an die Notarin weiterreichte. Die Notarin informierte mich, ich benötige zuallererst eine Vollmacht vom Leiter des Sozialdienstes. Ich erkundigte mich nach dessen Zimmernummer, fuhr mit dem Aufzug hinunter und ging in sein Büro – wo ich feststellte, dass dem Leiter des Sozialdienstes jene körperlose Stimme gehörte, die mich zuvor zur Notarin weitergeleitet hatte. Der Leiter des Sozialdienstes nahm den Hörer auf und sagte: »Marjorie, das war ich. Sie machen den Mann ganz verrückt mit diesem Unsinn und mich auch.« Nach einer kleinen entschuldigenden Geste sprach er weiter am Telefon und verschaffte mir einen Termin für Anfang der kommenden Woche.

In der folgenden Woche erschien die Notarin vereinbarungsgemäß, begleitete mich nach oben, um sicherzustellen, dass ich meinen Teil der Formulare ausfüllte (worauf ich mehrmals hingewiesen worden war), und begann dann in Anwesenheit meiner Mutter deren Teil auszufüllen. Ich war etwas verblüfft, denn sie bat meine Mutter um keine Unterschrift, sondern nur mich. Sie werde schon wissen, dachte ich mir, was sie tue.

Am nächsten Tag brachte ich das Dokument zur Bank, wo die Mitarbeiterin am Schalter einen kurzen Blick darauf warf und mich dann fragte, warum meine Mutter nicht unterschrieben habe. Sie zeigte das Formular ihrem Vorgesetzten, der mir erklärte, ich solle es wieder mitnehmen und vervollständigen. Anscheinend hatte die Notarin doch nicht gewusst, was sie tat. Ich erhielt einen neuen Satz Formulare, füllte sorgfältig meinen Teil aus und ließ mir einen neuen Termin geben.

Am vereinbarten Tag erschien die Notarin, und nach ein paar umständlichen Bemerkungen darüber, wie schwierig doch diese Banken seien (warum müsse jede Bank ein anderes Formular für die Vollmacht haben?) ging sie mit mir nach oben. Ich unterschrieb, meine Mutter unterschrieb – zu diesem Zeitpunkt fiel es ihr schon schwer, aufrecht zu sitzen –, und am nächsten Tag kehrte ich zur Bank zurück. Eine weitere Mitarbeiterin an einem anderen Schalter überprüfte die Formulare und fragte, warum ich in der Zeile unterschrieben hatte, in der ich meinen Namen in Druckbuchstaben hätte eintragen sollen und dafür meinen Namen in die Zeile in Druckbuchstaben eingetragen hatte, in der eigentlich die Unterschrift stehen sollte.

»Habe ich das getan? Nun, ich habe genau das gemacht, was mir die Notarin gesagt hat.«

»Aber hier steht klar: ›Unterschrift‹«

»O ja, Sie haben recht. Wahrscheinlich hat sie sich vertan. Aber wie auch immer … alle benötigten Informationen sind vorhanden, nicht? Nur diese beiden Teile sind vertauscht. Sehen Sie hier tatsächlich ein Problem? Die Angelegenheit ist etwas dringend, und ich möchte eigentlich nicht noch einmal einen neuen Antrag stellen, was die Sache noch länger verzögern würde.«

»Nun, normalerweise akzeptieren wir diese Formulare nicht, wenn nicht alle Unterzeichner persönlich anwesend sind.«

»Meine Mutter hatte einen Schlaganfall. Sie ist bettlägerig. Vor allem deshalb benötige ich eine Vollmacht.«

Die Mitarbeiterin teilte mir mit, sie werde die Angelegenheit mit dem Manager besprechen. Nach zehn Minuten kam sie zurück und verkündete – während der Manager in Hörweite stand –, die Bank könne diese Formulare in ihrer aktuellen Form nicht akzeptieren. Und auch wenn sie korrekt ausgefüllt wären, brauchte ich eine Bestätigung vom Arzt meiner Mutter, dass sie geistig in der Lage sei, ein solches Dokument zu unterzeichnen.

Ich wies darauf hin, dass bisher noch niemand von einem solchen Brief gesprochen habe.

»Was?«, mischte sich der Manager plötzlich ein. »Wer hat Ihnen diese Formulare gegeben und Ihnen nichts von dem erforderlichen Schreiben gesagt?«

Da eine der etwas verständnisvolleren Bankmitarbeiterinnen die Schuldige war, wich ich der Frage aus[1] und erklärte stattdessen, im Sparbuch meiner Mutter sei eindeutig eingetragen »unter treuhänderischer Verwaltung durch David Graeber«. Das spiele nur eine Rolle, wenn die Kontoinhaberin verstorben sei, entgegnete der Filialleiter.

Das Problem wurde tatsächlich gegenstandslos: Ein paar Wochen später starb meine Mutter.

Ich empfand dieses Erlebnis damals als höchst befremdlich. Bis dahin hatte ich ein eher bohèmehaftes Studentenleben geführt, war mit derartigen Dingen kaum in Berührung gekommen und fragte nun meine Freunde: Sieht so der Alltag für die meisten Menschen aus? Müssen sie wirklich den ganzen Tag herumrennen und sich dabei wie Idioten vorkommen? Werden sie tatsächlich in eine Lage gebracht, in der sie sich dann wie Idioten verhalten? Etliche Befragten bejahten dies. Offenkundig war die Notarin ungewöhnlich inkompetent gewesen.

Einige Zeit später musste ich mich mehr als einen Monat lang mit Schwierigkeiten herumschlagen, die dadurch entstanden, dass ein unbekannter Mitarbeiter der New Yorker KfZ-Zulassungsstelle meinen Vornamen falsch als »Daid« eintrug, ganz zu schweigen von den Verwicklungen, die sich ergaben, als ein

Angestellter bei Verizon meinen Familiennamen als »Grueber« schrieb.

Öffentliche und private Bürokratien sind anscheinend – aus welchen historischen Gründen auch immer – so organisiert, dass ein nennenswerter Teil ihrer Akteure nicht in der Lage ist, ihren Anforderungen erwartungsgemäß zu entsprechen. In diesem Sinne habe ich einmal geschrieben, Bürokratien seien utopische Formen von Organisation. Utopisten, so sagt man doch, glauben naiv an die menschliche Vollkommenheit und weigern sich, Menschen so zu sehen und zu nehmen, wie sie tatsächlich sind.[2] Genau das tun jedoch alle Bürokratien: Sie stellen Ansprüche, die sie als angemessen betrachten. Entdecken sie schließlich, wie viele Menschen immer unfähig sein werden, die an sie gerichteten Erwartungen einzulösen, ziehen sie daraus den Schluss, nicht die Ansprüche und Anforderungen der Bürokratien seien das Problem, sondern die Unfähigkeit der Personen, denen es nicht gelingt, die an sie gestellten Ansprüche und erhobenen Anforderungen zu erfüllen.

Beim Umgang mit diesen Formularen war für mich äußerst beunruhigend, dass ich mich wie ein Dummkopf angestellt hatte. Wieso hatte ich nicht bemerkt, dass ich meinen Namen in jener Zeile in Druckbuchstaben, unter der »Unterschrift« stand, eingetragen hatte. Es stand deutlich da! Ich halte mich im Grunde nicht für besonders dumm. Für meine Karriere war es sogar vorteilhaft, andere häufig davon überzeugen zu können, ein ziemlich schlauer Bursche zu sein. Und dennoch hatte ich mich offenkundig dumm verhalten – nicht, weil ich unaufmerksam gewesen wäre; ich hatte mich vielmehr mental und emotional in dieser Angelegenheit außerordentlich engagiert. Das Problem, so erkannte ich, bestand nicht darin, zu wenig Energie aufgewendet zu haben, sondern dass den Großteil meiner Energie Personen aufzehrten, die in einem konkreten Augenblick bürokratische Macht über mich zu besitzen schienen.

Diese Bürokraten versuchte ich zu verstehen und zu beeinflussen – obwohl ich in Wirklichkeit nur ein oder zwei lateinische Worte richtig hätte interpretieren und bestimmte mechanische Funktionen korrekt ausführen müssen. Weil ich etliche Zeit darauf verwendete, die Inkompetenz der Notarin zu vertuschen anstatt zu entlarven und mir das Wohlwollen der verschiedenen Bankmitarbeiter zu verschaffen, veranlassten sie mich dazu, etwas Törichtes zu tun. Eine offenkundig unangemessene Strategie! Denn sofern jemand überhaupt die Möglichkeit besaß, die Regeln zu brechen, waren sie nie und nimmer die richtigen Leute. Hätte ich aber tatsächlich mit einer machtbefugten Amtsperson sprechen können, hätte diese mich zweifellos direkt oder indirekt wissen lassen, dass meine Beschwerde oder auch nur meine Klage über die strukturelle Absurdität nur dazu geführt hätte, einem untergeordneten Funktionsträger Schwierigkeiten zu bereiten.

Als Anthropologe erschien mir dies alles seltsam vertraut. Ein Spezialgebiet der Anthropologen ist die Beschäftigung mit den Ritualen, die mit Geburt, Heirat, Tod und anderen Übergangsriten verbunden sind. Insbesondere befassen wir uns mit rituellen Gesten, die gesellschaftliche Wirksamkeit besitzen, wo etwas durch den reinen Akt, also allein dadurch, dass es gesagt oder getan wird, gesellschaftlich wahr wird. (Man denke an Sätze wie: »Ich entschuldige mich«, »Ich gebe auf« oder »Ich erkläre Sie zu Mann und Frau.«

Menschen sind soziale Wesen. Geburt und Tod sind daher für sie mehr als rein biologische Ereignisse. Es bedarf gewöhnlich großer Anstrengungen, bis ein neugeborenes Kind zu einer voll entwickelten Person wird – zu jemandem, der einen Namen hat und soziale Beziehungen (Mutter, Vater …) und ein Heim, zu einer Person, der gegenüber andere Menschen Verpflichtungen haben und die irgendwann vielleicht auch Verpflichtungen ihnen gegenüber hat. Gewöhnlich bewirken Rituale einen großen

Teil dieser Arbeit. Diese Rituale können, wie die Anthropologen herausgefunden haben, vielfältige Formen und Inhalte annehmen. Dazu gehören Taufen und Konfirmationen wie auch Weihen, erste Haarschnitte, Isolierung, Verkündungen, das Herstellen, Verwenden, Verbrennen und Vergraben von Kultrequisiten und Zaubersprüche.

Noch viel komplizierter ist der Tod. Denn jetzt müssen die sozialen Beziehungen, die ein Mensch im Lauf seines Lebens aufgebaut hat, allmählich gelöst und neu arrangiert werden. Es braucht oft Jahre, wiederholte Bestattungen (vielleicht sogar Umbettungen), das Verbrennen, Bleichen und Neuarrangieren von Gebeinen, Feiern und Zeremonien, bis jemand endgültig tot ist.

In den meisten heutigen Gesellschaften sind diese Rituale, ob sie tatsächlich durchgeführt werden oder nicht, mehr als alle anderen Rituale mit Schreibarbeit verbunden, die gesellschaftlich wirkungsmächtig ist und die Veränderung besiegelt. Meine Mutter beispielsweise hatte gewünscht, ohne feierliche Zeremonie eingeäschert zu werden. Das Bestattungsunternehmen ist mir hauptsächlich durch einen dicken, gut gelaunten Angestellten in Erinnerung, der zusammen mit mir ein 14 Seiten umfassendes Dokument ausfüllte, damit eine Sterbeurkunde ausgestellt werden konnte. Das Dokument wurde mit Kugelschreiber auf Durchschlagpapier ausgefüllt und schließlich lag es in dreifacher Ausfertigung vor. »Wie viele Stunden sind Sie täglich mit dem Ausfüllen solcher Formulare beschäftigt?«, fragte ich den Mann. Er seufzte. »Ich tue praktisch nichts anderes«, antwortete er und hielt eine Hand hoch, die wegen eines beginnenden Karpaltunnelsyndroms eingebunden war. Er musste das tun. Ohne diese Dokumente würde niemand – weder meine Mutter noch ein anderer Verstorbener, der hier eingeäschert wurde – rechtlich und damit auch gesellschaftlich als tatsächlich tot gelten.

Warum, so fragte ich mich, gibt es dann keine ausführliche ethnographische Literatur über amerikanische oder britische Bestattungsriten mit langen Kapiteln über Formulare und Papierkram? Die Antwort liegt auf der Hand. Papierkram ist langweilig. Das rituelle Umfeld einer Bestattung lässt sich beschreiben. Man kann beobachten, wie die Menschen darüber sprechen oder darauf reagieren. Aber die Schreibarbeit bei Bestattungen gibt bisher nicht viel Interessantes her. Wie und in welcher Farbe sind die Formulare gehalten? Warum werden bestimmte Informationen erfragt, andere nicht? Warum muss der Geburtsort angegeben werden, nicht aber der Ort, wo der oder die Verstorbene die Grundschule besucht hat? Was ist so wichtig an der Unterschrift? Aber dann gehen auch dem einfallsreichsten Kommentator schnell die Fragen aus.

Lassen Sie uns hier noch ein wenig weiter gehen. Schreibarbeit *soll* auch langweilig sein! Und sie wird auch immer langweiliger. Mittelalterliche Urkunden waren oft sehr schön gestaltet, mit kalligraphischen Elementen und Wappen verziert. Einiges davon konnte sich bis ins 19. Jahrhundert halten: Ich besitze eine Kopie der Geburtsurkunde meines Großvaters, die 1858 in Springfield in Illinois ausgestellt wurde. Ungewöhnlich farbenprächtig, in Frakturschrift, mit Schnörkeln und kleinen Engelsköpfen ist sie versehen (und vollständig auf Deutsch abgefasst). Die Geburtsurkunde meines Vaters dagegen, die 1914 in Lawrence in Kansas ausgestellt wurde, ist einfarbig und gänzlich schmucklos, besteht nur aus Zeilen und Kästen, wurde jedoch mit einer schönen, geschwungenen Handschrift ausgefertigt. Meiner eigenen Geburtsurkunde, 1961 in New York ausgestellt, fehlt sogar das: Sie ist maschinengeschrieben, abgestempelt und besitzt keinerlei unverwechselbares Merkmal. Zweifellos sind die Computerschriften, die heute für so viele Dokumente verwendet werden, noch langweiliger. Die »Schöpfer« dieser Dokumente scheinen sich zu bemühen, ihnen alles zu nehmen, was auch nur ein wenig tiefer geht oder auch nur im Entferntesten etwas Symbolisches hat.

Einen Anthropologen kann dies alles zur Verzweiflung treiben. Anthropologen fühlen sich angezogen von dichten Sachbereichen. Mit unseren Interpretationsinstrumenten sind wir in der Lage, einen Weg im Dschungel der Bedeutungen oder Signifikanz zu erkunden – wir versuchen den komplizierten rituellen Symbolismus zu verstehen, die sozialen Dramen, die poetischen Formen oder die verwandtschaftlichen Bande. Sie alle sind unendlich vielfältig und grenzenlos. Wollte jemand jede Bedeutung, jedes Motiv oder jede Assoziation erfassen, die in einem rumänischen Ernteritual, einem Zauberfluch des Volks der Zande oder einer mexikanischen Familiensaga enthalten sind – er könnte darin seine Lebensaufgabe finden. Mehrere Leben würde es erfordern, auch den aufgefächerten Beziehungen zu anderen Elementen auf den größeren sozialen oder symbolischen Feldern nachzuspüren, die sich bei solchen Forschungen unvermeidlich auftun.

Schreibarbeit dagegen ist aufgrund ihrer Konzeption so einfach wie möglich und in sich geschlossen. Mögen die Formulare manchmal ziemlich komplex, vielleicht sogar verwirrend kompliziert sein, so beruht diese diffizile Vielschichtigkeit auf einer schier endlosen Zunahme sehr einfacher, aber anscheinend widersprüchlicher Elemente, wie in einem Labyrinth, in dem ausschließlich zwei oder drei geometrische Motive einander endlos gegenüberstehen. Nichts bei der Papier- oder Schreibarbeit liegt außerhalb von ihr wie in einem Labyrinth. Papier- oder Schreibarbeit eröffnen relativ wenige Interpretationsmöglichkeiten.

Clifford Geertz wurde bekannt durch seine »Dichte Beschreibung« balinesischer Hahnenkämpfe. Damit wollte er demonstrieren, dass man, wenn es gelänge, alles zu entschlüsseln, was in einem solchen Kampf enthalten ist, imstande wäre, die gesamte balinesische Gesellschaft zu verstehen. »Dichte Beschreibung«

enthält konzeptionelle Muster des Menschseins, der Gesellschaft, der Hierarchie, der Natur, aller grundlegenden Leidenschaften und Zwangslagen der menschlichen Existenz. Eine solche Analyse eines Hypothekenantrags wäre schlicht unmöglich, ganz gleich, wie umfangreich er wäre. Selbst wenn ein mutiger Forscher eine solche Analyse erstellen sollte – nur um zu beweisen, dass es möglich ist –, würde dies so gut wie niemand lesen.

Man könnte einwenden: Aber haben nicht berühmte Romanciers schon fesselnde Romane über die Bürokratie geschrieben? Gewiss. Dabei konzentrierten sie sich auf die Schwerfälligkeit und die Hohlheit – nicht zu reden von der Idiotie – der Bürokratie und erschufen literarische Werke, die sich durch die gleiche labyrinthähnliche, sinnentleerte Form auszeichneten. Deshalb handelt es sich bei fast der gesamten bedeutenden Literatur darüber um Tragikomödien. *Der Prozess* von Franz Kafka steht exemplarisch für dieses Genre (wie auch *Das Schloss*), aber man kann auch noch viele andere Werke anführen: von *Memoiren, gefunden in der Badewanne* von Stanisław Lem (das sich stark an Kafka anlehnt) über *Der Palast der Träume* von Ismail Kadare und *Alle Namen* von José Saramago bis zu all jenen Werken, die gewissermaßen vom Geist der Bürokratie beseelt sind, wie etwa viele Bücher von Italo Calvino oder fast alles von José Borges. Joseph Heller nimmt in *Catch-22* die Militärbürokratie aufs Korn, und *Something Happened* über die Unternehmensbürokratien gilt ebenso als jüngeres Meisterwerk zu diesem Thema wie David Forster Wallaces unvollendetes Werk *The Pale King,* eine phantasievolle Meditation über das Wesen der Langeweile, die in einem Büro des US-Finanzamts im amerikanischen Mittleren Westen spielt. Alle diese literarischen Werke stellen nicht nur die groteske Sinnlosigkeit des bürokratischen Lebens heraus, sondern lassen auch den Unterton von Gewalt vernehmen. Das ist bei einigen dieser Autoren offenkundiger (zum Beispiel bei Kafka und Heller) als bei anderen, doch fast immer lauert irgendwo unter der Oberfläche die Gewalt. Zeitgenössische Erzählungen, die explizit von Gewalt handeln, tendieren dazu, sich zu Erzählungen über Bürokratie zu entwickeln, weil die meisten brutalen Gewalthandlungen entweder in einem bürokratischen Umfeld stattfinden (in der Armee, in einem Gefängnis usw.) oder fast unverzüglich bürokratische Abläufe nach sich ziehen (Verbrechen).

Große Autoren wissen, wie man mit der Leere umgeht. Sie nehmen sie an. Sie starren in den Abgrund, bis der Abgrund zu ihnen zurückstarrt. Die soziale Theorie dagegen scheut die Leere – und damit bekommt man es zweifellos zu tun, wenn die Beschäftigung mit Bürokratie irgendwohin führen soll. Dummheit und Gewalt sind genau jene Elemente, über die sie nicht sprechen möchte.[3]

Der Mangel an kritischen Werken ist besonders auffällig, weil man oberflächlich betrachtet annehmen könnte, Wissenschaftler seien dafür prädestiniert, über die Absurditäten des bürokratischen Lebens zu sprechen. Schließlich sind sie bereits vielfach oder werden immer häufiger auch selbst Bürokraten. »Administrative Zuständigkeiten«, Teilnahme an Ausschusssitzungen, Ausfüllen von Formularen und Verfassen von Bittbriefen, den Launen kleiner Fakultätsleiter entgegenkommen – all dies verschlingt einen wachsenden Teil der Zeit eines durchschnittlichen Wissenschaftlers. Wissenschaftler sind aber auch widerwillige Bürokraten, in dem Sinne, dass die Verwaltungsarbeit, wenn sie fast die einzige Tätigkeit eines Professors darstellt, von ihnen stets als etwas behandelt wird, das ihnen aufgedrängt wird – nicht als etwas, für das sie ausgebildet sind, und als eine Arbeit, über die sie sich definieren.[4] Sie sind Gelehrte – Menschen, die forschen, analysieren und Dinge interpretieren –, die schleichend zu gelehrten Geistern mutieren, die in einem bürokratischen Körper gefangen sind. Ein Akademiker, so könnte man meinen, reagiert darauf, indem er dieses Phänomen erforscht, analysiert und interpretiert: Wie kommt es, dass wir alle immer mehr Zeit mit Papierkram verbringen? Was bedeutet all diese Schreibarbeit? Welche soziale Dynamik steckt dahinter? Doch aus irgendeinem Grund geschieht das nicht.[5]

Ich habe die Erfahrung gemacht, dass Akademiker, wenn sie sich um einen Brunnen versammeln (oder um die Kaffeemaschine, üblicherweise das Äquivalent eines Brunnens für Akademiker), nur selten über ihre »eigentliche« Arbeit sprechen, sondern fast die gesamte Zeit über ihre Verwaltungsaufgaben klagen. Doch in jenen immer seltener werdenden Augenblicken, in denen sie sich über ihre berufliche Tätigkeit Gedanken machen könnten, ist dies das letzte, woran sie anscheinend denken wollen. Doch ich vermute, dass hier noch mehr dahinter steckt – etwas, das mit der Natur von Hochschulen und ihren Entstehungsgründen zu tun hat.

Führen Sie sich beispielsweise vor Augen, welche herausragende Bedeutung in der Nachkriegszeit zwei politische Denker aus Europa in der US-amerikanischen Sozialwissenschaft gewannen: der deutsche Soziologe Max Weber in den Fünfziger- und Sechzigerjahren und der französische Historiker und Sozialphilosoph Michel Foucault in der Zeit danach und bis heute. Jeder der beiden erlangte eine Art intellektueller Hegemonie in den USA. Worin bestand ihre Attraktivität für die amerikanischen Intellektuellen? Zweifellos hing ihre Popularität damit zusammen, dass sie mühelos als eine Art Anti-Marx verstanden werden konnten. Ihre Theorien – häufig in einer vereinfachten, verkürzten Form präsentiert – schienen die These zu untermauern, Macht sei nicht lediglich oder in erster Linie ein Mittel, die Produktion zu beherrschen, sondern ein dominantes, facettenreiches und unvermeidliches Merkmal des modernen Soziallebens.

Webers und Foucaults Anziehungskraft beruht zu einem großen Teil auch auf ihrer Einstellung zur Bürokratie. Manchmal entsteht tatsächlich der Eindruck, sie seien die beiden einzigen intelligenten Menschen des 20. Jahrhunderts gewesen, die ernsthaft glaubten, die Macht der Bürokratie basiert auf ihrer Effizienz. Dass Bürokratie tatsächlich funktioniert, hieße das. Weber betrachtete bürokratische Organisationsformen gewissermaßen als die Verkörperung der Vernunft, menschliche Angelegenheiten zu regeln. Ferner seien Bürokratien allen anderen Organisationsformen so glasklar überlegen, dass sie alles zu verschlingen drohen und die Menschheit in einem freudlosen »Eisenkäfig« einschließen, jeglichen Geistes und Charismas beraubt. Etwas subversiver äußerte sich Foucault, allerdings schrieb er der bürokratischen Macht noch mehr und nicht weniger Effizienz zu. In seiner Arbeit über Heime, Krankenhäuser, Gefängnisse und dergleichen wurden nahezu sämtliche Aspekte des menschlichen Lebens – Gesundheit, Sexualität, Arbeit, Moral, die Vorstellungen von Wahrheit – nicht als etwas Eigenständiges dargestellt, sondern als reine Hervorbringungen irgendeiner Form eines beruflichen oder administrativen Diskurses. Durch Konzepte wie *Gouvernementalität* und *Bio-Macht* bestimmten staatliche Bürokratien Foucaults Auffassung nach die Parameter der menschlichen Existenz wesentlich tiefergreifend, als sich Max Weber jemals hätte vorstellen können. Alle Erscheinungsformen des Wissens wurden – so Foucault – zu Erscheinungsformen der Macht, die unser Denken und unseren Körper größtenteils administrativ bestimmen und prägen.

Weber und Foucault verdankten ihre Popularität weitgehend der Tatsache, dass das amerikanische Hochschulwesen in dieser Zeit nach und nach zu einer Institution wurde, die Funktionsträger für einen imperialen, global operierenden Verwaltungsapparat heranziehen sollte. In den ersten Jahren nach dem Zweiten Weltkrieg, als die USA damit begannen, einen globalen Verwaltungsapparat zu schaffen, geschah dies noch ganz offen und freimütig.

Soziologen wie Talcott Parsons und Edward Shils[6] waren eng eingebunden in das Establishment des Kalten Krieges in Harvard und führten die abgespeckte Version von Max Weber ein, die von den Vertretern des Außenministeriums und der Weltbank bald als »Entwicklungstheorie« übernommen wurde. Diese Light-Version wurde noch weiter vereinfacht und in den umkämpften Ländern des Globalen Südens als Alternative zum historischen Materialismus des Marxismus propagiert. Amerikanische Anthropologen wie Margaret Mead, Ruth Benedict und Clifford Geertz arbeiteten bedenkenlos mit dem militärisch-geheimdienstlichen Apparat oder sogar mit der CIA zusammen.[7]

Erst mit dem Vietnamkrieg änderte sich dies grundlegend. Im Laufe der Studentendemonstrationen gegen den Krieg wurde diese Komplizenschaft der Öffentlichkeit bekannt. Parsons – und mit ihm Weber – verkörperte nun alles, was die Radikalen ablehnten.

Max Weber war also vom Thron gestürzt worden. Wer sollte ihn ersetzen? Eine Zeit lang begeisterte man sich für den deutschen Neomarxismus: für Theodor W. Adorno, Walter Benjamin, Georg Lukács und Erich Fromm. Doch bald verlagerte sich das Interesse nach Frankreich, wo der Aufstand vom Mai 1968 zum Erblühen höchst kreativer Sozialtheorien geführt hatte – in Frankreich sprach man nur vom »68er-Denken« –, die in ihrem Temperament ebenso radikal waren und nahezu sämtliche Erscheinungen traditioneller linker Politik ablehnten, von gewerkschaftlicher Organisation bis zum Volksaufstand.[8] Verschiedene Theorien waren angesagt und kamen wieder aus der Mode. In den Achtzigerjahren etablierte sich Foucault, wie es zuvor (und auch seither) niemand – auch Max Weber nicht – vermocht hatte. Zumindest gelang ihm dies in jenen Disziplinen, die sich als oppositionell betrachteten. In diesem Zusammenhang spaltete sich die akademische Forschung im höheren amerikanischen Bildungssystem, wobei die Optimisten Weber für die Ausbildung von Verwaltungskräften neu erfanden (noch weiter simplifizierten) unter der Bezeichnung »Theorie der rationalen Entscheidung«, während die Pessimisten als »Foucaultianer« bezeichnet wurden. Foucaults Aufstieg vollzog sich vor allem in jenen wissenschaftlichen Disziplinen, in denen die früheren radikalen studentischen Aktivisten oder jene, die sich mit dieser Strömung identifiziert hatten, Unterschlupf fanden. Diese Fachrichtungen waren fast vollständig abgekoppelt vom Zugang zu politischer Macht und besaßen auch praktisch keinen Einfluss auf soziale Bewegungen – eine Distanz, die Foucaults Betonung des Zusammenhangs von »Macht und Wissen« – der These, dass Formen von Wissen auch stets Formen von gesellschaftlicher Macht darstellen oder sogar die bedeutendsten Formen gesellschaftlicher Macht sind – besondere Anziehungskraft verlieh.

Zweifellos karikiert eine derart verkürzte Zusammenfassung die geschichtlichen Ereignisse und ist unfair. Sie beinhaltet aber dennoch, davon bin ich überzeugt, eine grundlegende Wahrheit. Wissenschaftler und Intellektuelle fühlen sich zu Bereichen der Dichte hingezogen, in denen sie ihre interpretatorischen Fähigkeiten am besten anwenden können. Wir erachten etwas Interessantes für wichtig und halten Orte der Verdichtung auch für Orte der Macht. Die Macht der Bürokratie zeigt, wie häufig genau das Gegenteil der Fall ist.

Doch in meinem Ansatz in diesem Kapitel geht es nicht in erster Linie um Bürokratie. Hauptsächlich geht es um Gewalt.

Situationen, die durch Gewalt herbeigeführt werden – insbesondere durch strukturelle Gewalt, unter der ich tiefgreifende Formen von Ungleichheit verstehe, die durch Gewaltandrohung aufrechterhalten werden –, tendieren stets dazu, willfährige Blindheit hervorzubringen, die wir üblicherweise mit bürokratischen Abläufen verbinden.

Um es ausdrücklich zu betonen: Bürokratische Abläufe sind nicht grundsätzlich unsinnig und sie fördern auch kein Verhalten, das sie selbst als unsinnig einstufen – wenngleich sie das tatsächlich tun –, entscheidend ist vielmehr, dass es sich dabei ausnahmslos um Möglichkeiten handelt, soziale Situationen zu handhaben, die bereits, weil sie auf struktureller Gewalt fußen, unsinnig sind. Diese Herangehensweise kann uns, so glaube ich, wichtige Aufschlüsse darüber vermitteln, wie es so weit gekommen ist, dass die Bürokratie alle Aspekte unseres Lebens beeinflusst, und auch darüber, warum wir das nicht bemerken.

Meine Konzentration auf Gewalt, das räume ich ein, mag seltsam anmuten. Wir sind es nicht gewohnt, Pflegeheime oder Banken oder auch Krankenkassen als gewalttätige Einrichtungen zu betrachten – höchstens in einem sehr abstrakten oder metaphorischen Sinne. Doch die Gewalt, die ich hier meine, ist nicht abstrakt. Ich spreche nicht von Gewalt im konzeptionellen Sinn. Ich spreche wortwörtlich von der Gewalt, wenn jemand einem anderen einen Holzknüppel auf den Kopf schlägt. Bei allen diesen Institutionen handelt es sich um Einrichtungen, die Ressourcen innerhalb eines Systems von Eigentumsrechten verteilen, das Regierungen im Rahmen eines Systems regulieren und absichern und auf Androhung von Zwang beruht. »Zwang« bezeichnet euphemistisch Gewalt, also die Fähigkeit, Menschen herbeizurufen, die Uniformen tragen und bereit sind, anderen anzudrohen, ihnen einen Holzknüppel über den Kopf zu ziehen.

Wie selten die Bürger in den Industriegesellschaften über diese Tatsache nachdenken, oder wie instinktiv wir diese Tatsache zu verdrängen suchen, ist befremdlich. Studenten beispielsweise vertiefen sich in Universitätsbibliotheken tagelang in von Foucault inspirierten Abhandlungen über die abnehmende Bedeutung des Zwangs als Faktor im modernen Leben, ohne auch nur einmal darüber nachzudenken, dass sie, hätten sie darauf bestanden, diese Bibliothek zu betreten, ohne am Eingang ihren ordnungsgemäß ausgestellten und abgestempelten Benutzerausweis vorzuzeigen, aus dem Gebäude von bewaffneten Männern entfernt und dabei alle erforderlichen Gewaltmittel eingesetzt worden wären. Je mehr wir zulassen, dass unser alltägliches Leben unter den Geltungsbereich bürokratischer Regulierungen fällt, umso mehr spielt – so scheint es fast – jeder die Tatsache herunter (die jenen wohl bewusst ist, die für den Betrieb des Systems verantwortlich sind), dass letztlich alles von der Drohung mit physischer Gewaltanwendung abhängt.

Wie, wann und wofür der Begriff »strukturelle Gewalt« verwendet wird, ist dafür ein schlagendes Beispiel. Als ich mit der Arbeit an diesem Buch begann, ging ich noch wie selbstverständlich davon aus, »strukturelle Gewalt« beziehe sich auf Gewalt, die indirekt ausgeübt werde. Nehmen wir zum Beispiel einen kriegerischen Stamm und nennen wir ihn Alpha. Er stürmt aus der Wüste und besetzt ein Gebiet, das friedliche Bauern bewohnen, die wir Omega nennen wollen. Aber anstatt Tributzahlungen zu verlangen, eignen sich die Eindringlinge das gesamte fruchtbare Land an und sorgen dafür, dass ihre Kinder bevorzugten Zugang zu den meisten praktischen Berufen erhalten. Gleichzeitig setzen sie eine religiöse Ideologie durch, derzufolge sie die überlegenen, besseren, schöneren und intelligenteren Menschen seien. Die Omega hingegen, die nun auf ihre Höfe eingeschränkt sind, seien von den göttlichen Mächten wegen irgendwelcher schlimmer Sünden verstoßen und bestraft worden und daher dumm, hässlich und niederträchtig.

Schlimmer noch, die Omega verinnerlichen vielleicht diese Herabsetzung und verhalten sich so, als hätten sie sich tatsächlich schuldig gemacht. Auf einer tieferen Ebene ist es jedoch wenig sinnvoll zu fragen, ob sie das tun oder nicht. Dieses gesamte

Arrangement ist die Folge von Gewalt; nur die ständige Androhung von Gewalt kann es aufrechterhalten: Den Omega ist sehr wohl bewusst, dass Schwerter gezogen und Köpfe abgeschlagen werden können, sollten sie die Eigentumsregelungen oder den Zugang zur Bildung in Frage stellen. Was wir als »Glauben« oder »Überzeugung« bezeichnen, setzt etwas mit selbstgeschaffenen psychologischen Techniken durch, damit Menschen mit ihrer Wirklichkeit zurechtkommen. Wie sie sich aber verhalten oder was sie tatsächlich denken, wenn den Alpha die Gewaltmittel entgleiten, wissen wir nicht.

Diese Gedanken gingen mir durch den Kopf, als ich mich zum ersten Mal mit »struktureller Gewalt« beschäftigt habe – mit Strukturen also, die auf Gewaltandrohung basieren, selbst wenn in ihren gewohnten, alltäglichen Abläufen keine physische Gewalt angewendet wird. Wer eingehender darüber nachdenkt, überträgt die Geltung dieser Aussage auf die meisten Phänomene, die in der Literatur gemeinhin als »strukturelle Gewalt« bezeichnet werden – über Rassismus, Sexismus, Vorrechte bestimmter Klassen oder Gruppen – auch wenn ihre tatsächliche Funktionsweise wesentlich komplizierter ist.

Der Lektüre feministischer Texte verdanke ich zahlreiche Anregungen, denn in ihnen ist häufig von struktureller Gewalt die Rede.[9] Stellen Frauen, um ein immer wieder verwendetes Beispiel aufzugreifen, die herkömmlichen »Geschlechternormen« in Bezug auf die Arbeit, das allgemeine Verhalten oder Kleidungsvorschriften in Frage, nehmen die sexuellen Belästigungen gegen sie immer stark zu. Nicht anders im Grunde als die Eroberer, wenn sie plötzlich wieder ihre Schwerter zücken.

Doch in der Wissenschaft wird der Begriff »strukturelle Gewalt« meistens nicht so gebraucht. Seine gegenwärtige Verwendung geht zurück auf die »Friedensforschung« der Sechzigerjahre und wird auf Strukturen bezogen, die, so lautet die Begründung, die gleichen Auswirkungen haben wie Gewalt, auch wenn dabei keinerlei physische Gewalt zum Einsatz kommt.[10] Hierunter werden praktisch dieselben Strukturen aufgeführt (Rassismus, Sexismus, Armut usw.). Damit ist jedoch die Implikation verbunden, es könnte durchaus ein patriarchales System ohne häusliche Gewalt geben oder ohne sexuelle Belästigung auskommen oder ein rassistisches System existieren, das nicht durch staatlich garantierte Eigentumsrechte gestützt wird – obwohl meines Wissens bislang noch kein derartiges System beschrieben worden ist.[11] Es erscheint rätselhaft, warum jemand eine solche These vertreten sollte, wenn er nicht überzeugt wäre, dass physische Gewalt den Kern des Ganzen bildet und dass dies nicht der zentrale Aspekt ist, der in den Blick genommen werden muss. Die Frage der Gewalt unverblümt anzusprechen, hieße, mehrere Türen zu öffnen, die nach dem Dafürhalten der meisten Wissenschaftler besser geschlossen bleiben sollten.

Die meisten dieser Türen führen unmittelbar zu jener Einrichtung, die wir »Staat« nennen – und zu den bürokratischen Strukturen, mit denen er seine Macht ausübt. Ist der Anspruch des Staates auf das Gewaltmonopol das eigentliche Problem? Oder ist der Staat ein wesentlicher Bestandteil einer möglichen Lösung? Ist die Praxis der Regelfestlegung und der physischen Gewaltandrohung gegen jeden, der diese Regeln nicht befolgt, grundsätzlich abzulehnen? Oder setzen die Behörden diese Gewaltandrohung nicht angemessen um? Wenn Rassismus, Sexismus und die übrigen genannten Phänomene gleichsam fließende Strukturen bezeichnen, lässt sich diesen Fragen elegant ausweichen.

In vielen agrarisch geprägten Gesellschaften, mit denen sich Anthropologen bevorzugt beschäftigen und in denen moderne Verwaltungsstrukturen als etwas von außen Aufgezwungenes betrachtet werden, ähneln die Verhältnisse stark meinem

Beispiel von den Alpha und den Omega. Gewöhnlich haben wir es dabei mit Völkern zu tun, die irgendwie unterworfen sind – mit Menschen also, die sich durchaus bewusst sind, dass die bestehenden Verhältnisse das Ergebnis von Gewalt sind. Niemand würde aus diesem Grund abstreiten, dass die Regierung im Grunde eine Zwangseinrichtung ist – auch wenn viele gerne einräumen, Regierungen könnten in mancher Hinsicht eine wohlwollende Kraft sein.

Im ländlichen Madagaskar beispielsweise, wo ich meine Feldforschungen durchgeführt habe, gingen die Menschen im Allgemeinen davon aus, ein Staat funktioniere hauptsächlich indem er Furcht erzeuge. Dies wurde sowohl für die alten madagassischen Königreiche angenommen als auch für das anschließende französische Kolonialregime oder dessen gegenwärtigen madagassischen Nachfolger, der im Kern als eine nur wenig gelockerte Version des alten Kolonialregimes betrachtet wurde. Andererseits war die Furcht, die dieser Staat erzeugte, eindeutig sporadisch, denn die meiste Zeit waren der Staat oder seine Repräsentanten physisch gar nicht anwesend. Die Regierung spielte fast keine Rolle bei den Details des Alltagslebens: Bauvorschriften gab es keine, Regelungen für das Konsumieren von Alkohol in der Öffentlichkeit ebenfalls nicht, kein Autozulassungsverfahren und keine Kfz-Pflichtversicherung, keine Vorschriften darüber, wer wo etwas kaufen, verkaufen, rauchen, bauen oder essen oder trinken durfte, wo die Menschen Musik machen oder ihre Tiere halten durften. Oder falls es doch solche Gesetze gab, kannte sie keiner. Niemand, nicht einmal die Polizei, bemühte sich, sie durchzusetzen – in den Städten nicht und erst recht nicht in den ländlichen Gebieten, wo diese Angelegenheiten durch Gewohnheit, durch Entscheidungen kommunaler Versammlungen oder durch Tabus geregelt wurden. Die Hauptaufgabe einer staatlichen Bürokratie besteht unter diesen Umständen darin, das zu besteuernde Eigentum zu registrieren und die Infrastruktur aufrechtzuerhalten, die es den Steuereintreibern ermöglicht, zu ihren Einsatzorten zu gelangen und ihrer Arbeit nachzugehen.

Aus dieser Situation ergaben sich einige aufschlussreiche Probleme für meine Forschung. Ich hatte ausführlich in den madagassischen Nationalarchiven geforscht, bevor ich in die ländlichen Gebiete hinausfuhr. Im 19. Jahrhundert hatte das Königreich Merina ausländische Missionare ins Land geholt, die beim Aufbau einer Zivilverwaltung behilflich sein sollten. Sämtliche Berichte und Unterlagen waren noch vorhanden, auch jene des Kolonialregimes. So stand mir für den Zeitraum von 1875 bis 1950 eine Fülle von Datenmaterial zur Verfügung. Ich befasste mich mit Volkszählungsdaten, Schulaufzeichnungen und vor allem mit den exakten Zahlen über die Größe der Familien und ihren Grund- und Viehbesitz. Unmittelbar nach meiner Ankunft wurde mir jedoch klar, dass die Einheimischen annahmen, es seien genau diese Informationen, für die sich ein Außenstehender aus der Hauptstadt interessieren würde und gaben sie daher nur äußerst widerstrebend preis. Über fast alles andere sprachen die Menschen hingegen bereitwillig. Am Ende besaß ich höchst unterschiedliche Daten über diese beiden historischen Abschnitte.

Ich lernte die Leute immer besser kennen und erkannte allmählich, dass die Alltagsregulierung durch die Regierung entscheidend war – in den meisten wichtigen Belangen tat die Regierung praktisch überhaupt nichts. Vielmehr ist die Rolle der Staatsgewalt in der Geschichte Madagaskars durch den Rhythmus von Ebbe und Flut gekennzeichnet. Wir befanden uns eindeutig in einer Ebbe. Natürlich gab es Behörden, und in ihnen saßen auch Menschen, die mit Schreibmaschinen Dokumente verfertigten und Dinge registrierten, aber das diente größtenteils nur der Wahrung des Scheins. Sie wurden schlecht bezahlt, bekamen kein Material, mussten sich sogar das Papier selbst kaufen; alle schummelten bei ihren Steuerschätzungen und niemand zahlte ehrlich seine Steuern. Die Polizei fuhr Streife auf den großen Straßen, begab sich aber nicht hinaus aufs Land. Man sprach ganz allgemein von der Regierung, als gäbe es sie tatsächlich, und hoffte, Außenstehende würden dies nicht merken. Das aber brachte einige Leute in den Hauptstadtbüros auf die Idee, etwas müsse gegen diese Situation getan werden. Auf der einen Ebene hatte die bürokratische Macht also so gut wie keinen Einfluss auf die Menschen, auf einer anderen färbte sie alles ein.

Die Folgen der kolonialen Eroberung vor knapp einem Jahrhundert waren teilweise der Grund dafür. Die meisten Bewohner des Königreiches Merina waren damals Sklavenhalter. Sklaverei betrachteten die Beteiligten nie als eine moralische Beziehung, sondern schlicht als willkürliche Gewalt. Der Herr kann dem Sklaven befehlen, was er will. Dagegen kann der Sklave nichts unternehmen.[12]

Als die Franzosen 1895 das Merina-Reich unterwarfen und Madagaskar eroberten, schafften sie gleichzeitig die Sklaverei ab und setzten eine Regierung ein, die gar nicht den Anschein zu erwecken versuchte, dass sie auf einem Gesellschaftsvertrag oder dem Willen der Regierten beruhe, sondern schlicht auf den überlegenen Waffen der Franzosen. Nun dürfte es niemanden überraschen, wenn die meisten Madagassen zu der Ansicht kamen, sie seien nun praktisch alle Sklaven. Dies hatte weitreichende Auswirkungen auf das Verhältnis und den Umgang der Menschen untereinander. Bald wurde jede Weisungsbefugnis – jedes Verhältnis zwischen Erwachsenen, in dem der eine dem anderen seinen Willen auferlegen kann – als moralisch verwerflich aufgefasst und lediglich als eine Abwandlung der Sklaverei oder als Staat betrachtet. Echte einheimische Madagassen verhielten sich nicht so. Obwohl die madagassische Regierung also weit entfernt war, fiel auf alles ihr Schatten. In der sozialen Gemeinschaft, in der ich meine Forschungen durchführte, rückten diese Beziehungen wieder in den Vordergrund, wenn die Menschen von den großen Sklavenhalterfamilien des 19. Jahrhunderts erzählten, deren Kinder die Hauptträger der Kolonialverwaltung wurden, hauptsächlich – wie stets angemerkt wurde – aufgrund ihrer Bildung und ihrer Befähigung zur Schreibarbeit. Ihre Nachkommen arbeiteten noch immer überwiegend in den Büros in der Hauptstadt, weit weg von den Sorgen und den Verpflichtungen des ländlichen Lebens. In anderen Kontexten waren Beziehungen mit Befehlscharakter, insbesondere in bürokratischen Zusammenhängen, sprachlich kodiert: Sie wurden beharrlich mit dem Französischen identifiziert. Auf Madagassisch hingegen konnten Erörterungen, Erläuterungen und einvernehmliche Entscheidungen angemessen vorgenommen werden. Wollten niedere Amtsträger willkürliche Entscheidungen durchsetzen, bedienten sie sich stets des Französischen.

Sehr lebhaft erinnere ich mich an eine Szene, als ein umgänglicher kleiner Beamter, der sich mit mir schon mehrere Male auf Madagassisch unterhalten hatte, etwas nervös wurde, als ich in dem Augenblick vorbeikam, als alle Leute in seinem Büro gerade aufbrechen wollten, um sich ein Fußballspiel anzuschauen. Wie schon erwähnt – in diesen Büros gab es eigentlich nichts zu tun.

»Das Büro ist geschlossen«, verkündete er auf Französisch und nahm eine für ihn etwas ungewöhnliche formelle Haltung ein. »Wenn Sie im Büro ein Anliegen vorbringen möchten, müssen Sie morgen früh um acht Uhr wiederkommen.«

Ich war erstaunt. Er wusste, dass Englisch meine Muttersprache ist. Er wusste auch, dass ich fließend Madagassisch spreche. Aber er konnte nicht wissen, dass ich auch Französisch verstehe. Ich tat so, als sei ich verwirrt, und erwiderte auf Madagassisch: »Entschuldigung. Es tut mir leid, aber ich verstehe Sie nicht.«

Er reagierte darauf, indem er sich noch mehr straffte und den Satz wiederholte, nur ein wenig langsamer und etwas lauter. Abermals täuschte ich Verständnislosigkeit vor. »Ich kann Ihnen nicht folgen«, sagte ich, »warum sprechen Sie mit mir in einer Sprache, die ich nicht beherrsche?« Er wiederholte seinen Satz ein weiteres Mal.

Der Beamte war anscheinend nicht imstande, seine Mitteilung in der Landessprache zu übermitteln oder überhaupt etwas auf Madagassisch zu sagen. Er hatte das Gefühl, so vermutete ich, sich bei einem Wechsel in die Alltagssprache nicht so schroff verhalten zu können. Später bestätigten mir andere Leute genau dies: Hätte er Madagassisch gesprochen, hätte er wenigstens erklären müssen, warum das Büro zu dieser unüblichen Zeit schloss. Im Madagassischen wird die französische Sprache als *ny teny baiko* (»die Sprache des Befehls«) bezeichnet. Sie wurde gewöhnlich in Situationen verwendet, wenn Erläuterungen, Erwägungen und schließlich Einvernehmlichkeit nicht erforderlich sind, denn diese Situationen sind durch die Annahme eines ungleichen Zugangs zu physischer Gewalt bestimmt. Im konkreten Fall waren die Mittel, um Gewalt in dieser Form anzuwenden, nicht mehr vorhanden. Der Beamte konnte nicht die Polizei rufen. Das wollte er auch nicht – er wollte einfach nur, dass ich wegging, was ich schließlich auch tat, nachdem ich ihn eine Weile mit meinen Sprachspielen getriezt hatte. Seine Haltung, die eine solche Macht ermöglicht, konnte er nur einnehmen, indem er die Schatten des Kolonialstaates heraufbeschwor.

In Madagaskar wurde die bürokratische Macht im Denken der meisten Menschen gewissermaßen gerechtfertigt durch ihre Verbindung mit Bildung, die nahezu allgemeine Wertschätzung genoss. Der Eintritt in die Welt der Verwaltung, der Büros und der Gendarmeriestationen bedeutete auch den Eintritt in die Welt der Romane, der Weltgeschichte, der Technologie und der potenziellen Auslandsreisen. Sie war daher nicht grundsätzlich schlecht oder an sich absurd.

Und der madagassische Staat war auch nie besonders gewalttätig. Eine vergleichende Analyse ergibt, dass eine unmittelbare Beziehung besteht zwischen dem Maß an Gewalt, das in einem bürokratischen System angewendet wird, und dem Ausmaß an Absurdität und Ignoranz, das es hervorbringt. So hat zum Beispiel Kenneth Breckenridge ausführlich jene durch »Wissen ohne Macht« geprägten Regime dokumentiert, die typisch waren für das koloniale Südafrika[13], wo Zwang und Papierkram die Notwendigkeit ersetzten, Verständnis für die afrikanischen Untertanen zu entwickeln. Als die Apartheid in den Fünfzigerjahren eingeführt wurde, kündigte die Regierung neue Passregeln an, die frühere Regelungen vereinfachen sollten. Bis dahin mussten afrikanische Arbeiter detaillierte Unterlagen über ihre Arbeitsverträge mit sich führen, welche nun durch ein Ausweisheftchen ersetzt wurden, in dem »Name, Wohnort, Fingerabdrücke, der Steuerstatus und das offiziell garantierte Recht, ›in Städten und Gemeinden arbeiten zu dürfen‹« eingetragen waren und sonst nichts.[14] Die Beamten schätzten dieses Heftchen, weil es die Verwaltung vereinheitlichte und die Polizei entlastete, weil sie die schwarzen Arbeiter nicht mehr persönlich befragen musste. Die schwarzen Arbeiter dagegen bezeichneten das neue Dokument aus eben diesem Grund allgemein als »dompas« oder »dummen Pass«.

Andrew Matthews hervorragende ethnographische Darstellung der mexikanischen Forstverwaltung in Oaxaca zeigt ganz ähnlich das ausgeprägte Machtgefälle zwischen den Staatsbeamten und den örtlichen Bauern. Waldbewohner leben weiter in einer ideologischen Blase und halten an simplen Schwarz-Weiß-Vorstellungen über (beispielsweise) Waldbrände fest; dadurch bleiben sie das einzige Volk in Oaxaca, das die Auswirkungen dieser Regelungen nicht begreift.[15]

Hinweise auf Verbindungen zwischen Zwang und Absurdität zeigen sich auch darin, wie wir in der englischen Sprache über Bürokratie reden: Man beachte zum Beispiel, dass die meisten umgangssprachlichen Begriffe, die sich spezifisch auf bürokratische Torheiten beziehen – SNAFU, Catch-22 und andere – aus der militärischen Sprache stammen. Politikwissenschaftler beobachten seit langem eine »negative Korrelation«, wie es David Apter bezeichnete[16], zwischen Zwang und Information: Während einigermaßen demokratische Regierungssysteme von Informationen überflutet werden, weil jeder die politischen Autoritäten mit Erklärungen und Forderungen überschwemmt, haben die Menschen der Obrigkeit immer weniger zu sagen, je autoritärer oder repressiver ein Regime ist. Deshalb müssen sich solche Regime massiv auf Spione, Geheimdienste und die Geheimpolizei stützen.

Dass durch Gewalt Willkürentscheidungen ermöglicht werden und jene Debatten, Klärungs- und Verhandlungsprozesse umgangen werden können, die charakteristisch sind für stärker egalitär geprägte Sozialbeziehungen, erlaubt es gerade ihren Opfern, zu erkennen, dass die Verfahrensweisen, die aus Gewalt hervorgehen, töricht oder unvernünftig sind. Die meisten Menschen sind in der Lage, zumindest oberflächlich zu erkennen, was andere denken oder fühlen, indem sie deren Stimmlage oder Körpersprache beobachten – es ist gewöhnlich nicht schwer, die unmittelbaren Absichten und Motive eines Menschen zu erspüren. Über diese oberflächliche Ebene hinaus vorzudringen, erfordert jedoch wesentlich mehr Aufwand. Ein Großteil des alltäglichen sozialen Lebens besteht tatsächlich darin, die Motive und Wahrnehmungen der anderen zu entschlüsseln. Nennen wir dies »Interpretationsarbeit«. Leute, die sich auf die Angst vor Gewaltanwendung stützen, müssen nicht allzu viel Interpretationsarbeit leisten, und tun das tatsächlich auch nicht.

Als Anthropologe begebe ich mich hiermit auf gefährliches Terrain. Befassen sich Anthropologen mit Gewalt, stellen sie gewöhnlich den gegenteiligen Aspekt in den Vordergrund: die Frage, inwieweit Gewaltakte aussagekräftig und kommunikativ sind – oder sogar inwieweit ihnen eine Art von poetischer Qualität zuwachsen kann.[17] Wer etwas anderes sagt, wird fast postwendend des Banausentums bezichtigt: »Wollen Sie tatsächlich behaupten, dass Gewalt nicht auch eine machtvolle symbolische Wirkung hat, dass Kugeln und Bomben nicht auch eine Botschaft übermitteln?« Zur Klarstellung: Das behaupte ich nicht. Aber ich sage, dass dies nicht die wichtigste oder die vorrangige Frage ist.

Zum einen, weil dabei angenommen wird, »Gewalt« beziehe sich in erster Linie auf Akte physischer Gewalt – auf Nötigung, Schläge, Messerangriffe, Explosionen – und nicht auf die Androhung von Gewalt und auf jene sozialen Beziehungen, die umfassende Gewaltandrohung ermöglichen.[18] Zum anderen, weil dies anscheinend ein Gebiet ist, auf dem Anthropologen, und Wissenschaftler generell, sich in interpretatorischen Tiefen und sozialen Bedeutungen verstricken. Sie nehmen instinktiv an, das Interessanteste an der Gewalt sei gleichzeitig das Wichtigste.

Lassen Sie mich diesen Aspekt näher ausführen. Kann man sagen, dass Gewaltakte, allgemein gesprochen, auch kommunikative Akte sind? Zweifellos. Aber dies gilt praktisch für jede Form menschlichen Handelns. In nahezu allen anderen Umständen, unter denen man Einfluss auf jemanden auszuüben versucht, muss man zumindest eine gewisse Vorstellung davon haben, mit wem man es tun hat, wie die betreffende Person möglicherweise in dieser Situation reagieren wird, welche Abneigungen und Vorlieben sie hat und so weiter. Aber wenn man dem anderen einen Knüppel über den Kopf zieht, spielt das alles keine Rolle mehr. Für besonders bemerkenswert halte ich daher den wirklich wichtigen Aspekt von Gewalt: Sie ist wahrscheinlich die einzige Form menschlichen Handelns, die soziale Auswirkungen nach sich ziehen kann, *ohne* auch eine kommunikative Komponente zu besitzen. Genauer gesagt: Gewalt ist wahrscheinlich die einzige Möglichkeit für einen Menschen, etwas zu tun, das relativ berechenbare Auswirkungen auf das Handeln einer Person hat, von der er praktisch nichts weiß.

Die Wirkungen, die man erzielt, wenn man einen anderen handlungsunfähig macht oder tötet, sind eher begrenzt. Aber es sind reale Wirkungen – und, das ist das Entscheidende, man kann schon vorher genau wissen, wie sie aussehen werden. Alle anderen Arten des Handelns können keine vorhersagbaren Wirkungen hervorbringen, wenn nicht an gemeinsame Deutungsmuster oder Vorstellungen angeknüpft werden kann. Mehr noch, der Versuch, andere durch Gewaltandrohung zu beeinflussen, erfordert zwar ein gewisses Maß an gemeinsamen Vorstellungen, aber diese können auch nur minimal vorhanden sein. Die meisten menschlichen Beziehungen – insbesondere lange währende Beziehungen, sei es zwischen alten Freunden oder eingefleischten Feinden – sind höchst kompliziert, stark aufgeladen mit Geschichte und Bedeutung. Um sie aufrechtzuerhalten, bedarf es ständiger und oft auch subtiler Imaginationsarbeit des unablässigen Bemühens, die Welt aus der Warte des anderen zu sehen. Das ist die »Interpretationsarbeit«, von der ich weiter oben gesprochen habe. Droht man jemandem physische Gewalt an, lässt sich all dies umgehen. Gewaltandrohung ermöglicht Beziehungen wesentlich einfacherer und schematischerer Art (»Wenn du diese Linie überschreitest, erschieße ich dich.« »Noch ein weiteres Wort, und du wanderst in den Knast.«). Deshalb ist Gewalt häufig die bevorzugte Waffe der Dummen. Man könnte Gewalt sogar als die Trumpfkarte der Dummen bezeichnen, weil sie – und das ist zweifellos eine der

Tragödien der menschlichen Existenz – jene Form von Dummheit ist, auf die es am schwierigsten ist, eine intelligente Antwort zu finden.

An dieser Stelle muss ich noch eine weitere wichtige Eigenschaft anführen. Alles ist abhängig von einem Gleichgewicht der Kräfte. Wenn sich zwei Parteien in einem relativ ausgeglichenen Wettstreit der Gewalt befinden – beispielsweise Generale, die einander gegenüberstehende Armeen befehligen –, ist es für beide Seiten ratsam, sich in den Kopf der jeweils anderen zu versetzen. Nur wenn eine Seite eine überwältigende Übermacht besitzt und dem Gegner schweren physischen Schaden zufügen kann, kann sie darauf verzichten. Aber dies hat weitreichende Auswirkungen: Es bedeutet, dass die charakteristischste Auswirkung von Gewalt – ihre Fähigkeit, die Notwendigkeit von »Interpretationsarbeit« überflüssig zu machen –, zum wichtigsten Merkmal wird, wenn die Gewalt am wenigsten sichtbar ist – wenn also Akte von rein physischer Gewalt äußerst unwahrscheinlich sind. Das sind natürlich genau jene Umstände, die ich als Situationen struktureller Gewalt definiert habe, systemische Ungleichgewichte, die durch Gewaltandrohung gestützt werden. Aus diesem Grund bringen Situationen struktureller Gewalt unvermeidlich einseitige Situationen imaginativer Identifikation hervor. Diese Wirkungen werden besonders dann sichtbar, wenn Strukturen der Ungleichheit tief verinnerlichte Formen angenommen haben.

Die Geschlechterfrage ist auch hierfür ein Paradebeispiel. So gab es etwa in amerikanischen Situationskomödien der Fünfzigerjahre einen Standardwitz über die Unmöglichkeit, Frauen zu verstehen. Diese Witze, die natürlich Männer erzählten, stellten die weibliche Logik stets als etwas Fremdes und Unbegreifliches dar. »Man muss sie einfach mögen«, schien die Botschaft zu lauten, »aber wer kann wirklich verstehen, wie diese Wesen denken?«

Nie aber hatte man den Eindruck, die Frauen, um die es ging, hätten Schwierigkeiten gehabt, die Männer zu verstehen. Der Grund dafür ist offensichtlich: Frauen blieb gar nichts anderes übrig, als die Männer zu verstehen. In Amerika stand in den Fünfzigerjahren das Ideal der patriarchalisch geprägten Alleinverdiener-Ehe hoch im Kurs. Besser gestellte Schichten erreichten dieses Ideal auch oft. Frauen, die keine Möglichkeit besaßen, ein eigenes Einkommen zu erzielen und über keine eigenen Ressourcen verfügten, blieb gar keine andere Wahl, als viel Zeit und Energie dafür aufzuwenden, sich im Verstehen zu versuchen, wie ihre Männer die Dinge sahen.[19]

Diese Rhetorik über die Geheimnisse der Frauenwelt ist anscheinend ein beständiges Merkmal solcher patriarchalischer Arrangements. Sie verbindet sich gewöhnlich mit der Vorstellung, Frauen hätten, obgleich sie unlogisch und rätselhaft seien, Zugang zu einem geheimnisvollen, fast mystischen Wissen (»weibliche Intuition«), das wiederum Männern verschlossen sei.

Dergleichen ereignet sich in allen Beziehungen, die durch starke Ungleichheit geprägt sind: Bauern beispielsweise werden stets als einfältig und schlicht dargestellt, aber auch als auf geheimnisvolle Weise schlau. Generation von Romanautorinnen – Virginia Woolf kommt mir dabei sofort in den Sinn (*Zum Leuchtturm*) – haben die andere Seite solcher Arrangements dokumentiert: Die ständigen Anstrengungen, die den Frauen abverlangt werden, um das Selbstbewusstsein gedankenloser und selbstsüchtiger Männer zu pflegen und aufrechtzuerhalten, was ein fortwährendes Bemühen um imaginative Identifikation oder Interpretationsarbeit erfordert.

Diese Arbeit wird auf allen Ebenen geleistet. Überall wird von Frauen erwartet, sich ständig vorzustellen, wie eine bestimmte Situation sich aus männlicher Sicht darstellen würde. Von Männern erwartet man Gleiches in Bezug auf Frauen fast nie. Dieses Verhaltensmuster ist so tief verinnerlicht, dass viele Männer jeden Vorschlag zur Änderung fast schon als einen Gewaltakt auffassen. An amerikanischen Highschools werden Schüler im Fach »Kreatives Schreiben« von ihren Lehrern häufig dazu aufgefordert, sich vorzustellen, sie seien für einen Tag in einen Menschen des anderen Geschlechts verwandelt worden, und dann aufzuschreiben, wie sie diesen Tag erlebten. Die Ergebnisse sind auf den ersten Blick frappierend einheitlich. Die Mädchen schreiben lange, ausführliche Aufsätze, aus denen klar hervorgeht, dass sie viel Zeit damit verbracht haben, über dieses Thema nachzudenken. Gewöhnlich weigert sich ein großer Teil der Jungen, überhaupt einen solchen Aufsatz zu schreiben. Jene, die es doch tun, zeigen deutlich, dass sie nicht die geringste Vorstellung davon haben, wie es ist, ein halbwüchsiges Mädchen zu sein, und empören sich über die Aufforderung, darüber nachzudenken.[20]

Was ich hier vorbringe, ist nichts Neues für Leute, die mit der Feministischen Standpunktheorie oder den Critical Race Studies vertraut sind. Ursprünglich wurde ich zu diesen allgemeineren Überlegungen durch einen Text der afroamerikanischen Literaturwissenschaftlerin bell hooks angeregt:

> Obgleich es noch nie eine offizielle Vereinigung schwarzer Menschen in den Vereinigten Staaten von Amerika gab, die sich als Anthropologen und/oder Ethnographen der Erforschung des Weißseins widmeten, haben schwarze Menschen seit der Sklaverei in privaten Unterhaltungen untereinander immer schon ein »spezielles« Wissen über das Weißsein weitergegeben, das aus aufmerksamer Beobachtung weißer Menschen erwachsen ist. Es ist ein spezielles Wissen, weil es in schriftlichen Aufzeichnungen festgehalten wurde und dazu diente, schwarzen Menschen dabei zu helfen, in einer Welt der weißen Vorherrschaft zurechtzukommen und sich in dieser zu behaupten. Viele Jahre fungier-

> ten schwarze Hausangestellte, die in den Häusern wohlhabender Weißer arbeiteten, als Informanten, die den abgesonderten schwarzen Gemeinschaften Wissen übermittelten – Einzelheiten, Fakten, psychoanalytische Entschlüsselungen über den weißen »Anderen«.[21]

Eine gewisse Schwäche oder Unzulänglichkeit der feministischen Literatur besteht meiner Ansicht nach darin, dass sie ein wenig zu wohlwollend ist und dazu neigt, das Verständnis der Unterdrückten für die Blindheit oder die Dummheit ihrer Unterdrücker zu betonen.[22]

Wäre es möglich, eine allgemeine Theorie der Interpretationsarbeit zu entwickeln? Dabei müsste man zunächst anerkennen, dass es in diesem Zusammenhang zwei entscheidende Elemente gibt, die zwar miteinander verbunden, formell aber getrennt sind. Das erste ist der Prozess der imaginativen Identifikation als eine Form der Erkenntnisgewinnung; die Tatsache, dass in Herrschaftsbeziehungen gewöhnlich den Unterworfenen die Aufgabe zugewiesen wird, sich ein Verständnis der Funktionsweise der betreffenden sozialen Beziehungen zu erarbeiten. Wer zum Beispiel schon einmal in einer Restaurantküche gearbeitet hat, weiß, was ich meine: Wenn irgendetwas schrecklich schief gelaufen ist und der wütende Küchenchef hereinstürmt, um sich ein Bild von der Lage zu machen, wird er kaum eine detaillierte Untersuchung durchführen. Auch wird er den Beteuerungen der Beschäftigten keinen großen Glauben schenken, die alle ihre eigene Version des Vorfalls darzustellen versuchen werden. Vielmehr wird er sie anherrschen, sie sollten den Mund halten, und sich willkürlich eine bestimmte Geschichte zurechtlegen, die es ermöglicht, ein unmittelbares Urteil zu fällen, etwa folgender Art: »Du, Joe, hättest nicht einen solchen Fehler gemacht; aber du, Mark, du bist neu hier und du hast das verbockt – und wenn das noch mal vorkommt, bist du gefeuert.« Herauszufinden, was schiefgelaufen ist, bleibt jenen überlassen, die nicht die Macht haben, andere zu heuern oder zu feuern, um dafür zu sorgen, dass es nicht ein weiteres Mal vorkommt. Dasselbe gilt üblicherweise in langfristigen Beziehungen: Hausbedienstete wissen im Allgemeinen sehr viel über die Familien ihrer Arbeitgeber, aber umgekehrt ist das praktisch niemals der Fall.

Das zweite Element ist das daraus resultierende Muster der mitfühlenden Identifikation. Seltsamerweise war es Adam Smith, der in seiner *Theorie der ethischen Gefühle* als erster das Phänomen beschrieb, das wir heute als »Mitgefühlsmüdigkeit« bezeichnen. Menschen, so erklärte er, neigten dazu, sich in ihre Mitmenschen einzufühlen sowie spontan deren Sorgen und Freuden mitzuempfinden. Die Armen allerdings befinden sich in einer solch beständigen unglücklichen Lage, dass auch ansonsten mitfühlende Beobachter schlicht überwältigt sind. Diejenigen, die am unteren Ende einer sozialen Leiter stehen, wenden viel Zeit dafür auf, sich vorzustellen, wie jene da oben denken und fühlen und setzen sich ernsthaft damit auseinander, während das Gegenteil fast nie zu beobachten ist.

Unabhängig davon, ob man es mit Herren und Dienern, mit Männern und Frauen, mit Arbeitgebern und Arbeitnehmern, mit Reichen und Armen, mit struktureller Ungleichheit zu tun hat – die ich als strukturelle Gewalt bezeichne –, stets entstehen in hohem Maß einseitige Imaginationsstrukturen. Da Smith meiner Meinung nach Recht hatte mit seiner Annahme, Einfühlung fördere das Mitgefühl, hat dies zur Folge, dass sich die Opfer struktureller Gewalt viel mehr Gedanken machen über deren Nutznießer als diese über sie. Das dürfte, nach der Gewalt an sich, die machtvollste Kraft sein, die diese Beziehungen aufrechterhält.

An dieser Stelle kehre ich zur Frage der Bürokratie zurück. In den heutigen Industriegesellschaften wird die legitime Handhabung der Gewalt den, wie sie verharmlosend genannt werden, »Strafverfolgungsbehörden« übertragen – in erster Linie der Polizei. Das ist gelinde gesagt euphemistisch und beschönigt die tatsächliche Lage, weil bereits Generationen von Polizeisoziologen darauf hingewiesen haben, dass nur ein kleiner Teil der Polizeiarbeit etwas damit zu tun hat, das Strafrecht durchzusetzen oder generell mit strafrechtlichen Angelegenheiten irgendwelcher Art. Die Polizei reguliert oder unterstützt großteils die Lösung administrativer Probleme, indem sie, um es etwas technischer auszudrücken, physische Gewalt anwendet oder androht.[23] Mit anderen Worten, die meiste Zeit beschäftigt sie sich damit, jene endlosen Vorschriften und Regeln durchzusetzen, was, wann und wo jemand kaufen oder rauchen oder verkaufen oder bauen oder essen oder trinken darf; Regeln, die es in kleinen Städten oder den ländlichen Gebieten Madagaskars nicht gibt.

Also: Polizisten sind Bürokraten mit Waffen.

Bei genauerer Betrachtung entpuppt sich dies als genialer Trick. Bei der Polizei denken die meisten nicht in erster Linie daran, dass ihre Aufgabe in der Durchsetzung von Regeln besteht. Wir denken an Verbrechensbekämpfung, und bei dem Begriff »Verbrechen« haben wir gewöhnlich Gewaltverbrechen im Kopf.[24] Wenn sich Menschen eine hypothetische Situation vorstellen sollen, in der die Polizei tätig wird, denken sie fast immer an einen Akt zwischenmenschlicher Gewalt: eine Schlägerei oder einen Überfall. Doch schon nach kurzem Nachdenken sollte einem klar werden, dass in den meisten Fällen von physischen Angriffen, selbst in großen Städten wie Marseille oder Montevideo – bei häuslicher Gewalt, Auseinandersetzungen zwischen Straßengangs oder Raufereien zwischen Betrunkenen – die Polizei gar nicht involviert wird. Die Polizei wird meistens nur dann gerufen, wenn jemand schwer verletzt wird oder gar ums Leben kommt. Das liegt auch daran, dass in dem

Augenblick, in dem die Sanitäter gerufen werden, Schreibarbeit zu erledigen ist: Wenn jemand im Krankenhaus behandelt wird, muss es einen Grund für die Verletzung geben, die Umstände werden relevant, Polizeiberichte müssen geschrieben werden. Und wenn jemand stirbt, sind alle Arten von Formularen und Dokumenten gefragt, bis hin zu städtischen Statistiken. Die einzigen Auseinandersetzungen, in welche die Polizei involviert wird, sind daher jene, die ein gewisses Maß an Papierkram hervorbringen. Die große Mehrzahl der Prügeleien oder Einbrüche wird überhaupt nicht gemeldet, sofern keine Versicherungsformulare auszufüllen oder Dokumente verschwunden sind, die ersetzt werden müssen und nur wiederbeschafft werden können, wenn ein ordnungsgemäßer Polizeibericht über den Vorgang erstellt wurde. Bei einer großen Anzahl an Gewaltverbrechen wird also die Polizei überhaupt nicht einbezogen.

Versuchen Sie aber andererseits einmal, in einer dieser Städte mit einem Auto ohne Nummernschild durch die Straßen zu fahren. Wir wissen alle, was dann geschieht. Umgehend werden uniformierte Polizisten mit Knüppeln, Schusswaffen und/oder Elektroimpulswaffen auftauchen, und wenn Sie sich weigern, ihren Anweisungen Folge zu leisten, wenden sie mit absoluter Sicherheit physische Gewalt an.

Warum herrscht in Bezug auf die tatsächliche Tätigkeit der Polizei so große Verwirrung? Der Hauptgrund: Die Polizei ist in der Populärkultur in den vergangenen fünfzig Jahren zu einem fast zwanghaften Objekt imaginativer Identifikation geworden. Das geht so weit, dass heutzutage – was gar nicht ungewöhnlich ist – ein Bürger einer modernen Industriegesellschaft mehrere Stunden am Tag damit verbringen kann, Bücher zu lesen oder sich Filme und Fernsehserien anzuschauen, die ihn einladen, die Welt aus der Sicht der Polizei zu betrachten und indirekt an deren Heldentaten teilzunehmen. Und diese imaginären Polizisten sind tatsächlich die meiste Zeit mit der Bekämpfung von Gewaltverbrechen beschäftigt oder setzen sich mit deren Folgen auseinander.

All dies verleiht Max Webers berühmter Warnung vor dem »Eisenkäfig« eine neue, befremdliche Nuance: Die Gefahr, dass die moderne Gesellschaft so sehr durch gesichtslose Technokraten organisiert wird, dass charismatische Helden, Verzauberung und Romantik vollständig verschwinden werden.[25] Die bürokratische Gesellschaft, so zeigt sich, neigt dazu, ihre eigenen, unverwechselbaren Formen von charismatischen Helden hervorzubringen. Das sind die seit dem Ende des 19. Jahrhunderts in vielfältiger Gestalt auftauchenden mythischen Detektive, Polizeibeamte und Spione – allesamt offenkundig Figuren, deren Aufgabe darin besteht, dort tätig zu werden, wo die bürokratischen Strukturen zur Informationsbeschaffung den Einsatz physischer Gewalt erfordern.

Die Bürokratie an sich gibt es seit Jahrtausenden, und bürokratische Gesellschaften, von Sumer und Ägypten bis zum kaiserlichen China haben große Literatur hervorgebracht. Doch die modernen nordamerikanischen Gesellschaften haben als erste Literaturformen geschaffen, in denen die Helden selbst Bürokraten sind oder vollständig innerhalb eines bürokratischen Umfelds agieren.[26]

Es erscheint mir bemerkenswert, dass die Beschäftigung mit der Rolle der Polizei in unserer Gesellschaft uns interessante gesellschaftstheoretische Erkenntnisse ermöglicht. Ich muss gestehen, dass ich in diesem Buch nicht allzu freundlich mit Wissenschaftlern und deren theoretischen Gewohnheiten und Vorlieben umgegangen bin. Es würde mich nicht wundern, wenn manche von ihnen meine Ausführungen dahingehend verstehen würden, dass ich die Gesellschaftstheorie größtenteils als nutzlos betrachten würde – als wichtigtuerische Phantasien einer im Elfenbeinturm sitzenden Elite, die sich den Realitäten der Macht schlicht verweigert. Aber das möchte ich in keiner Weise zum Ausdruck bringen. Dieses Buch ist vielmehr selbst eine Übung in Gesellschaftstheorie, und wenn ich nicht überzeugt wäre, dass derartige Übungen es ermöglichen, bestimmte Bereiche auszuleuchten, die ansonsten im Dunkeln bleiben würden, hätte ich es nicht geschrieben. Die Frage lautet jedoch: Um welche Art von Gesellschaftstheorie geht es und welchem Zweck soll sie dienen?

Ein Vergleich zwischen bürokratischem Wissen und theoretischem Wissen kann diesbezüglich sehr aussagekräftig sein. In der Praxis sind bürokratische Abläufe immer mit der Außerachtlassung aller Feinheiten des realen gesellschaftlichen Lebens verbunden und reduzieren alles auf vorgefertigte mechanische oder statische Formeln. Ob es sich um Formulare, Vorschriften, Statistiken oder Fragebögen handelt, stets geht es um Vereinfachung. Im Grunde besteht kein großer Unterschied zu dem Chef, der in die Küche stürmt, um mit willkurlichen Entscheidungen darauf zu reagieren, dass etwas schiefgelaufen ist: Immer geht es darum, schlichte, bereits vorher existierende Schablonen auf komplexe und oft vieldeutige Situationen anzuwenden. Im Ergebnis entsteht bei jenen, denen eine bürokratische Regelung aufgezwungen wird, häufig der Eindruck, dass sie es mit Menschen zu tun haben, die sich aus irgendwelchen willkürlichen Erwägungen entschlossen haben, eine bestimmte Brille aufzusetzen, mit der sie nur zwei Prozent der Wirklichkeit erkennen können. Doch in der Gesellschaftstheorie läuft es ganz ähnlich. Anthropologen bezeichnen ihre Tätigkeit gern als »dichte Beschreibung«, aber in Wirklichkeit erfasst eine ethnographische Beschreibung, selbst eine sehr gute, bestenfalls zwei Prozent dessen, was sich in einer Fehde im Volk der Nuer oder in einem balinesischen Hahnenkampf vollzieht. Ein theoretisches Werk, das sich auf ethnographische Beschreibungen stützt, wird sich gewöhnlich nur auf einen winzigen Ausschnitt konzentrieren und sich vielleicht einen oder zwei Stränge aus einem unendlich komplexen Gewebe des menschlichen Daseins herauspicken. Auf deren Grundlage wird es verallgemeinernde Aussagen treffen, beispielsweise über die Dynamik sozialer Konflikte, über das Wesen von Leistung oder das Prinzip der Hierarchie.

Ich möchte nicht behaupten, dass diese Art von theoretischer Reduktion falsch wäre. Im Gegenteil, ich bin überzeugt, dass ein solches Verfahren notwendig ist, wenn man etwas grundlegend Neues über die Welt aussagen will.

Man nehme die Strukturanalyse, und zwar in jener Spielart, die in den Sechziger- und Siebzigerjahren durch Anthropologen wie Claude Lévi-Strauss oder Altertumsforscher wie Paul Vernant bekannt gemacht wurde. Auch in der Wissenschaft kommen und gehen die Moden, und die Strukturanalyse gilt heute als vollkommen überholt, und den meisten Anthropologie-Studenten erscheint das Werk von Lévi-Strauss heute eher lächerlich. Das finde ich bedauerlich. In der Tat lächerlich und zurecht aufgegeben wurde der Strukturalismus, insoweit er behauptete, eine geschlossene, umfassende Theorie der Natur des Denkens, der Sprache und der Gesellschaft zu formulieren, die das Werkzeug zur Entschlüsselung all der Mysterien der menschlichen Kultur bereithalte. Doch die Strukturanalyse war keine Theorie, sie war eine Technik, und auch diese auf den Müll zu werfen, wie es vielfach geschehen ist, beraubt uns eines unserer wertvollsten Instrumentarien. Denn das große Verdienst der Strukturanalyse besteht darin, dass sie eine nahezu narrensichere Technik bereitstellt für das, was jede gute Theorie tun sollte: Komplexes Material auf eine Weise zu vereinfachen und zu schematisieren, damit es möglich wird, zu neuen, unerwarteten Aussagen zu gelangen. Deshalb auch habe ich, nebenbei bemerkt, weiter oben Max Weber und die bürokratischen Helden angeführt. In diesem Zusammenhang möchte ich ein Experiment erwähnen, mit dem ich Studenten in Yale die Strukturanalyse demonstriert habe.

Das Grundprinzip der Strukturanalyse – erläuterte ich – besagt, dass die Begriffe eines symbolischen Systems nicht isoliert für sich stehen – man kann sie nicht nur dahingehend betrachten, »wofür sie stehen«, sie werden vielmehr durch ihre Beziehung zueinander definiert. Zunächst das Feld bestimmen und dann auf diesem Feld nach Elementen suchen, die systematische Umkehrungen eines jeweils anderen sind. Nehmen wir zum Beispiel Vampire. Zunächst verortet man sie: Vampire sind Grundbestandteile des amerikanischen Horror-Genres, eines eigenen Universums. Dann fragt man: Was stellt innerhalb dieses Kosmos das Gegenteil eines Vampirs dar? Die Antwort ist offenkundig. Das Gegenteil des Vampirs ist der Werwolf. Auf der einen Ebene sind sie identisch: Sie sind beide Monster, die einen Menschen beißen können, und durch ihren Biss wird dieser in einen von ihnen verwandelt. In den meisten anderen Belangen jedoch sind sie das genaue Gegenteil des jeweils anderen: Vampire sind reich. Sie sind üblicherweise Aristokraten. Werwölfe sind immer arm. Vampire sind im Raum gebunden; sie haben Schlösser oder Krypten, in die sie sich tagsüber zurückziehen können; Werwölfe sind gewöhnlich heimatlose Ausgestoßene, Umherziehende oder anderweitig auf der Flucht. Vampire beherrschen andere Lebewesen – Fledermäuse, Wölfe oder Menschen, die sie hypnotisieren oder sich hörig machen. Werwölfe können nicht einmal sich selbst kontrollieren. Dennoch – und das ist der entscheidende Punkt – kann jeder nur durch seine eigene Negation vernichtet werden: Vampire durch einen Pfahl, einen einfachen angespitzten Stock, den Bauern zum Bau von Zäunen verwenden; Werwölfe durch eine silberne Kugel, also etwas, das im wörtlichen Sinn aus Geld hergestellt wird.

Die Beobachtung dieser Achsen der Umkehrung kann uns eine Ahnung davon vermitteln, worum es bei solchen Symbolen tatsächlich geht: beispielsweise darum, dass Vampire nicht unbedingt in erster Linie für Tod oder Angst stehen, sondern für Macht; aber auch um die gleichzeitigen Gefühle von Anziehung und Abstoßung, die Herrschaftsverhältnisse für gewöhnlich hervorbringen.

Das ist offenkundig ein sehr einfaches Beispiel. Ich habe hier nur den ersten Schritt dargestellt, üblicherweise folgen noch viele weitere, kompliziertere Elemente: Umkehrungen innerhalb der Umkehrungen, vermittelnde Begriffe, Ebenen hierarchischer Einbindung … Es ist nicht notwendig, dies hier näher auszuführen. Ich möchte nur festhalten, dass man bereits durch diesen ersten Schritt fast unweigerlich etwas entdeckt, woran man sonst nie gedacht hätte. Es ist ein Verfahren zur radikalen Vereinfachung der Wirklichkeit, das zu Erkenntnissen führt, die man höchstwahrscheinlich niemals erlangt hätte, wenn man einfach nur versucht hätte, die Welt in all ihrer Komplexität zu erfassen.

Ich habe dieses Beispiel häufig verwendet, wenn ich Studenten die Strukturanalyse erklären wollte. Die Studenten fanden es immer sehr anschaulich. Einmal habe ich ihnen vorgeschlagen, uns gemeinsam an einer anderen Analyse zu versuchen, an einer vergleichbaren Figur der Populärkultur, und jemand schlug James Bond vor.

Ein sinnvoller Vorschlag: James Bond ist zweifellos in gewisser Weise eine mythologische Figur. Aber wer war sein mythischer Widerpart? Die Antwort wurde schnell gefunden. James Bond war die strukturelle Umkehrung von Sherlock Holmes. Beide sind in London ansässige Verbrechensbekämpfer, und beide sind ewige Heranwachsende auf ihre jeweils eigene Art, sogar mit leichten soziopathischen Zügen, ansonsten aber in fast jeder Hinsicht Gegensätze:

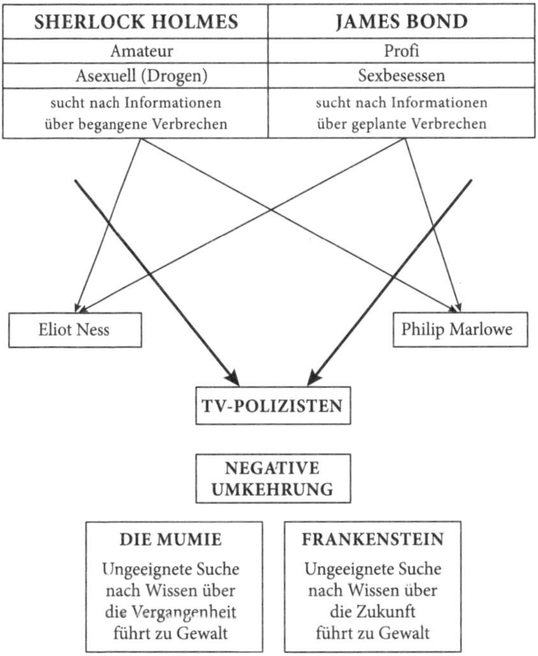

Während Holmes asexuell, aber dem Kokain und dem Opium zugetan ist, ist Bond sexbesessen, interessiert sich aber, abgesehen von Alkohol, nicht für Drogen. Bond ist die Verkörperung des Profis – außerhalb seines Jobs hat er praktisch kein Leben. Holmes hingegen ist ein Amateur, der aber auf fast übernatürliche Weise diszipliniert und befähigt ist, wesentlich mehr als die Profis bei Scotland Yard. Bond hingegen lässt sich immer wieder gern ablenken, vernachlässigt seine Deckung, lässt sich gefangen nehmen oder missachtet Befehle seines Vorgesetzten.[27]

All dies macht die zentrale Umkehrung aus, die sich darin manifestiert, was die beiden tatsächlich tun: Sherlock Holmes sucht nach Informationen über Gewalttaten, die in der Vergangenheit in seinem Land verübt wurden, während James Bond nach Informationen über geplante Gewalttaten forscht, die außerhalb seines Landes verübt werden sollen.

Bei der Darstellung des Beziehungsfeldes erkannte ich, dass das zentrale Kriterium das Verhältnis zwischen Information und Gewalt ist – und dass Sherlock Holmes und James Bond beide jeweils auf ihre Art charismatische Helden der Bürokratie sind. Der klassische Fernsehpolizist in den unzähligen Serien, die nach dem Muster »Harter Cop, der alle Regeln bricht« gestrickt sind, und die Hollywood seit den Sechzigerjahren hervorbringt, ist eindeutig eine Art Synthese aus diesen beiden Figuren: Verbrechensbekämpfer, die innerhalb der bürokratischen Ordnung leben, aber immer wieder aus ihr ausbrechen, letztlich aber dennoch ihre eigene Bedeutung und Existenz aus ihr beziehen.[28]

Man könnte einwenden, dies sei eine Vereinfachung einer wesentlich vielfältigeren, komplexeren und nuancenreicheren Tradition der Populärkultur. Natürlich ist es eine Vereinfachung. Genau darum geht es ja. Eine derartige Strukturanalyse macht aus der Vereinfachung eine Tugend. Für mich jedenfalls ist auch Lévi-Strauss eine Art Heldengestalt. Ein Mann, der den intellektuellen Mut aufbrachte, ein paar schlichte Grundsätze bis ins Extrem voranzutreiben, ganz gleich, wie absurd oder offenkundig falsch die Ergebnisse bisweilen sein mochten (in der Ödipus-Geschichte gehe es im Grunde um Augen und Füße; sämtliche sozialen Organisationen seien schlicht Systeme für den Tausch von Frauen) – oder, wenn man so will, wie sehr dadurch der Wirklichkeit Gewalt angetan wurde. Aber das ist eine produktive Gewalt. Verletzt wird dabei niemand.

Solange man im Bereich der Theorie verbleibt, kann man meiner Ansicht nach eine solche Vereinfachung nicht als Dummheit bezeichnen – sie kann vielmehr eine Form von Intelligenz sein. Oder sogar von Scharfsinn. Die Probleme entstehen in dem Augenblick, in dem die Gewalt nicht mehr nur metaphorischer Natur ist. An dieser Stelle möchte ich von den imaginären zu den wirklichen Polizisten übergehen. Jim Cooper, ein ehemaliger Beamter des Los Angeles Police Department, der zum Soziologen umsattelte,[29] hat festgestellt, dass die überwältigende Mehrheit der Personen, die von der Polizei geschlagen werden oder auf andere Weise polizeilicher Gewalt ausgesetzt sind, sich am Ende als unschuldig erweisen. »Polizisten verprügeln keine Einbrecher«, schreibt er. Der Grund, so erläutert er, ist sehr einfach: Das sicherste Mittel, polizeiliche Gewalt zu provozieren, besteht darin, den Anspruch der Polizei in Zweifel zu ziehen, »die Situation zu definieren«, wie Cooper es ausdrückt. Wenn man also sagt: »Nein, das ist keine Situation, in der möglicherweise ein Verbrechen begangen wird, das ist schlicht eine Situation, in der ein Bürger, der seine Steuern zahlt, seinen Hund Gassi führt, also lassen Sie mich in Ruhe.« Noch schlimmer wäre der Satz: »Moment, warum legen Sie dem Mann Handschellen an? Er hat doch nichts verbrochen!« Insbesondere dieses »Widersprechen« oder »Widerworte geben« provoziert Gewaltanwendung, denn es bedeutet, dass eine administrative Einordnung in Zweifel gezogen wird (Ist das eine friedliche oder eine nicht friedliche Menschenmenge? Ein vorschriftsmäßig registriertes Auto oder nicht?), die der Polizist nach seinem individuellen Ermessen vorgenommen hat. Der Einsatz des Polizeiknüppels ist jener Augenblick, in dem der bürokratische Imperativ des Staates, nämlich schlichte administrative Schemata festzulegen, mit seinem Monopol der Gewaltanwendung zusammenfällt. Es erscheint daher durchaus sinnvoll, dass die bürokratische Gewalt sich in erster Linie gegen jene richtet, die auf alternativen Deutungsschemata bestehen. Akzeptiert man Jean Piagets Definition, wonach die reife, entwickelte Intelligenz die Fähigkeit darstellt, verschiedene Sichtweisen (oder auch Wahrnehmungen) miteinander zu koordinieren, erkennt man hier, wie bürokratische Macht in dem Augenblick, in dem sie in Gewalt umschlägt, im wörtlichen Sinn eine Form von infantiler Dummheit wird.

Auch diese Analyse ist zweifellos eine Simplifizierung, aber eine produktive. Ich möchte dies anhand der Übertragung dieser Erkenntnisse auf jene Art von Politik veranschaulichen, die sich in einer grundsätzlich bürokratischen Gesellschaft entwickeln kann.

Eine der zentralen Thesen dieses Buches lautet: Strukturelle Gewalt bringt einseitige Strukturen der Imagination hervor. Gruppen im unteren Bereich der sozialen Struktur müssen ein hohes Maß an imaginativer Energie aufwenden, um die soziale Dynamik zu verstehen, die ihr Umfeld bestimmt. Und sie müssen sich zudem bemühen, sich in die Perspektive jener einzufühlen, die oben stehen, während letztere sich nicht allzu viele Gedanken darüber zu machen brauchen, was um sie herum geschieht. Die Machtlosen leisten also nicht nur den größten Teil der tatsächlichen, physischen Arbeit, die erforderlich ist, um die Gesellschaft am Laufen zu halten, sie erledigen auch den Großteil der interpretatorischen Arbeit.

Anscheinend gilt dies grundsätzlich für Situationen, die durch systematische Ungleichheit geprägt sind. Es galt für das alte Indien oder das mittelalterliche China wie auch heute noch. Und es wird wahrscheinlich gelten, solange es strukturelle Ungleichheit gibt. Doch unsere eigene bürokratische Zivilisation hat noch ein weiteres Element eingeführt. Bürokratien sind, wie ich erläutert habe, nicht an sich Formen von Dummheit, vielmehr organisieren sie die Dummheit – sie verwalten Beziehungen, die bereits durch höchst ungleiche Strukturen der Imagination gekennzeichnet sind und die ihre Existenz dem Vorhandensein von struktureller Gewalt verdanken. Daher wird auch eine Bürokratie, die ausschließlich in wohlmeinender Absicht geschaffen worden ist, stets Absurditäten hervorbringen. Und deshalb habe ich mein persönliches Beispiel an den Anfang dieses Buches gestellt. Ich habe keinen Grund zu der

Annahme, irgendjemand, der in das Drama um die Vollmacht meiner Mutter verwickelt war, hätte böswillige Absichten verfolgt. Aber dennoch kam es zu einem absurden und scheinbar endlosen Hin und Her.

Wie ist das zu erklären? Es hat damit zu tun, dass selbst die wohlwollendsten Bürokratien die stark schematisierten, verengten und voreingenommenen Sichtweisen der Mächtigen übernehmen und diese in Möglichkeiten umwandeln, diese Macht zu begrenzen oder ihre schädlichen Auswirkungen abzumildern. Zweifellos haben bürokratische Eingriffe auf dieser Grundlage sehr viel Gutes auf der Welt bewirkt. Der europäische Wohlfahrtsstaat mit kostenloser Ausbildung und allgemeiner Gesundheitsversorgung ist zu Recht – wie Pierre Bourdieu einmal bemerkte – als eine der größten Errungenschaften der Geschichte einzustufen. Doch da er zugleich jene absichtliche Blindheit übernimmt, die auch typisch ist für die Mächtigen, und ihr den Nimbus von Wissenschaftlichkeit verleiht – indem er zum Beispiel eine Reihe von Annahmen über die Bedeutung der Arbeit, der Familie, von Nachbarschaft, Wissen, Gesundheit, Glück oder Erfolg übernimmt, die mit den Lebensweisen der Armen oder der Arbeiter nichts zu tun haben, geschweige denn mit der Bedeutung, die diese ihnen beimessen –, ist er zum Scheitern verurteilt. Und er ist auch tatsächlich gescheitert. Gerade das Unbehagen, das diese Blindheit auch bei den größten Nutznießern des Sozialstaats hervorrief, ermöglichte es der politischen Rechten seit den Achtzigerjahren, öffentliche Zustimmung für Maßnahmen zu finden, die sogar die erfolgreichsten dieser Programme entkernt und zerstört haben.

Und wie wurde dieses Unbehagen zum Ausdruck gebracht? Vor allem durch das Gefühl, das die bürokratische Autorität schon allein durch ihre Natur einen Krieg gegen die menschliche Phantasie repräsentiert. Das wird besonders deutlich, wenn wir die Jugendrebellionen von China über Mexiko bis New York betrachten, die im Pariser Maiaufstand von 1968 ihren Höhepunkt fanden. Alle waren zunächst in erster Linie Rebellionen gegen bürokratische Autorität; alle betrachteten die bürokratische Autorität als eine Unterdrückung und Einengung des menschlichen Geistes, der schöpferischen Kraft, der Fröhlichkeit und der Phantasie. Der berühmte Slogan »Alle Macht der Phantasie«, der an die Wände der Sorbonne geschrieben wurde, verfolgt uns bis heute – endlos wird er auf Plakaten, Ansteckern, Flugblättern, in Manifesten, Filmen und Liedtexten wiederholt, weil er anscheinend etwas Grundlegendes zum Ausdruck bringt, nicht nur über den Geist der Rebellion der Sechzigerjahre, sondern über die Natur dessen, was wir gemeinhin als »die Linke« bezeichnen.

Das ist wichtig, überaus wichtig. Denn ich glaube, die Ereignisse von 1968 spiegeln einen Widerspruch im Kern des linken Denkens wider, und zwar schon von Anbeginn – einen Widerspruch, der sich aber erst auf dem Scheitelpunkt seines historischen Erfolgs in vollem Ausmaß offenbarte. In der Einleitung zu diesem Buch habe ich die Ansicht geäußert, dass es der heutigen Linken an einer kohärenten Bürokratiekritik mangelt. Aber wenn man tatsächlich zu den Anfängen zurückgeht – zum Grundgedanken, der zu Zeiten der Französischen Revolution aufkam, das politische Spektrum lasse sich in einen rechten und einen linken Flügel teilen –, dann wird klar, dass die Linke schon ihrem Wesen nach eine Kritik der Bürokratie ist, obgleich diese Kritik immer wieder gezwungen war, sich in der Praxis an die existierenden bürokratischen Strukturen und die Denkhaltung anzupassen, gegen die aufzubegehren sie ursprünglich angetreten war.[30]

In diesem Sinne ist die gegenwärtige Unfähigkeit der Linken, eine Bürokratiekritik zu formulieren, die ihre ursprüngliche Klientel anspricht, synonym für den allgemeinen Niedergang der Linken. Ohne eine solche Kritik verliert das radikale Denken sein vitales Zentrum – es zerbricht in eine zusammenhanglose Ansammlung von Protesten und Forderungen.

Es hat den Anschein, dass die Linke jedes Mal, wenn sie sich entscheidet, einen sicheren, »realistischen« Kurs zu verfolgen, noch tiefer in den Sumpf sinkt. Um diese Entwicklung zu verstehen – und erst recht, was wir dagegen tun können –, erscheint es mir notwendig, einige Grundannahmen einer erneuten Überprüfung zu unterziehen, angefangen mit der Frage, was es eigentlich bedeutet, wenn man sagt, man sei »realistisch«.

> Sei realistisch: Verlange das Unmögliche.
> (Ebenfalls ein 68er-Slogan)

Bisher habe ich mich damit befasst, wie strukturelle Gewalt einseitige Strukturen der Imagination hervorbringt und wie die Bürokratie zu einer Möglichkeit der Handhabung solcher Situationen wird – und mit den Formen struktureller Blindheit und Dummheit, die dies unweigerlich nach sich zieht. Bürokratische Verfahrensweisen sind bestenfalls Möglichkeiten, die Dummheit sozusagen gegen sich selbst zu wenden.

Warum bringen Bewegungen, die solchen Strukturen den Kampf ansagen, am Ende so häufig selbst Bürokratien hervor? Üblicherweise ist dies das Ergebnis eines Kompromisses. Man muss realistisch sein und darf nicht zu viel verlangen. Sozialstaatliche Reformen erscheinen realistischer als die Forderung nach einer breiten Umverteilung von Eigentum; ein »Übergangsstadium« eines sozialistischen Staates erscheint realistischer als ein radikaler Umbruch, bei dem die Macht an demokratisch organisierte Arbeiterräte übergeben wird, und so weiter. Aber das wirft eine weitere Frage auf: Auf welche Art von Realität beziehen wir uns eigentlich, wenn wir davon sprechen, dass wir »realistisch« sein müssen?

An dieser Stelle kann meiner Meinung nach eine Anekdote über eine Gruppe von Aktivisten, in der ich einmal mitgewirkt habe, sehr aufschlussreich sein.

Von Anfang 2000 bis Ende 2002 habe ich beim New Yorker Direct Action Network (DAN) mitgearbeitet – die wichtigste Gruppe, die damals in New York City für die Organisierung von Massenaktionen im Rahmen des Global Justice Movement verantwortlich war. Ich nenne sie eine »Gruppe«, aber das DAN war eigentlich keine Gruppe im strengen Sinn, sondern eher ein dezentralisiertes Netzwerk, das gemäß den Prinzipien der direkten Demokratie auf der Grundlage eines ausgeklügelten, aber durchaus effektiven Konsensbildungsprozesses agierte. Ich war maßgeblich beteiligt an den Bemühungen, neue Organisationsformen zu entwickeln. Das DAN existierte in einer rein politischen Sphäre. Es hatte keine konkreten Mittel – nicht einmal nennenswerte Geldbeträge – zu verwalten.

Dann spendete eines Tages jemand dem DAN ein Auto.

Dieses Auto sorgte in der Gruppe für eine kleinere, aber länger anhaltende Krise. Wir entdeckten schnell, dass es rechtlich nicht möglich ist, dass ein dezentrales Netzwerk ein Auto besitzt. Einzelpersonen können ein Auto besitzen, auch Unternehmen, die als fiktive Einzelpersonen betrachtet werden, oder Behörden. Aber ein Netzwerk kann nicht Eigentümer eines Kraftfahrzeugs sein. Wenn wir uns nicht dazu bereit erklärten, uns als nicht-gewinnorientierte Organisation registrieren zu lassen (was eine umfassende Reorganisation und die Aufgabe der meisten unserer egalitären Grundsätze erfordert hätte), gab es nur einen Ausweg: Wir mussten einen Freiwilligen finden, der sich rechtlich als Eigentümer des Autos eintragen lassen würde. Aber dann würde diese Person auch verantwortlich sein für die Begleichung aller Versicherungsprämien und Steuern und würde eine schriftliche Erlaubnis vorlegen müssen, dass auch andere Personen mit diesem Wagen außerhalb des Bundesstaates fahren durften. Und natürlich würde auch nur diese Person den Wagen auslösen können, falls er zum Beispiel irgendwo abgeschleppt werden würde. Ein mutiger Aktivist erklärte sich bereit, diese Verantwortung zu übernehmen, doch das führte dazu, dass die wöchentlichen Treffen angefüllt wurden mit Berichten über seine jeweils neuesten juristischen Schwierigkeiten. Bald wurde das DAN-Auto zu einer stetigen Quelle des Verdrusses, so dass wir beschlossen, eine Spendenbeschaffungsaktion durchzuführen und eine große Party zu veranstalten, auf der wir jedem einen Vorschlaghammer in die Hand drückten, der uns fünf Dollar zahlte, um einmal kräftig auf den Wagen draufhauen zu dürfen.

Diese Geschichte, so schien mir, hatte eine exemplarische Bedeutung. Woran liegt es, dass Projekte wie das DAN-Projekt, die auf eine Demokratisierung der Gesellschaft zielen – so häufig als hehre Träume wahrgenommen werden, die zerplatzen, sobald sie mit der harten Realität in Berührung kommen? In unserem Fall zumindest hatte es nichts mit Ineffizienz zu tun: Polizeichefs im ganzen Land hatten uns als die schlagkräftigste Truppe bezeichnet, mit der sie bislang zu tun gehabt hatten. Mir scheint, der Realitätseffekt (wenn man es so nennen will) hängt mit der Tatsache zusammen, dass radikale Projekte in dem Augenblick scheitern – oder zumindest unendlich kompliziert werden –, in dem sie auf die Welt der großen, schweren Dinge stoßen: der Gebäude, Autos, Traktoren, Schiffe und Maschinen. Das hat nichts damit zu tun, dass diese Dinge von vornherein nur schwer demokratisch zu verwalten wären – die Geschichte ist voll mit Beispielen von Gemeinschaften, die erfolgreich die demokratische Verwaltung gemeinschaftlicher Ressourcen bewältigten –, es hängt vielmehr damit zusammen, dass sie sich wie das DAN-Auto, in einem Umfeld befinden, das von staatlichen Regelungen und Vorschriften bestimmt wird, und sich nicht vor den Vertretern der Behörden verstecken können. In

Amerika habe ich unzählige Beispiele dieses Dilemmas erlebt. Eine Hausbesetzung wird nach langem Kampf legalisiert, aber plötzlich tauchen Leute vom Bauamt auf, die erklären, dass es Zehntausende Dollar kosten werde, das Gebäude gemäß den baurechtlichen Vorgaben zu renovieren. Die Organisatoren müssen daraufhin die folgenden Jahre damit verbringen, Kuchenbasare und Spendenaktionen zu organisieren. Dafür muss ein Bankkonto eröffnet werden, was wiederum bedeutet, sich einer gesetzlichen Regulierung zu unterwerfen, die festlegt, wie eine Gruppe, die staatliche Gelder erhält, organisiert sein muss – jedenfalls nicht als egalitäres Kollektiv. Alle diese Verordnungen und Vorschriften werden mittels Gewalt durchgesetzt. Gewiss, im alltäglichen Leben kommt die Polizei selten mit Schlagstöcken daher, um die Einhaltung von Bauvorschriften zu erzwingen; wenn man aber, wie vor allem Anarchisten schon häufig feststellen mussten, behauptet, dass der Staat und seine Vorschriften gar nicht existieren, dann wird genau das am Ende geschehen. Dass die Gummiknüppel nur selten tatsächlich auftauchen, trägt dazu bei, dass die Gewalt umso schwerer zu erkennen ist. Dadurch entsteht der Anschein, alle diese Verordnungen und Vorschriften erwachsen nicht aus dem staatlichen Gewaltmonopol, sondern aus der Größe, der Festigkeit und der Schwere dieser Dinge an sich. Und zwar jene Verordnungen und Vorschriften, die fast immer davon ausgehen, dass Beziehungen zwischen Menschen durch den Markt vermittelt und dass Gruppen üblicherweise mittels hierarchischer und autoritärer Strukturen organisiert werden.

Die Aufforderung, man müsse »realistisch« sein, meint gewöhnlich, dass man eine Realität anerkennen soll, die nicht aus natürlichen, materiellen Tatsachen besteht und auch nicht aus irgendwelchen angenommenen hässlichen Wahrheiten über die menschliche Natur. »Realistisch« zu sein, bedeutet üblicherweise, die Auswirkungen der systematischen Gewaltandrohung ernst zu nehmen. Dies spiegelt sich auch in unserer Sprache wider. Warum wird zum Beispiel ein Gebäude als »Sachwert« (im Englischen als *real estate*) bezeichnet? Das »Reale« in dieser Bezeichnung ist nicht aus dem lateinischen Terminus *res* (»Sache«) abgeleitet; es stammt aus dem Spanischen *real* (»dem König gehörend«). Das gesamte Land innerhalb des Herrschaftsgebiets eines Königs gehört dem Monarchen – rein rechtlich ist dies noch immer der Fall. Deshalb besitzt der Staat auch das Recht, seine Regeln und Verordnungen durchzusetzen. Doch Herrschaft reduziert sich letztlich immer auf das Monopol darauf, was beschönigend als »Zwang« bezeichnet wird, das heißt auf Gewalt. Der italienische Philosoph Giorgio Agamben hat darauf hingewiesen, dass hier aus der Sicht der herrschenden Macht etwas Lebendes vorliegt, denn man kann es töten; Eigentum ist also »real«, denn der Staat kann es beschlagnahmen oder zerstören.

Wenn man auf dem Gebiet der internationalen Beziehungen einen »realistischen« Standpunkt einnimmt, geht man in gewisser Weise davon aus, dass die Staaten sämtliche Möglichkeiten, auch Waffengewalt, einsetzen werden, um ihre nationalen Interessen zu verfolgen. Welche »Realität« erkennt man in diesem Fall an? Gewiss keine materielle Realität. Die Vorstellung, dass Nationen menschenähnliche Wesenheiten mit Zielen und Interessen seien, ist rein metaphysischer Art. Der König von Frankreich hatte bestimmte Ziele und Interessen, »Frankreich« hat keine. Was die Annahme, dass dies doch der Fall wäre, »realistisch« erscheinen lässt, hat damit zu tun, dass die Herrscher über die Nationalstaaten die Macht besitzen. Die Macht, Armeen aufzustellen, Invasionen durchzuführen, Städte zu bombardieren und den Einsatz von organisierter Gewalt im Namen dessen anzudrohen, was sie als ihre »nationalen Interessen« bezeichnen – es wäre töricht, diese Möglichkeit zu ignorieren. Nationale Interessen sind real, weil sie Menschen töten können.

Der entscheidende Begriff in diesem Zusammenhang ist

»Zwang«, wie er im »staatlichen Monopol der Anwendung von Zwangsmitteln« zum Ausdruck kommt. Dieser Begriff konfrontiert uns mit einer politischen Ontologie, in der die Macht zu zerstören, anderen Schmerzen zuzufügen oder anderen anzudrohen, ihnen körperliche Gewalt anzutun, sie zu foltern oder umzubringen, als das soziale Äquivalent jener Energie betrachtet wird, die den Kosmos beherrscht. Man denke zum Beispiel einmal über die Metaphern und die Verdrehungen nach, die die beiden folgenden Sätze ermöglichen:

> Die Wissenschaftler untersuchen die Natur der physikalischen Gesetze, um jene Kräfte zu verstehen, die das Universum bestimmen.

> Die Polizisten sind Fachleute in der wissenschaftlichen Anwendung von physischer Gewalt, um jene Gesetze durchzusetzen, die die Gesellschaft bestimmen.

Das ist meiner Ansicht nach der Kern des rechten Denkens: eine politische Ontologie, die es durch solch subtile Methoden ermöglicht, die Parameter der gesellschaftlichen Existenz und des Alltagsdenkens zu definieren.[31]

Aus diesem Grund behaupte ich, dass die Linke schon immer von einer antibürokratischen Grundhaltung beseelt war. Weil sie auf anderen Annahmen darüber gründete, was das eigentlich Reale ist – das heißt, die echten Grundlagen des politischen Seins. Offenkundig leugnen die Linken nicht die Realität der Gewalt. Viele linke Theoretiker denken ausführlich über sie nach. Aber sie billigen ihr nicht dieselbe fundamentale Bedeutung zu. Das linke Denken beruht meiner Ansicht nach vielmehr auf einer »politischen Ontologie der Phantasie«, wie ich es ausdrücken möchte, die man vielleicht auch schlicht als »Ontologie des Schöpferischen« oder »des Tuns« oder »des Erfindens« bezeichnen könnte. Heute identifizieren die meisten von uns diese Tendenz mit dem Vermächtnis von Marx, mit dessen Betonung der sozialen Revolution und der materiellen Produktivkräfte. Marx war jedoch auch ein Mensch seiner Zeit, und die Begriffe, die er verwendete, entstammten einer allgemeinen Debatte über Wert, Arbeit und schöpferische Tätigkeit, die in den damaligen intellektuellen Zirkeln geführt wurde, sei es in der Arbeiterbewegung oder in den zahlreichen Erscheinungsformen der Bohème, die sich zu seiner Zeit in Paris und in London entwickelten. Trotz der Geringschätzung, die er den utopischen Sozialisten seiner Zeit entgegenbrachte, hielt Marx unverbrüchlich an seiner Auffassung fest: Der Unterschied des Menschen zum Tier bestehe darin, dass Architekten, anders als Bienen, ihre Konstruktionen zuerst in der Phantasie errichten. Es ist eine einzigartige Eigenschaft der Menschen – so Marx –, dass sie sich zuerst Dinge vorstellen und sie erst danach in die Wirklichkeit umsetzen. Das ist jener Prozess, den er als »Produktion« bezeichnete.

Ungefähr zur selben Zeit vertraten utopische Sozialisten wie Saint-Simon die Auffassung, dass Künstler die Avantgarde oder »Vorhut« einer neuen sozialen Ordnung sein werden und die großen Visionen entwickeln müssen, die von der Industrie mit ihren neuen Möglichkeiten verwirklicht werden können. Was damals als die Phantasie eines exzentrischen Flugblattschreibers erschien, wurde bald zur Charta eines lockeren, brüchigen, aber anscheinend doch dauerhaften Bündnisses, das bis heute anhält. Wenn die künstlerische Avantgarde und die Sozialrevolutionäre sich seither auf eine eigenartige Weise voneinander angezogen fühlen, sich gegenseitig ihre Sprache und ihre Ideen ausborgen, halten sie anscheinend beide nach wie vor an dem Gedanken fest, die letzte, verborgene Wahrheit der Welt bestünde darin, etwas zu sein, das wir selbst hervorbringen und daher auch verändert werden kann. In diesem Sinn drückt ein Satz wie »Alle Macht der Phantasie« die Quintessenz der politischen Linken aus.

Aus der linken Sicht besteht die verborgene Wirklichkeit des menschlichen Lebens darin, dass die Welt nicht einfach geschieht. Sie ist keine natürliche Tatsache, auch wenn wir sie so behandeln, als wäre sie es – sie existiert, weil wir sie gemeinschaftlich geschaffen haben. Wir stellen uns Dinge vor, die uns gefallen, und dann erschaffen wir sie. Doch sobald wir anfangen, in diesen Begriffen darüber nachzudenken, wird offenkundig, dass irgendetwas schrecklich schief gelaufen ist. Denn wer würde eine Welt wie diese erschaffen, wenn er sich jede beliebige Welt vorstellen und Wirklichkeit werden lassen könnte?[32] Die linke Haltung wurde vielleicht am treffendsten von dem marxistischen Philosophen John Holloway zum Ausdruck gebracht, der einmal einem Buch den Titel geben wollte: »Hört auf, den Kapitalismus zu erschaffen«.[33] Der Kapitalismus, so erklärte er, ist nicht etwas, das uns von einer äußeren Kraft aufgezwungen wird. Er existiert nur, weil wir jeden Tag, nachdem wir aufgestanden sind, damit fortfahren, ihn zu erzeugen. Wenn wir eines Tages aufwachen und alle zusammen entscheiden würden, dass wir künftig etwas anderes erzeugen wollen, dann würde es keinen Kapitalismus mehr geben. Das ist die entscheidende revolutionäre Frage: Welche Bedingungen müssten gegeben sein, damit wir in diese Lage versetzt werden – aufzuwachen und uns vorzustellen, dass wir es von nun an anders machen und etwas anderes erzeugen wollen?

Auf diese Betonung der Kräfte des Schöpferischen und des Produzierens entgegnet die politische Rechte, dass die Revolutionäre systematisch die soziale und geschichtliche Bedeutung der »Mittel der Zerstörung« vernachlässigten: die Staaten, die Armeen, die Henker, die barbarischen Invasionen, die Verbrecher, die ungezügelten Massen und so weiter. So zu tun, als gäbe es diese Dinge nicht oder sie sich einfach wegzudenken, argumentiert sie, führe dazu, dass linksgerichtete Regime mehr Tod und Zerstörung hervorbringen als jene, die klug genug sind, eine »realistischere« Vorgehensweise zu wählen.

Das ist offenkundig eine gewisse Vereinfachung, und man könnte endlos Einwände vorbringen. Die Bourgeoisie zu Zeiten von Marx beispielsweise vertrat eine äußerst produktivistische Philosophie – das war einer der Gründe, warum Marx sie als revolutionäre Kraft einstufen konnte. Einige Vertreter der politischen Rechten versuchten sich mit dem künstlerischen Ideal, während die marxistischen Regime des 20. Jahrhunderts Machttheorien der Rechten übernahmen und lediglich Lippenbekenntnisse ablegten zur bestimmenden Natur der Produktion. Auf der anderen Seite bekundeten sie durch ihre Obsession, alle Dichter und Schriftsteller einzusperren, deren Werke sie als Gefahr betrachteten, einen starken Glauben daran, dass Kunst und Kreativität imstande sind, die Welt zu verändern – die Machthaber in den kapitalistischen Staatsformen hingegen kümmerten sich nicht darum, denn sie waren überzeugt, dass sich, wenn sie die Produktionsmittel (und natürlich die Armee und die Polizei) unter Kontrolle behielten, alles andere von selbst regeln würde.

All das zu erkennen, ist schwierig. Und diese Schwierigkeit ist damit zu begründen, dass das Wort »Imagination« so viel Unterschiedliches bezeichnen kann. In den meisten modernen Definitionen wird die Imagination der Realität gegenübergestellt. »Imaginäre« Dinge sind in erster Linie Dinge, die es in Wirklichkeit nicht gibt. Das kann zu großer Verwirrung führen, wenn wir auf abstrakte Weise von Imagination sprechen, denn dabei entsteht der Anschein, Imagination habe mehr mit Edmund Spensers *Faerie Queene* zu tun als mit einer Gruppe von Kellnerinnen, die überlegen, wie sie das Paar an Tisch 7 besänftigen sollen, bevor der Chef auftaucht.

Diese Auffassung von Imagination ist relativ neu und existiert neben anderen wesentlich älteren Betrachtungsweisen. Im antiken und mittelalterlichen Denken beispielsweise galt das, was wir »Imagination« oder »Phantasie« nennen, nicht per se als Gegensatz zur Realität, sondern als eine Art Mittelweg, ein Übergangsbereich, der die materielle Realität mit der rationalen Seele verband. Das galt vor allem für jene Denkrichtungen, welche die Vernunft als einen Aspekt Gottes verstanden und daher glaubten, dass das Denken des Göttlichen teilhaftig sei, das in keiner Weise etwas mit der materiellen Wirklichkeit zu tun hatte, ja, ihr völlig entgegengesetzt war. Wie war es dann möglich, dass der rationale Verstand Sinneseindrücke aus der Natur empfing?

Die Lösung bestand in der Einführung einer vermittelnden Substanz, die aus demselben Material bestand wie die Sterne, das »Pneuma«, eine Art von Kreislaufsystem, durch das die Wahrnehmungen der materiellen Welt weitergeleitet werden konnten, die im Laufe dieses Prozesses gefühlsmäßig aufgeladen wurden und sich mit Traumbildern aller Art verbanden, bevor der rationale Verstand sich ihrer Bedeutung bewusst wurde. Absichten und Wünsche bewegten sich in entgegengesetzte Richtungen, zirkulierten in der Phantasie, bevor sie in der Welt erkannt werden konnten. Erst nach Descartes wurde der Ausdruck »imaginär« für etwas verwendet, das nicht wirklich ist: imaginäre Wesen, imaginäre Orte (wie beispielsweise Narnia, Planeten in weit entfernten Galaxien, das Reich des Priesterkönigs Johannes), imaginäre Freunde. Nach dieser Definition musste eine »politische Ontologie der Imagination« ein Widerspruch in sich sein. Die Imagination kann nicht die Grundlage der Wirklichkeit bilden. Sie ist per Definition etwas, das wir uns ausdenken können, das aber keine Wirklichkeit darstellt.

Ich werde darauf später unter der »transzendenten Vorstellung der Imagination« zurückkommen, da ihr anscheinend

Romane oder andere fiktionale Werke als Modell dienen, die imaginäre Welten erschaffen, welche jedoch immer dieselben bleiben, ganz gleich, wie oft man diese Romane liest. Imaginäre Wesen – Elfen oder Einhörner oder Fernsehpolizisten – werden nicht beeinflusst durch die reale Welt. Das ist auch gar nicht möglich, da sie nicht existieren. Im Gegensatz dazu ist jene Art von Imagination, von der ich in diesem Kapitel spreche, wesentlich näher bei der alten, immanenten Vorstellung. Diese ist in keiner Weise statisch und frei schwebend, sondern vollständig eingebunden in Handlungsprojekte, die reale Auswirkungen auf die materielle Welt haben sollen und sich daher stetig verändern und an veränderte Bedingungen anpassen. Das gilt ebenso in Bezug auf die Herstellung eines Messers oder eines Schmuckstücks wie auch auf das Bemühen, nicht die Gefühle eines Freundes zu verletzen.

Mitte bis Ende des 18. Jahrhunderts, als der Industriekapitalismus, die moderne bürokratische Gesellschaft und die politische Teilung zwischen Rechts und Links entstanden, verbreitete sich auch das neue transzendente Konzept der Imagination. Für die Romantiker nahm die Imagination oder die Phantasie jenen Platz ein, den einst die Seele inne hatte – sie vermittelte nicht zwischen der rationalen Seele und der materiellen Welt, sie *war* die Seele, und die Seele war das, was jenseits der reinen Rationalität lag. Es ist leicht nachzuvollziehen, dass im Zuge der Entwicklung einer unpersönlichen bürokratischen Ordnung mit Büros, Fabriken und einer rationalen Verwaltung auch solche Gedanken aufkamen. Doch insofern, als die Imagination zu einer Restkategorie wurde, und damit zu allem, was die neue Ordnung nicht war, war sie auch nicht ausschließlich transzendent; sie wurde vielmehr zu einem verrückten Sammelsurium dessen, was ich als transzendente und immanente Prinzipien bezeichnen möchte. Auf der einen Seite wurde die Imagination als der Ursprung der Kunst und des Schöpfertums betrachtet.

Auf der anderen Seite war sie die Grundlage des menschlichen Mitgefühls und damit auch der Moral.[34]

Heute, zweieinhalb Jahrhunderte später, tun wir gut daran, diese Dinge zu ordnen und zu sortieren.

Denn hier steht eine Menge auf dem Spiel. Um eine Vorstellung davon zu vermitteln, möchte ich noch einmal kurz auf den 68er-Slogan »Phantasie an die Macht« zurückgreifen. Auf welche Art von Phantasie beziehen wir uns hier? Wenn damit die transzendente Imagination gemeint ist – der Versuch, der Welt eine vorgefertigte utopische Vision überzustülpen –, können die Auswirkungen verheerend sein. Historisch hat dies häufig dazu geführt, dass ein gigantischer bürokratischer Apparat geschaffen wurde, welcher der Gesellschaft diese Visionen gewaltsam aufzwang. Gräueltaten bislang ungekannten Ausmaßes sind die wahrscheinliche Folge. Andererseits kann man in einer revolutionären Situation aus demselben Grund argumentieren, dass es genau zum gleichen Ergebnis führen wird, wenn man *nicht* der anderen, der immanenten Form der Imagination die ganze Macht überträgt – jener praktischen, vom Alltagsverstand bestimmten Imagination der einfachen Köche, Krankenschwestern, Mechaniker und Gärtner.

Diese Verwirrung, dieses Durcheinanderwerfen unterschiedlicher Auffassungen von Imagination zieht sich durch die gesamte Geschichte des linken Denkens.

Diese Spannung ist bereits bei Marx erkennbar. Seine Haltung zur Revolution ist auf eigenartige Weise paradox. Wie ich bereits erwähnt habe, macht es den Menschen aus, dass er sich nicht auf unbewusste Instinkte stützt wie die Spinnen oder die Bienen, sondern dass er Strukturen in seiner Imagination erschafft und dann diese Visionen zu verwirklichen versucht. Wenn eine Spinne ihr Netz webt, handelt sie gemäß ihrem Instinkt. Der Architekt zeichnet zuerst einen Plan und beginnt erst dann, die Grundfesten seines Bauwerks zu legen. Das gilt, so erklärt

Marx, für sämtliche Formen der materiellen Produktion, sei es für den Bau von Brücken oder die Herstellung von Schuhen. Doch wenn Marx von sozialer Schöpferkraft spricht, führt er als Beispiel stets die Revolution an, und dann wechselt er schlagartig die Gangart. Genauer gesagt, vollzieht er eine Kehrtwende. Der Revolutionär sollte niemals so vorgehen wie der Architekt; er sollte nie damit beginnen, einen Plan für eine vollkommene Gesellschaft zu entwerfen und dann darüber nachsinnen, wie diese herbeigeführt werden kann. Das wäre Utopismus. Und für Utopismus hatte Marx nur Verachtung übrig. Die Revolution ist vielmehr die tatsächliche immanente Praxis des Proletariats, die letzten Endes in einer Art und Weise Früchte tragen wird, die wir uns von unserem gegenwärtigen Standpunkt aus nicht vorstellen können.

Woher kommt diese Widersprüchlichkeit? Die wohlwollendste Erklärung, würde ich meinen, besteht darin, dass Marx zumindest auf der intuitiven Ebene durchaus begriff, dass sich die Imagination auf dem Gebiet der materiellen Produktion anders entfaltet als in sozialen Beziehungen, dass es ihm andererseits aber auch an einer adäquaten Theorie mangelte, um dies zu erklären. Weil er seine Werke Mitte des 19. Jahrhunderts verfasste, vor dem Aufkommen des Feminismus, fehlten ihm vielleicht auch die intellektuellen Werkzeuge.[35] Vor dem Hintergrund der in diesem Kapitel bereits ausgeführten Überlegungen, glaube ich, können wir davon ausgehen, dass dies tatsächlich der Fall war. Um es in Marx' eigenen Begriffen auszudrücken: In beiden Bereichen können wir von Entfremdung sprechen. Doch in jedem vollzieht sich die Entfremdung auf völlig unterschiedliche Weise.

Ich möchte den bisherigen Gedankengang kurz zusammenfassen: Strukturelle Ungleichheiten bringen stets etwas hervor, was ich »einseitige Strukturen der Imagination« nenne. Das heißt, eine Trennung zwischen einer Klasse von Menschen, die am Ende den Großteil der imaginativen Arbeit erledigt, und einer anderen Klasse, die dies nicht tut. Doch die Sphäre der Fabrikproduktion, mit der sich Marx beschäftigte, ist in dieser Hinsicht eher ungewöhnlich. Sie gehört zu jenen Bereichen, in denen die beherrschende Klasse mehr imaginative Arbeit leistet als die andere und nicht weniger.

Schöpferkraft und Begehren – was wir in der Terminologie der politischen Ökonomie häufig auf »Produktion« und »Konsum« reduzieren – sind im Grunde Vehikel der Imagination. Strukturen der Ungleichheit und der Beherrschung – strukturelle Gewalt, wenn man so will – tendieren dazu, die Imagination zu verzerren. Strukturelle Gewalt kann Situationen hervorbringen, in denen die Arbeiter auf eintönige, langweilige mechanische Jobs zurückgeworfen werden und nur eine kleine Elite sich der imaginativen Arbeit widmen darf, was bei den Arbeitern das Gefühl hervorruft, dass sie ihrer Arbeit entfremdet werden und andere die Früchte ihres Tuns ernten. Sie kann aber auch Situationen erzeugen, in denen Könige, Politiker, berühmte Persönlichkeiten oder Firmenchefs um sich selbst kreisen und alles um sich herum vergessen, während ihre Ehepartner, ihre Bediensteten, ihre Mitarbeiter und Helfer den Großteil ihrer Zeit mit jener imaginativen Arbeit verbringen, die es ihnen, den Bessergestellten, ermöglicht, ihre Phantasien aufrechtzuerhalten. In den meisten durch Ungleichheit bestimmten Situationen verbinden sich meiner Ansicht nach Elemente von beidem.

Die subjektive Erfahrung des Lebens in solchen einseitigen Strukturen der Imagination – die Verzerrungen und die Erschütterungen der Imagination, die daraus folgen – ist das, was wir meinen, wenn wir von »Entfremdung« sprechen.

Die Tradition der Politischen Ökonomie, in der auch Karl Marx stand, geht davon aus, dass die Arbeit in modernen Gesellschaften aufgeteilt ist auf zwei Sphären: die Lohnarbeit, deren Paradigma stets die Fabrik darstellt, und die Hausarbeit –

die Arbeit im Haushalt, die Kinderbetreuung –, die den Frauen übertragen ist. Erstere wird hauptsächlich mit der Schaffung und der Erhaltung physischer Gegenstände verbunden. Letztere gilt eher als eine Sache der Versorgung von Menschen sowie der Herstellung und Pflege sozialer Beziehungen. Diese Unterscheidung ist offenkundig etwas überzogen: Es hat noch niemals eine Gesellschaft gegeben, auch nicht das Manchester von Friedrich Engels oder das Paris von Victor Hugo, in der die meisten Männer Fabrikarbeiter waren und die meisten Frauen ausschließlich Hausarbeit verrichteten. Aber diese Einteilung prägt noch heute unser Denken über diese Fragen. Sie verweist auch auf die Wurzel von Marx' Problem. Im Bereich der Industrie sind es in der Regel jene, die oben stehen, die für sich selbst die geistig anspruchsvolleren Tätigkeiten reklamieren. Das heißt, sie entwerfen die Produkte und organisieren die Produktion. Wenn sich im Bereich der sozialen Produktion Ungleichheiten entwickeln, wird von jenen, die in der Hierarchie unten angesiedelt sind, erwartet, dass sie die weniger anspruchsvolle Arbeit übernehmen – vor allem den Großteil dessen, was ich die »Interpretationsarbeit« nenne, welche die alltäglichen Abläufe in Gang hält.[36]

Ich habe hier die These entwickelt, dass bürokratische Verfahren und Abläufe, die die unheimliche Fähigkeit besitzen, auch die klügsten Menschen als Idioten erscheinen zu lassen, nicht an sich Erscheinungsformen von Dummheit sind, weil in diesem Zusammenhang die Wirkungen struktureller Gewalt zum Tragen kommen. Diese Verfahren bedienen sich daher der Blindheit und der Torheit, die sie zu verwalten suchen. Sie können bestenfalls Möglichkeiten sein, die Dummheit gegen sich selbst zu wenden, in derselben Weise, wie man das auch von revolutionärer Gewalt sagen kann. Doch Dummheit im Namen von Fairness und Anständigkeit bleibt Dummheit, und Gewalt im Namen der Befreiung des Menschen bleibt Gewalt. Es ist kein

Zufall, dass diese beiden Phänomene häufig zusammen auftreten.

Im vergangenen Jahrhundert lautete die große revolutionäre Frage: Wie kann man eine grundlegende Veränderung der Gesellschaft in Angriff nehmen, ohne einen Prozess in Gang zu setzen, der mit der Schaffung einer neuen, gewalttätigen Bürokratie endet? Ist der Utopismus das Problem – die Auffassung, dass man sich zuerst eine bessere Welt vorstellen muss, um dann zu versuchen, sie Wirklichkeit werden zu lassen? Oder hängt es mit der Natur der sozialen Theorie zusammen? Sollten wir daher die soziale Theorie aufgeben? Oder ist schon die Vorstellung einer Revolution grundsätzlich verfehlt?

Eine verbreitete Lösung bestand seit den Sechzigerjahren darin, die eigenen Ziele und Ansprüche nach unten zu korrigieren. Im Vorfeld des Mai 1968 haben die Situationisten immer wieder darauf hingewiesen, dass dies durch kreative subversive Akte möglich wäre, welche die Logik dessen untergraben, was sie die »Gesellschaft des Spektakels« nannten. Durch diese Akte könnten wir zumindest vorübergehend wieder unsere imaginative Kraft zurückgewinnen. Zugleich glaubten sie, dass diese Akte kleine Generalproben für den großen Aufstand seien, in den sie notwendigerweise münden würden – für die »Revolution«, genauer gesagt. Diese Haltung ist heute weitestgehend überholt. Wenn die Ereignisse vom Mai 1968 eines gezeigt haben, dann dass es keinen einmaligen, grundlegenden Umbruch geben kann, wenn man sich nicht das Ziel setzt, die Staatsgewalt zu übernehmen. Das hatte zur Folge, dass für die meisten heutigen Revolutionäre das endzeitliche Element keine Rolle mehr spielt. Niemand glaubt mehr, dass sich jederzeit der Himmel auftun könnte. Doch es gibt einen Trost: dass man, wenn man echte revolutionäre Freiheit erfahren möchte, damit unmittelbar anfangen kann. Man lese dazu die folgende Erklärung des Crimethinc-Kollektivs, der wahrscheinlich inspirierendsten jungen anarchistischen Propaganda-Gruppe, die heute in der Tradition der Situationisten agiert:

> Wir müssen unsere Freiheit erkämpfen, indem wir Löcher in das Gewebe der Wirklichkeit schneiden, neue Wirklichkeiten erschaffen, die am Ende uns selbst formen werden. Sich immer wieder in neue Situationen zu begeben, ist die einzige Möglichkeit, sicherzustellen, dass man seine Entscheidungen unbelastet durch die Trägheit der Gewohnheit, der Gepflogenheiten, des Rechts oder des Vorurteils trifft – und es ist an uns selbst, diese Situationen zu erschaffen.
>
> Freiheit existiert nur im Augenblick der Revolution. Und diese Augenblicke sind nicht so selten, wie man vermuten mag. Veränderung, revolutionäre Veränderung vollzieht sich ständig und überall – und jeder spielt darin eine Rolle, ob bewusst oder nicht.

Was ist das anderes als eine schöne Darstellung der Logik der direkten Aktion: das trotzige Beharren darauf, so zu handeln, als wäre man bereits frei?[37] Die offenkundige Frage lautete allerdings, ob dieser Ansatz einen Beitrag zu einer umfassenden Strategie leisten kann – zu einer Strategie, die nicht nur zu einem einmaligen Moment revolutionärer Erlösung führen kann, sondern zu einer wachsenden Bewegung, die auf eine Welt ohne Staaten und ohne Kapitalismus abzielt. In dieser Hinsicht kann es keine absolute Sicherheit geben. Meist geht man davon aus, dass dieser Prozess nur eine Abfolge endloser Improvisationen sein kann. Zweifellos wird es auch Momente des Aufstands, der Erhebung geben. Aber sie werden höchstwahrscheinlich nur ein Element in einem wesentlich komplexeren und facettenreicheren revolutionären Prozess sein, dessen Konturen zum gegenwärtigen Augenblick noch nicht klar erkennbar sind.

Rückblickend betrachtet erscheint die traditionelle Annahme in hohem Maße naiv, dass ein einziger Aufstand oder ein erfolgreicher Bürgerkrieg den gesamten Apparat der strukturellen Gewalt außer Kraft setzen könnte, zumindest innerhalb eines bestimmten nationalen Territoriums – dass innerhalb dieses Territoriums von der politischen Rechten geschaffene Realitäten einfach weggespült werden und das Feld eröffnet werden könnte für das ungehinderte Herausströmen revolutionärer Kreativität. Tatsächlich verwirrend ist jedoch, dass in bestimmten Momenten der menschlichen Geschichte genau dies zu geschehen schien. Ich denke, wenn wir eine Chance haben wollen, die neue, sich entwickelnde Konzeption von Revolution zu verstehen, müssen wir anfangen, erneut über die Qualität dieser aufständischen Momente nachzudenken.

Eines der bemerkenswertesten Merkmale dieser revolutionären Erhebungen besteht darin, dass sie aus heiterem Himmel zu kommen scheinen – und dann ebenso schnell wieder abflauen. Woran liegt es, dass dieselbe »Öffentlichkeit«, die noch zwei Monate vor der Ausrufung der Pariser Kommune oder dem Beginn des Spanischen Bürgerkriegs für ein moderates sozialdemokratisches Regime gestimmt hat, sich plötzlich dazu bereitfindet, ihr Leben für diese Ultraradikalen aufs Spiel zu setzen, die nur einen winzigen Stimmenanteil erhalten haben? Oder, um zum Mai 1968 zurückzukehren, wie kommt es, dass dieselbe Öffentlichkeit, die den Aufstand der Studenten und Arbeiter unterstützte oder ihm zumindest wohlwollend gegenüberstand, fast unmittelbar danach eine rechtsgerichtete Regierung wählte? Die am häufigsten angeführte historische Erklärung – dass die Revolutionäre in Wirklichkeit nicht die Öffentlichkeit oder deren Interessen repräsentierten, sich aber einige Teile der Öffentlichkeit von einem gewissen irrationalen Überschwang anstecken ließen – erscheint offenkundig unzureichend. Zum einen wird dabei angenommen, dass »die Öffentlichkeit« eine Einheit mit relativ zeitbeständigen Meinungen, Interessen und Bindungen sei. Doch was wir als »Öffentlichkeit« bezeichnen, wird geschaffen, wird durch spezifische Institutionen erzeugt, die spezifische Handlungsweisen erlauben – sich an Wahlen beteiligen, fernsehen, die Stimme abgeben, Petitionen unterzeichnen, Briefe an Abgeordnete schreiben oder an öffentlichen Anhörungen teilnehmen – und andere eben nicht. Dieser Handlungsrahmen ist mit bestimmten Arten des Redens, des Denkens, des Argumentierens und des Abwägens verbunden. Dieselbe »Öffentlichkeit«, die in hohem Maße Freizeitdrogen zuspricht, kann auch mit Mehrheit dafür stimmen, den Konsum solcher Drogen für illegal zu erklären; dieselbe Gruppe von Bürgern kann zu völlig unterschiedlichen Entscheidungen in Bezug auf Fragen gelangen, die ihr Gemeinwesen betreffen, je nachdem ob die Abstimmungen darüber in einem parlamentarischen System organisiert werden, einem System computergestützter Plebiszite oder in einer Abfolge öffentlicher Volksversammlungen. Das gesamte anarchistische Projekt einer Neuerfindung der direkten Demokratie beruht auf der Annahme, dass dies tatsächlich der Fall ist.

Um zu illustrieren, was ich meine, möchte ich darauf hinweisen, dass dieselbe Gruppe von Menschen, die in einem bestimmten Kontext als »die Öffentlichkeit«, in einem anderen als »die Arbeiterschaft« bezeichnet wird. Sie wird zur »Arbeiterschaft«, wenn sie mit unterschiedlichen Tätigkeiten befasst ist. Die »Öffentlichkeit« arbeitet nicht – ein Satz wie »Der Großteil der amerikanischen Öffentlichkeit arbeitet im Dienstleistungsbereich« würde niemals in einer Zeitschrift oder einer Zeitung auftauchen, und würde ein Journalist einen solchen Satz schreiben, würde ihn der Chefredakteur zweifellos umändern. Das ist vor allem deshalb sehr eigenartig, weil die Öffentlichkeit tatsächlich einer Arbeit nachgehen muss. Deshalb sprechen die Medien davon, wie linke Kritiker häufig bemängeln, dass beispielsweise ein Streik der Transportarbeiter der Öffentlichkeit in ihrer Eigenschaft als Pendler Unannehmlichkeiten bereiten werde, jedoch ohne dabei in Betracht zu ziehen, dass auch die Streikenden Bestandteil der Öffentlichkeit sind – oder dass es zum öffentlichen Nutzen gereichen würde, wenn es ihnen gelänge, eine Gehaltserhöhung durchzusetzen. Und zweifellos geht die »Öffentlichkeit« nicht auf die Straße. Ihre Rolle besteht darin, als Publikum für öffentliche Spektakel zu fungieren und öffentliche Dienstleistungen zu konsumieren. Wenn sie Güter und Dienstleistungen privat kauft oder nutzt, wird diese Gruppe von Menschen zu etwas anderem (zu »Konsumenten«), in anderen Handlungskontexten wird sie als »Nation«, als »Wählerschaft« oder als »Bevölkerung« etikettiert.

Alle diese Einheiten sind das Ergebnis von Bürokratien und institutionellen Verfahren, die ihrerseits bestimmte Möglichkeitshorizonte definieren. Daher fühlt man sich bei einer Parlamentswahl verpflichtet, eine »realistische« Wahl zu treffen, während in einer aufständischen Situation plötzlich alles möglich erscheint.

»Die Öffentlichkeit«, »die Arbeiterschaft«, »die Wählerschaft«, »die Konsumenten« und »die Bevölkerung« haben eines gemeinsam: Sie werden durch institutionalisierte Handlungsrahmen geschaffen, die grundsätzlich bürokratischer und damit entfremdender Natur sind. Wahlkabinen, Fernsehschirme, Büroräume, Krankenhäuser und die Rituale, die sie alle umgeben – man könnte sagen, das sind die Mechanismen der Entfremdung. Sie sind die Instrumente, durch welche die menschliche Phantasie vernichtet und zerschmettert wird. Aufständische Momente sind Augenblicke, in denen dieser bürokratische Apparat neutralisiert wird. Dadurch entsteht stets der Anschein, dass Möglichkeitshorizonte weit aufgerissen werden. Etwas, das auch zu erwarten ist, wenn es zu den Hauptaufgaben dieser Apparate gehört, die Horizonte in strenge Grenzen zu zwängen. Das ist wohl der Grund, wie Rebecca Solnit es sehr anschaulich beschrieben hat,[38] warum Menschen häufig bei

Naturkatastrophen ganz ähnliche Dinge erleben. All dies kann erklären, warum revolutionären Momenten anscheinend immer ein Aufblühen der sozialen, künstlerischen und intellektuellen Kreativität folgt. Gewöhnlich werden ungleiche Strukturen der imaginativen Identifikation aufgebrochen; alle experimentieren mit ungewohnten Sichtweisen auf die Welt; alle empfinden nicht nur das Recht, sondern auch ein unmittelbares praktisches Verlangen danach, das, was sie umgibt, neu zu erschaffen und neu zu erfinden.

Es stellt sich allerdings die Frage, wie man vermeiden kann, dass jene, die diese Erfahrung gemacht haben, anschließend gleich wieder unter einer neuen Rubrik zusammengefasst werden – als das Volk, das Proletariat, die Masse, die Nation, die Umma oder was auch immer –, was die Möglichkeit eröffnet, einen Komplex aus Regeln, Vorschriften und bürokratischen Institutionen zu errichten, der unweigerlich mittels neuer Arten von Polizei zur Geltung gebracht werden muss. Ich denke, diesbezüglich wurden durchaus einige Fortschritte erzielt. Das ist zum großen Teil dem Feminismus zu verdanken. Zumindest seit den Siebzigerjahren versuchen jene Kräfte, die radikale gesellschaftliche Veränderungen befördern wollen, auf endzeitliche Träume zu verzichten und sich auf wesentlich näher liegende Themen zu konzentrieren, etwa auf die Frage, wie diese »Löcher im Gewebe der Realität« auf eine nicht-bürokratische Weise organisiert werden können, so dass zumindest ein Teil der Kraft der Phantasie langfristig bewahrt werden kann. Das galt auch für die Festivals of Resistance, die zwischen 1998 und 2003 vom Global Justice Movement vor den großen Wirtschaftsgipfeln organisiert wurden, wo der konkrete Prozess der demokratischen Planung der Aktionen eine wichtigere Rolle spielte als die Aktionen selbst; es galt aber noch mehr für die Camps, die 2011 im Rahmen des Arabischen Frühlings entstanden, für die großen Versammlungen in Griechenland und Spanien und schließlich für die Occupy-Bewegung in den USA. Dies waren zugleich direkte Aktionen, praktische Demonstrationen dessen, wie man der Macht reale Demokratie entgegensetzen kann, und Experimente, die zeigen sollten, wie eine echte, nicht-bürokratische soziale Ordnung, die auf der Macht der praktischen Phantasie beruht, aussehen könnte.

Das sind, wie ich meine, die Lehren, die man für die Politik ziehen kann. Wenn man sich den Realitätseffekten der umfassenden strukturellen Gewalt verweigert – der Art und Weise, wie bürokratische Regulierungen unter der schieren Masse und dem Gewicht der schweren Objekte in unserer Umgebung zu verschwinden scheinen, der Gebäude, der Fahrzeuge, der großen Betonbauten, wodurch eine Welt, die durch solche Prinzipien regiert wird, als natürlich und unvermeidlich und alles andere als eine weltfremde Träumerei erscheint –, ist es möglich, der Phantasie Macht zu verleihen. Doch das erfordert auch eine Menge Arbeit und große Anstrengungen.

Macht macht träge. Wenn also unsere vorhergehende theoretische Diskussion über strukturelle Gewalt etwas aufgezeigt hat, dann dies: Während jene, die sich in einer Lage befinden, welche mit Macht und Privilegien verbunden ist, häufig eine schwere Last der Verantwortung empfinden, ist Macht für die anderen meistens etwas, um das man sich nicht sonderlich kümmern muss, über das man auch nicht viel wissen muss und mit dem man nicht viel zu tun hat. Bürokratien können diese Art von Macht demokratisieren, zumindest bis zu einem gewissen Grad, aber sie können sie nicht abschaffen. Sie wird zu einer Form institutionalisierter Trägheit. Ein revolutionärer Umbruch kann das Hochgefühl hervorrufen, dass sich imaginäre Fesseln abschütteln lassen, dass Dinge, die als unmöglich gelten, ganz und gar nicht unmöglich sind. Aber er bedeutet auch, dass die meisten Menschen eine tief verwurzelte Trägheit überwinden und mit einer langwierigen interpretativen (imaginativen) Arbeit beginnen müssen, um diese Realitäten dauerhaft abzusichern.

Ich habe in den vergangenen zwei Jahrzehnten ausführlich darüber nachgedacht, welchen Beitrag die soziale Theorie zu diesem Prozess leisten kann. Wie ich bereits ausführte, kann man die soziale Theorie als eine Art von radikaler Vereinfachung betrachten, als eine Form von kalkulierter Ignoranz, als eine Möglichkeit, Menschen Blendklappen oder Brillen aufzusetzen, die so konstruiert sind, dass sie Muster enthüllen, die man sonst nicht sehen könnte.

Ich habe hier nun versucht, eine Brille aufzusetzen, die eine andere Brille oder Blendklappe sichtbar macht. Deshalb habe ich dieses Buch mit dem Papierkram im Zusammenhang mit der Krankheit und dem Tod meiner Mutter begonnen. Ich wollte die soziale Theorie in jenen Bereichen zur Anwendung bringen, die sich anscheinend am meisten gegen sie sperren. Es gibt tote Zonen, die in unserem Leben zu Verwirrung führen; Bereiche, die so vollkommen frei von jeder Möglichkeit interpretativer Tiefe sind, dass sie sich jedem Versuch widersetzen, ihnen einen Wert oder eine Bedeutung beizumessen. Das sind Räume, wie ich herausgefunden habe, in denen Interpretationsarbeit nicht funktioniert. Dass wir nicht gerne darüber sprechen, überrascht kaum. Sie stoßen die Imagination zurück. Aber ich glaube auch, dass wir die Verantwortung haben, uns ihnen zu stellen, denn wenn wir das nicht tun, laufen wir Gefahr, zu Komplizen jener Gewalt zu werden, die sie hervorbringen.

Lassen Sie mich erklären, was ich damit meine: In der heutigen sozialen Theorie gibt es die Tendenz, die Gewalt zu romantisieren, Gewalthandlungen in erster Linie als Möglichkeit aufzufassen, dramatische Botschaften zu übermitteln, mit Symbolen absoluter Macht, Säuberung und Terror zu spielen. Ich behaupte nicht, dass dies völlig unzutreffend wäre. Die meisten Gewaltakte sind im wörtlichen Sinn auch Terrorakte. Doch ich halte daran fest, dass es die Konzentration auf diese dramatischen Aspekte der Gewalt erleichtert, die Tatsache zu missachten, dass eines der herausragendsten Merkmale der Gewalt und der Situationen, die sie hervorbringt, ihre große Langweiligkeit ist. In amerikanischen Gefängnissen, die außerordentlich gewalttätige Orte sind, besteht die grausamste Form der Bestrafung schlicht darin, eine Person jahrelang in einen leeren Raum einzusperren, wo sie in völliger Untätigkeit ausharren muss. Diese Entziehung jeder Möglichkeit von Kommunikation oder von Sinnhaftigkeit ist der wahre Kern dessen, was Gewalt ausmacht und was sie anrichtet. Ja, jemanden in Einzelhaft zu stecken, ist eine Möglichkeit, dem Betreffenden und den anderen Gefangenen eine Botschaft zu übermitteln. Doch diese Handlung besteht zum großen Teil darin, dass die Möglichkeit unterdrückt wird, noch weitere Botschaften – welcher Art auch immer – zu übermitteln.

Man kann durchaus sagen, dass ein Herr, wenn er seinen Sklaven auspeitscht, in gewisser Weise eine bedeutungsvolle, kommunikative Handlung vollzieht, welche die Notwendigkeit bedingungslosen Gehorsams übermittelt und zugleich ein erschreckendes und mythisches Bild absoluter und willkürlicher Macht darstellt. All das ist zutreffend. Aber es ist etwas anderes, darauf zu beharren, dass dies alles sei, was hier geschieht, oder alles, worüber man in diesem Fall sprechen müsste. Wenn wir nicht nachforschen, was »bedingungslos« tatsächlich bedeutet – dass dem Herrn überhaupt nicht bewusst ist, wie der Sklave die Situation auffasst; dass der Sklave nicht imstande ist, irgendetwas zu sagen, auch wenn ihm klar wird, dass der Herr fehlerhafte Schlussfolgerungen zieht; die Blindheit oder die Dummheit, die daraus resultieren; die Tatsache, dass dies den Sklaven zwingt, noch mehr Energie aufzuwenden, um die verzerrte Wahrnehmung seines Herrn zu verstehen oder vorwegzunehmen –, verrichten wir dann nicht alle, wenn auch in abgemilderter Form, die gleiche Arbeit wie die Peitsche? Es geht in

Wirklichkeit nicht darum, die Opfer zum Reden zu veranlassen. Es geht darum, sich an dem Prozess zu beteiligen, der sie zum Schweigen bringt.

Es gibt noch einen weiteren Grund dafür, warum ich die Geschichte über meine Mutter und die Notarin an den Anfang gestellt habe. Wie meine scheinbar unerklärliche Verwirrung bezüglich der Unterschriften zeigt, können solche toten Zonen jeden, zumindest vorübergehend, als dumm erscheinen lassen. Als ich zum ersten Mal dieses Argument formulierte, war mir noch nicht bewusst, dass die meisten dieser Gedanken bereits in der feministischen Standpunkttheorie entwickelt worden sind. Diese Theorie war so sehr an den Rand gedrängt worden, dass ich kaum etwas über sie wusste. Auf diesen Gebieten werden wir mit einer Art bürokratischem Labyrinth der Blindheit, der Unwissenheit und der Absurdität konfrontiert, und es ist vollkommen verständlich, dass vernünftige Leute es zu meiden versuchen – und tatsächlich besteht die bislang wirksamste Strategie der politischen Befreiung gerade darin, es zu meiden –, zugleich aber gereicht es uns zum eigenen Nachteil, wenn wir so tun, als gäbe es dieses Labyrinth nicht.[39]

2

Von fliegenden Autos und dem Fall der Profitrate

Die heutige Wirklichkeit ist eine Betaversion eines Science-Fiction-Traums. *Richard Barbrook*

Ein heimliches Gefühl der Enttäuschung, der Scham nagt an uns, heute, im 21. Jahrhundert. Niemand aber will es sich eingestehen.

Für Menschen, die sich im Zenit ihres Lebens befinden, in ihren Vierzigern und Fünfzigern, gilt dies ganz besonders, doch eigentlich betrifft es alle. Dieses Gefühl wurzelt in einer tief sitzenden Ernüchterung über die Natur der Welt, in der wir leben, in der Erfahrung eines gebrochenen Versprechens – eines feierlichen Versprechens, das uns gegeben wurde, als wir Kinder waren und das die Erwachsenenwelt betraf, die uns erwarten würde. Ich meine damit nicht das, was man Kindern üblicherweise erzählt (dass es gerecht zugeht in der Welt, dass die Behörden es gut meinen und dass man einen anständigen Lohn erhält, wenn man ordentlich arbeitet), sondern ein besonderes, generationenbezogenes Versprechen – das vor allem jenen gegeben wurde, die in den Fünfziger-, Sechziger-, Siebziger- oder auch noch den Achtzigerjahren Kinder waren –, das aber nie ausdrücklich als Versprechen bezeichnet wurde, sondern eher eine Reihe von Annahmen darüber war, wie unsere Erwachsenenwelt beschaffen sein würde. Und da es nie explizit als Versprechen formuliert wurde, sind wir heute, da es auf spektakuläre Weise widerlegt ist, verwirrt, empört oder beschämt darüber, dass wir jemals so dumm sein konnten, unserer Elterngeneration zu glauben.

Ich meine damit natürlich, dass es heute, im Jahr 2015, noch immer keine fliegenden Autos gibt.

Nun, eigentlich geht es nicht in erster Linie um fliegende Autos. In Wirklichkeit sind mir fliegende Autos egal – zumal ich überhaupt nicht Auto fahre. Ich denke vielmehr an all die technologischen Wunder, die spätestens 2015 Realität sein sollten, wie jedes Kind erwartete, das Mitte bis Ende des 20. Jahrhunderts aufgewachsen ist. Wir alle kennen die Liste: Kraftfelder. Teleportation. Antigravitationsfelder. Tricorder. Traktorstrahlen. Unsterblichkeitspillen. Ausgesetzte Belebung (Scheintod). Androiden. Kolonien auf dem Mars. Wo sind all diese Wunderdinge geblieben? Immer wieder wird lautstark verkündet, dass man kurz davor stehe, einige dieser Dinge zu verwirklichen – Klone zum Beispiel oder die Kyrotechnik oder Anti-Aging-Medikamente oder Tarnumhänge –, aber wenn sich diese Dinge nicht als leere Versprechungen erweisen, was gewöhnlich der Fall ist, dann sind sie in hohem Maße mangelhaft oder untauglich. Spricht man ein beliebiges dieser Projekte an, werden ritualisiert die Wunder des Computers beschworen – warum braucht man einen Antigravitationsschlitten, wenn man ein zweites Leben haben kann? –, als sei dies eine Art unerwarteter Kompensation. Aber auch bei diesen Dingen sind wir nicht annähernd so weit, wie sich die Menschen in den Fünfzigerjahren das heutige Leben vorgestellt haben. Es gibt noch immer keine Computer, mit denen man ein anregendes Gespräch führen kann, oder Roboter, die den Hund ausführen oder die Wäsche bügeln können.

Ich war zum Zeitpunkt der Apollo-Mondlandung acht Jahre alt und weiß noch sehr gut, wie ich mir damals ausrechnete, dass ich im magischen Jahr 2000 39 Jahre alt sein würde, und mir Gedanken darüber machte, wie die Welt um mich herum dann wohl aussehen würde. Habe ich ernsthaft erwartet, in einer Welt voller solcher Wunder zu leben? Natürlich. Jeder hat das getan. Und fühle ich mich heute deswegen betrogen? Zweifellos. Sicherlich habe ich nicht erwartet, dass all die Dinge, von denen man in den Science-Fiction-Romanen las, zu meiner Lebzeit verwirklicht werden würden (und ich erlag nicht der Vorstellung, dass meine Lebensspanne durch irgendwelche neu entdeckten Langlebigkeitsmittel um Jahrhunderte verlängert würde). Hätte man mich damals gefragt, hätte ich wohl vermutet, die Hälfte dieser Dinge in Wirklichkeit zu erleben. Aber ich hätte es nie für möglich gehalten, *gar nichts* davon je zu Gesicht zu bekommen.

Ich habe lange verblüfft und fasziniert verfolgt, dass diese Thematik im öffentlichen Diskurs praktisch überhaupt nicht zur Sprache kam. Ab und zu geistern irgendwelche Spekulationen über fliegende Autos durch das Internet, aber das Thema findet nur geringen Widerhall oder spielt nur eine marginale Rolle. Es wird fast wie eine Art Tabu behandelt. Um die Jahrtausendwende erwartete ich in den Medien eine Debatte von Leuten in den Vierzigern, die sich darüber auslassen, wie man sich die Welt des Jahres 2000 vorgestellt hatte und warum sich alle so stark verschätzt hatten. Ich konnte keinen einzigen Beitrag diesbezüglich finden. Vielmehr gingen alle maßgeblichen Stimmen – linker wie rechter Provenienz gleichermaßen – davon aus, dass tatsächlich eine Welt voller technologischer Wunder entstanden sei.

Dieses Schweigen ist zum großen Teil der Angst zuzuschreiben, dass man sich der Lächerlichkeit preisgeben oder als töricht und naiv eingestuft werden könnte. Wenn man dieses Thema zur Sprache bringt, hört man häufig Antworten wie: »Ach, Sie meinen diesen ganzen Jetson-Quatsch?« Als wäre das alles nur Kinderkram gewesen. Als Erwachsene begriffen wir natürlich, dass diese amerikanische Zeichentrickserie der Sechzigerjahre ein ähnlich realistisches Bild von der vom technischen Fortschritt geprägten Zukunft zeichnete, wie es die *Familie Feuerstein* von der Vergangenheit tat. Aber es war ja nicht nur die Familie Jetson. Alle ernstzunehmenden wissenschaftlichen Präsentationen, die in den Fünfziger-, Sechziger-, Siebziger- und selbst noch in den Achtzigerjahren für Kinder entwickelt wurden – die *Scientific Americans,* die Sendungen im Schulfernsehen, die Vorführungen in den Planetarien der Nationalmuseen –, alle maßgeblichen Wissenschaftler, die uns erläuterten, wie das Universum beschaffen ist und warum der Himmel blau ist, die uns das Periodensystem der Elemente erklärten – auch sie alle gingen davon aus, dass es in der Zukunft Siedlungen auf anderen Planeten, Roboter und Geräte zur Umwandlung von Materie geben und eine Welt entstehen würde, die eher an eine Welt von *Star Trek* erinnert als an unsere heutige.

Dass sich alle diese Fachleute geirrt haben, ruft nicht nur das Gefühl eines großenteils nicht erklärbaren Verrats hervor; es verweist auch auf einige konzeptionelle Probleme bezüglich unseres Redens über die Geschichte, nun da sich die Dinge nicht so entwickelt haben, wie sie es unserer Erwartung nach hätten tun sollen. Es gibt Zusammenhänge, in denen wir die Diskrepanz zwischen den Erwartungen und der Realität nicht einfach wegwischen können. Dazu gehört zweifellos die Science-Fiction. Im 20. Jahrhundert warteten die Schöpfer von Science-Fiction-Filmen mit konkreten Zeitangaben zu ihren futuristischen Phantasien auf. Meistens lagen diese Zeitpunkte nicht mehr als eine Generation in der Zukunft. So ging beispielsweise Stanley

Kubrick im Jahr 1968 davon aus, die Kinogänger würden die Annahme für völlig normal befinden, dass es nur 33 Jahre später, im Jahr 2001, kommerzielle Mondflüge, stadtähnliche Weltraumsiedlungen und Computer mit menschenähnlicher Persönlichkeit geben würde, die Astronauten in einen scheintoten Zustand versetzen würden, während diese zum Jupiter reisten.[1] Die einzige neue Technologie von *2001*, die tatsächlich Wirklichkeit wurde, waren Videotelefone. Aber diese waren bereits 1968 technisch möglich – nur damals schlicht nicht marktfähig, weil niemand ein solches Gerät haben wollte.[2] Ähnliche Probleme ergeben sich, wenn ein bestimmter Autor oder ein bestimmtes Programm einen großen Mythos zu schaffen versucht. Gemäß dem von Larry Niven geschaffenen Universum, das ich als Teenager kennenlernte, leben die Menschen in dieser Dekade (in den 2010er Jahren) unter einer die gesamte Welt umfassenden UNO-Regierung und errichten ihre erste Kolonie auf dem Mond, während sie mit den sozialen Folgen des medizinischen Fortschritts zurechtzukommen versuchen, der eine Klasse unsterblicher reicher Menschen hervorgebracht hat. Im *Star-Trek*-Mythos dagegen, der ungefähr zur selben Zeit entstand, erholt sich die Menschheit gerade von den Eugenischen Kriegen in den Neunzigerjahren, in denen es darum ging, die Herrschaft gentechnisch »verbesserter« Supermänner abzuschütteln – ein Krieg, der dadurch sein Ende fand, dass diese sich in einem sogenannten Schläferschiff ins All absetzten. Die Autoren von *Star Trek* in den Neunzigerjahren waren daher gezwungen, mit wechselnden Zeitlinien und Realitäten zu spielen, um die Ausgangsgrundlage ihrer Geschichten aufrechtzuerhalten.

Im Jahr 1989, als die Autoren von *Zurück in die Zukunft II* pflichtgemäß fliegende Autos und von der Schwerkraft unabhängige Hoverboards gewöhnlichen Teenagern des Jahres 2015 in die Hand gaben, war unklar, ob dies als ernsthafte Vorhersage gemeint war oder eher als bitterer Scherz. Es war jedenfalls eines der letzten diesbezüglichen Beispiele. Spätere von der Science-Fiction erschaffene Zukunftswelten waren zum großen Teil dystopischer Art und ersetzten eine düstere Technikfaszination durch eine Art von Steinzeit-Barbarei, wie etwa in *Cloud Atlas* (Der Wolkenatlas) oder anderen Filmen, die absichtlich ambivalent angelegt sind: Die Autoren sind zurückhaltend bezüglich Zeitangaben, wodurch »die Zukunft« ein Bereich reiner Phantasie wird, nicht viel anders als in Tolkiens *Mittelerde* oder in Robert E. Howards *Cimmeria.* Sie verlagern manchmal sogar wie in *Star Wars* die Zukunft in die Vergangenheit: »vor langer Zeit in einer weit, weit entfernten Galaxie«. Diese Zukunft ist meistens gar keine Zukunft, sondern eher eine Art alternativer Dimension, eine Traumzeit, eine Art von technologischem Anderswo, das in einer künftigen Zeit existiert, ähnlich wie Elfen oder Drachentöter in der Vergangenheit existierten; lediglich ein weiterer Schirm für die Projektion moralischer Dramen und mythischer Phantasien. Die Science-Fiction ist heute zu einem Set von Kostümen geworden, in die man einen Western kleiden kann, einen Kriegsfilm, einen Horrorstreifen, einen Spionagethriller oder einfach nur ein Märchen.

Ich möchte nicht behaupten, dass unsere Gesellschaft das Thema der technologischen Enttäuschung vollständig missachtet hätte. Aber eine gewisse Verlegenheit im Umgang mit dieser Frage hat dazu geführt, dass wir uns nur sehr zögerlich damit befassen. Wie bei vielen anderen kulturellen Traumata wurde der Schmerz verlagert; wir können nur darüber sprechen, wenn wir das Gefühl haben, von irgendetwas anderem zu reden.

Rückblickend habe ich den Eindruck, dass die kulturelle Befindlichkeit, die man als »Postmodernismus« bezeichnet, als ein Nachsinnen über technologische Veränderungen zu verstehen ist, die ausgeblieben sind. Auf diesen Gedanken kam ich, als ich einen der neuen *Star-Wars*-Filme sah. Der Film war schrecklich.

Aber der Qualität und der Faszination der Spezialeffekte konnte ich mich nicht entziehen. Ich erinnerte mich an die unbeholfenen Effekte, die typisch waren für die Science-Fiction-Filme der Fünfzigerjahre, die Raumfahrzeuge aus Blech, die an fast unsichtbaren Leinen gezogen wurden, und dachte daran, wie beeindruckt das damalige Publikum gewesen wäre, wenn es gewusst hätte, was heute alles möglich ist – aber dann wurde mir sofort klar: »Nein, die damaligen Zuschauer wären in Wirklichkeit wohl doch nicht so begeistert gewesen. Sie dachten wahrscheinlich, wir hätten alle diese Dinge heute schon verwirklicht, anstatt uns nur immer ausgeklügeltere Methoden zu ihrer Simulierung auszudenken.«

Das Wort »simulieren« ist der Schlüsselbegriff. Der technologische Fortschritt seit den Siebzigerjahren hat sich größtenteils in den Informationstechnologien vollzogen – also in Technologien der Simulation. Das sind Technologien, die Jean Baudrillard und Umberto Eco als das »Hyperreale« bezeichnet haben – als die Fähigkeit, Imitationen realistischer erscheinen zu lassen als das Original. Die gesamte postmoderne Befindlichkeit, das Gefühl, dass wir in gewisser Weise in eine neue, bisher nicht gekannte historische Phase eingetreten seien, in der wir begreifen, dass es nichts Neues mehr gibt; dass die großen historischen Erzählungen über Fortschritt und Befreiung bedeutungslos sind; dass heute alles Simulation ist, ikonische Wiederholung, Fragmentierung und Persiflage: All dies ergibt nur einen Sinn in einem technologischen Umfeld, in dem die einzigen wirklich bahnbrechenden Neuerungen jene sind, die es erleichtern, virtuelle Projektionen von Dingen, die entweder bereits existieren oder, wie wir nun erkennen, niemals existieren werden, zu schaffen, zu übermitteln und umzugestalten. Gewiss, wenn wir unsere Urlaube in geodätischen Kuppeln auf dem Mars verbringen würden oder mit Kernfusionsanlagen im Taschenformat oder telekinetischen Geräten, die Gedanken lesen können, hantieren würden, würde niemand solche Gedanken äußern. Der »postmoderne« Moment war lediglich ein verzweifelter Versuch, etwas hinzunehmen, das man eigentlich als eine bittere Enttäuschung hätte auffassen müssen und es als etwas Epochales, Aufregendes und Neues auszugeben.

Es ist hervorzuheben, dass in den frühesten Formulierungen der Postmoderne, die weitgehend aus der marxistischen Tradition hervorgingen, ein großer Teil dieses technologischen Subtextes eigentlich kein Subtext war, sondern explizit ausgesprochen wurde. Dazu nachfolgend eine Passage aus dem 1984 erschienen Werk *Postmodernism, or the Cultural Logic of Late Capitalism* von Fredric Jameson:

> Es erscheint angebracht, sich an die Aufregung über die Maschine zu erinnern in jenem Moment des Kapitals, der unserem voranging, an das Hochgefühl des Futurismus und insbesondere an Marinettis Lob des Maschinengewehrs und des Personenkraftwagens. All dies sind nach wie vor sichtbare Embleme, plastische Energieknoten, die den treibenden Energien dieses frühen Augenblicks der Modernisierung Greifbarkeit und Gestalt verleihen … in der Weise, wie revolutionäre oder kommunistische Künstler in den Dreißigerjahren ebenfalls diese Begeisterung über die Maschinenenergie für einen prometheischen Neuaufbau der Gesellschaft insgesamt nutzbar zu machen suchten …
> Es ist unmittelbar erkennbar, dass unser eigener Moment nicht mehr die gleiche Fähigkeit zur Repräsentation besitzt: weder die Turbine noch Sheelers Getreideheber oder Schornsteine, weder die groteske Anordnung von Rohrleitungen und Förderbändern noch das stromlinienförmige Profil der Eisenbahn – alle auf Schnelligkeit ausgelegten Fahrzeuge, die, auch wenn sie ruhen, konzentriert wirken –, sondern der Computer, dessen äußere Hülle keinerlei emblematische oder visuelle Kraft ausstrahlt, oder auch die Gehäuse der unterschiedlichen Medien, wie etwa

> dieses Heimgeräts, das als Fernseher bezeichnet wird und das nichts äußert, sondern vielmehr implodiert und seine abgeflachte Bildoberfläche in sich selbst trägt.[3]

Während einst die reine physische Kraft der Technologien selbst uns ein Gefühl dafür vermittelte, dass die Geschichte voranschreitet, sind wir heute darauf beschränkt, mit Schirmen und Bildern zu spielen.

Jameson schlug als erster vor, den Begriff »Postmodernismus« auf jene kulturelle Logik zu beziehen, die der neuen Entwicklungsphase des Kapitalismus entspricht, einer Phase, die Ernest Mandel bereits 1972 als eine »dritte technologische Revolution« bezeichnet hatte. Die Menschheit, so erläuterte Mandel, stehe an der Schwelle zu einer Transformation, die ähnlich tiefgreifend sein werde, wie es die agrarische und die industrielle Revolution gewesen waren: eine Umwälzung, in der Computer, Roboter, neue Energiequellen und neue Informationstechnologien schließlich die herkömmliche Industriearbeit ersetzen würden – das »Ende der Arbeit«, wie es bald genannt wurde – und wir alle zu Konstrukteuren und Computertechnikern werden und kybernetische Fabriken die Produktion übernehmen würden, wie die irrwitzigen Visionen lauteten.[4] Die These vom Ende der Arbeit wurde in den späten Siebziger- und frühen Achtzigerjahren immer populärer, als radikale Denker darüber nachsannen, wie es sich auf den traditionellen Kampf der Arbeiterklasse auswirken würde, wenn es keine Arbeiterklasse mehr gab. Die Antwort: Er würde sich zur Gruppeninteressenpolitik wandeln.

Jameson nahm sich vor, dem Bewusstsein und den historischen Befindlichkeiten nachzuspüren, die sich in diesem heraufziehenden neuen Zeitalter entwickeln würden. Aber wie wir alle wissen, haben diese technologischen Durchbrüche nicht stattgefunden. Tatsächlich ermöglichten die Verbreitung der

Informationstechnologien und die Entwicklung neuer Formen der Organisation des Transports – die Containerverschiffung zum Beispiel –, dass die industriellen Arbeitsplätze nach Ostasien, Lateinamerika und in andere Länder ausgelagert wurden, wo es die Verfügbarkeit billiger Arbeitskräfte den Herstellern ermöglichte, technologisch wesentlich weniger aufwendige und ausgeklügelte Produktionsketten aufzubauen, als es zu Hause erforderlich gewesen wäre. Aus der Perspektive der Einwohner Europas oder Nordamerikas, vielleicht auch noch Japans, schienen die Ergebnisse auf den ersten Blick weitgehend den Vorhersagen zu entsprechen. »Schmutzige« Industrien verschwanden nach und nach; die Arbeitsplätze wurden unterteilt in eine untere Schicht von Dienstleistungsarbeitern und eine höhere Schicht, die in klinisch reinen Blasen saß und mit Computern spielte. Doch dahinter verbarg sich das Unbehagen, dass diese ganze post-industrielle Zivilisation im Grunde eine Täuschung war. Unsere aufwendig entworfenen Hightech-Sportschuhe wurden nicht von intelligenten Robotermenschen oder mittels sich selbst replizierender molekularer Nanotechnologie hergestellt: Sie wurden vielmehr auf dem heutigen Äquivalent der alten Singer-Nähmaschinen gefertigt, von den Töchtern mexikanischer und indonesischer Bauern, die im Gefolge der von der WTO und der NAFTA geförderten Handelsabkommen von ihrem angestammten Land vertrieben worden waren. Dieses Schuldbewusstsein, so scheint es mir, stand hinter der postmodernen Befindlichkeit, ihrer Glorifizierung des endlosen Spiels mit Bildern und Oberflächen und ihrem Beharren darauf, dass alle diese modernistischen Narrative, die diesen Bildern Tiefe und Realität verleihen sollten, sich als Lügen herausgestellt hatten.

Warum also hat sich die vorhergesagte Explosion des technologischen Wachstums, die alle erwartet haben – die Mondbasen, die vollautomatischen Fabriken – nicht eingestellt? Logisch betrachtet gibt es dafür nur zwei Erklärungsmodelle. Entweder waren unsere Erwartungen bezüglich der Geschwindigkeit des technologischen Wandels unrealistisch, und in diesem Fall müssen wir uns fragen, warum so viele intelligente Leute dieser falschen Einschätzung erlagen. Oder unsere Erwartungen waren nicht von vornherein unrealistisch, aber dann müssen wir uns die Frage stellen, was geschehen ist, das dazu geführt hat, dass die technische Entwicklung so weit vom Kurs abgekommen ist.

Wenn sich Kulturtheoretiker heute mit dieser Frage befassen – was sie nur sehr selten tun –, entscheiden sie sich stets für die erste Möglichkeit. Meistens wird das Problem dann auf die Illusionen zurückgeführt, die im Zuge des Wettlaufs im All während des Kalten Krieges entstanden sind. Warum, so wird gefragt, waren sowohl die USA wie auch die Sowjetunion in den Fünfziger-, Sechziger- und Siebzigerjahren so besessen von der Idee der bemannten Raumfahrt? Das ist noch nie eine effiziente Möglichkeit gewesen, die wissenschaftliche Forschung voranzutreiben. Hatte dies nicht vielleicht damit zu tun, dass beide Nationen, die Amerikaner und die Russen, im vorhergehenden Jahrhundert Gesellschaften von Pionieren gewesen waren, von denen die eine nach Westen vordrang und die andere nach Sibirien? Verband sie nicht beide der Glaube an den Mythos einer grenzenlosen, expandierenden Zukunft, der Besiedlung großer, leerer Flächen. Ein Glaube, der bei den Führern der beiden Supermächte die Überzeugung entstehen ließ, dass sie in ein neues »Weltraumzeitalter« eingetreten seien, in dem der Kampf um die Zukunft im Mittelpunkt stand? Und brachte dieser Kampf nicht auf beiden Seiten völlig unrealistische Vorstellungen darüber hervor, wie diese Zukunft beschaffen sein würde?[5]

Das ist offenkundig nicht völlig von der Hand zu weisen. Es waren machtvolle Mythen im Spiel. Doch die meisten großen Projekte von Menschen wurzeln in einer Art mythischer

Vision – dies allein sagt noch nichts aus, weder in der einen noch der anderen Richtung, über die Realisierbarkeit des Projekts. In diesem Kapitel möchte ich der zweiten Möglichkeit nachspüren. Meiner Meinung nach gibt es gute Gründe für die Annahme, dass zumindest einige dieser Visionen nicht von vornherein unrealistisch waren – und zumindest einige dieser Science-Fiction-Phantasien (wir können jetzt noch nicht sagen, welche) tatsächlich hätten verwirklicht werden können. Der offensichtlichste Grund besteht darin, dass dies in der Vergangenheit regelmäßig geschehen ist. Wer um die Jahrhundertwende aufgewachsen ist, die Romane von Jules Verne oder H. G. Wells las und sich vorzustellen versuchte, wie die Welt beispielsweise um 1960 aussehen würde, hätte sich wohl eine Welt mit fliegenden Maschinen, Raketenschiffen, Unterseebooten, neuen Energiequellen und drahtloser Kommunikation vorgestellt – und ziemlich genau das haben die Menschen dann auch bekommen. Wenn es um 1900 nicht unrealistisch war, davon zu träumen, dass der Mensch zum Mond fliegen würde, warum war es dann in den Sechzigerjahren unrealistisch, von Raketenrucksäcken und Roboterwaschmaschinen zu träumen? Wenn zwischen 1750 und 1950 in regelmäßigen Abständen neue Energieformen aufkamen (Dampfkraft, Elektrizität, Benzin, Atomkraft …), war es dann so unrealistisch, damit zu rechnen, dass wir danach zumindest noch eine weitere neue Energiequelle entdecken würden?

Es gibt Grund zu der Annahme, dass sich bereits in den Fünfziger- und Sechzigerjahren das tatsächliche Tempo des wissenschaftlichen Fortschritts zu verlangsamen begann, nachdem dieser in der ersten Hälfte des Jahrhunderts noch so unaufhaltsam vorangestürmt war. In den Fünfzigerjahren gab es gewissermaßen noch eine letzte Welle an Innovationen, als in schneller Folge der Mikrowellenherd (1954), die Antibabypille (1957) und die Lasertechnik (1958) aufkamen. Doch seither haben die meisten technologischen Neuerungen entweder die Form geschickter Verbindungen bestehender Technologien angenommen (wie beim Wettlauf im All) oder bestanden aus der Weiterentwicklung vorhandener Technologien zu Konsumzwecken. Das bekannteste Beispiel in diesem Zusammenhang ist der Fernseher, der 1926 erfunden, aber erst ab den späten Vierziger- und frühen Fünfzigerjahren als Massenprodukt hergestellt wurde und dem Bemühen diente, eine neue Konsumnachfrage zu schaffen, damit die amerikanische Wirtschaft nicht wieder in die Depression zurückfiel. Doch der Wettlauf im All förderte die Verbreitung der Vorstellung, dass sich die Menschheit in einer Zeit bemerkenswerter Fortschritte befinde, und in der Öffentlichkeit setzte sich in den Sechzigerjahren der allgemeine Eindruck durch, dass sich das Tempo des technologischen Wandels in erschreckender, unkontrollierbarer Weise gesteigert habe. Alvin Tofflers Bestseller *Future Shock* aus dem Jahr 1970 kann als eine Art Hochwassermarke für dieses Denken eingestuft werden. Rückblickend betrachtet, ist es ein faszinierendes und höchst aufschlussreiches Buch.[6]

Toffler vertrat die Auffassung, dass sich nahezu alle sozialen Probleme der Sechzigerjahre auf die steigende Geschwindigkeit des technologischen Wandels zurückführen ließen. Durch die schier endlose Abfolge wissenschaftlicher Durchbrüche, welche die Grundlagen unseres alltäglichen Daseins untergruben, erklärte er, würde bei den Amerikanern ein Gefühl der Orientierungslosigkeit und der Verunsicherung entstehen bezüglich ihrer Vorstellungen von einem normalen Leben. Dies sei besonders offenkundig im Hinblick auf die Familie, wo nicht nur die Antibabypille, sondern auch die Möglichkeit einer Befruchtung im Reagenzglas, von Retortenbabys sowie von Samen- und Eizellspenden die herkömmliche Idee der Mutterschaft als überholt erscheinen ließen. Toffler registrierte ähnliche Entwicklungen in allen Bereichen des gesellschaftlichen Lebens – nichts konnte mehr als selbstverständlich betrachtet werden. Und die Menschen waren psychologisch nicht auf diese Veränderungen vorbereitet. Er prägte für dieses Phänomen den Begriff »Beschleunigungsschub«. Diese Beschleunigung des Tempos des technischen Fortschritts habe eigentlich schon mit der Industriellen Revolution begonnen, doch etwa ab 1850, erklärte er, sei dieser Effekt unübersehbar geworden. Nicht nur veränderte sich alles um uns herum, das meiste davon – der Umfang des menschlichen Wissens, die Größe der Bevölkerung, das wirtschaftliche Wachstum, die Menge an Energie, die verbraucht wurde – veränderte sich exponentiell. Toffler war überzeugt, dass die einzige Lösung darin bestand, diesen Prozess einer Art von demokratischer Kontrolle zu unterwerfen – durch die Schaffung von Institutionen, die imstande waren, neue Technologien und ihre Auswirkungen zu beurteilen, Technologien zu unterbinden, die mit hoher Wahrscheinlichkeit gesellschaftlich schädliche Folgen nach sich ziehen würden, und die gesamte Entwicklung in eine Richtung zu lenken, die den sozialen Frieden förderte.

Das Faszinierende ist, dass Toffler zwar viele der historischen Trends zutreffend beschrieb, das Buch jedoch zu einer Zeit erschien, als die meisten dieser Entwicklungen schon an ihrem Ende angekommen waren. So begann genau um 1970 das Wachstum der wissenschaftlichen Fachzeitschriften, die auf der Welt veröffentlicht wurden, und deren Zahl sich seit 1685 ungefähr alle 15 Jahre verdoppelt hatte, allmählich abzuflachen. Gleiches gilt für die Zahl der Bücher und der Patente. In anderen Bereichen verlangsamte sich das Wachstum nicht nur – es kam völlig zum Stillstand. Tofflers Bezeichnung »Beschleunigungsschub« erwies sich als äußerst unglücklich gewählt. Während des größten Teils der Menschheitsgeschichte betrug die schnellste Reise- oder Fortbewegungsgeschwindigkeit des Menschen ungefähr 25 Meilen pro Stunde (ca. 40 Kilometer pro Stunde). Bis zum

Jahr 1900 stieg sie auf etwa 100 Meilen pro Stunde (160 km/h), und in den folgenden sieben Jahrzehnten nahm sie tatsächlich exponentiell zu. Im Jahr 1970, als Toffler sein Buch schrieb, stand der Rekord für die menschliche Reisegeschwindigkeit bei 24 791 Meilen pro Stunde (38 897 km/h) und war 1969, nur ein Jahr vorher, von der Besatzung von Apollo 10 bei ihrer Rückkehr in die Erdatmosphäre aufgestellt worden. Bei dieser exponentiellen Steigerung erschien die Annahme vernünftig, die Menschheit würde in einigen Jahrzehnten fremde Sonnensysteme erforschen. Doch seit 1970 hat es keinen weiteren Anstieg mehr gegeben. Der Rekord für die schnellste Fortbewegung von Menschen bleibt bei der Besatzung von Apollo 10. Ein Jahr später, 1971, erreichte zwar die maximale Geschwindigkeit von Verkehrsflugzeugen mit der Concorde einen neuen Spitzenwert von 14 000 Meilen pro Stunde (22 530 km/h), doch seither sind die Flugzeuge nicht nur nicht mehr schneller geworden – ihre Geschwindigkeit ist nach der Außerbetriebnahme der Concorde 2003 sogar zurückgegangen.[7]

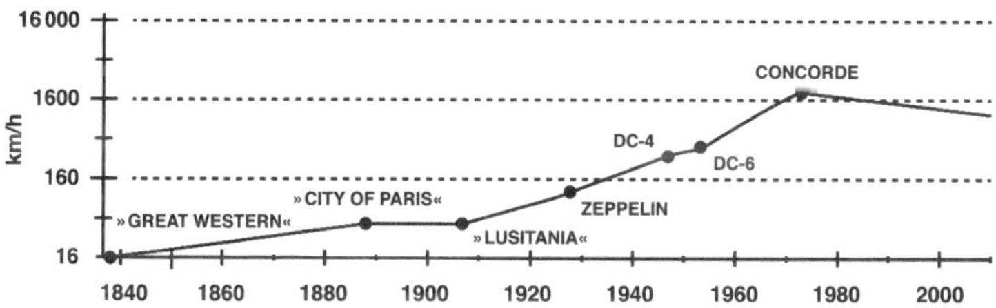

Dass sich Toffler in nahezu allen Belangen irrte, war seiner Karriere nicht abträglich. Charismatischen Propheten kann es nicht viel anhaben, wenn sich ihre Prophezeiungen nicht bewahrheiten. Toffler verschaffte sich neues analytisches Rüstzeug und kam ungefähr jedes Jahrzehnt mit neuen spektakulären Vorhersagen heraus, die stets große öffentliche Resonanz und Zustimmung fanden. Im Jahr 1980 veröffentlichte er das Buch *The Third*

Wave,[8] dessen Argumentation sich unmittelbar auf Ernest Mandels »dritte technologische Revolution« stützte – doch während Mandel die Auffassung vertrat, diese Veränderungen würden das Ende des Kapitalismus einläuten, ging Toffler schlicht von der Annahme aus, dass der Kapitalismus ewig bestehen würde. Um 1990 wurde Toffler zum intellektuellen Ziehvater des US-Kongressabgeordneten Newt Gingrich, der behauptete, sein 1994 vorgelegter »Vertrag mit Amerika« sei zumindest teilweise von der Annahme inspiriert worden, dass Amerika von einer antiquierten, materialistischen und industriell geprägten Denkhaltung zu einer neuen, vom freien Markt und dem Informationszeitalter bestimmten Zivilisation der Dritten Welle übergehen müsse.

Hier haben wir es mit einer Vielzahl ironischer Wendungen zu tun. Eine der bedeutendsten realen Folgen von *Zukunftsschock* bestand darin, dass die US-Regierung 1972 ein Office of Technology Assessment (OTA) einrichtete, das mehr oder weniger eine Reaktion auf Tofflers Forderung nach einer demokratischen Aufsicht über potenziell gefährliche Technologien war. Nachdem Gingrich 1995 als Führer der republikanischen Mehrheit die Kontrolle über den US-Kongress erlangt hatte, gehörte es zu seinen ersten Maßnahmen, das OTA als ein Beispiel für eine nutzlose Behörde einzustufen und ihm die Geldmittel zu streichen. All dies schien Toffler nicht aus der Fassung zu bringen. Mittlerweile hatte er den Versuch schon seit langem aufgegeben, durch öffentliche Appelle die Politik zu beeinflussen oder auch nur auf die politische Debatte Einfluss zu nehmen; er lebte vielmehr davon, für Firmenchefs und zahlreiche Denkfabriken von Konzernen Seminare zu veranstalten. Seine Erkenntnisse waren gewissermaßen privatisiert worden.

Gingrich bezeichnete sich selbst gerne als einen »konservativen Zukunftsforscher«. Das mag widersprüchlich erscheinen, doch wenn man Tofflers Arbeit rückblickend betrachtet, zeigt sich, dass sich die politischen Konzepte des Meisters und des Schülers genau deckten, und es überrascht eher, dass manche ihn anders einschätzen konnten. Der Gedankengang, der in *Zukunftsschock* vertreten wird, ist gewissermaßen die Definition des Konservatismus. Der Fortschritt wurde stets als ein Problem dargestellt, das gelöst werden müsse. Tofflers Lösung bestand zwar darin, Formen demokratischer Kontrolle zu entwickeln, in der Praxis aber bedeutete »demokratisch« offenkundig »bürokratisch«: die Einrichtung eines Expertengremiums, das entscheiden sollte, welche Erfindungen zugelassen und welche zur Seite geschoben werden sollten. Toffler kann man am besten als eine jüngere, intellektuell leichtergewichtige Ausgabe des Sozialtheoretikers Auguste Comte aus dem 19. Jahrhundert bezeichnen. Auch Comte hatte das Gefühl, an der Schwelle zu einem neuen Zeitalter zu stehen – in seinem Fall war es das Industriezeitalter, das durch den unaufhaltsamen Fortschritt der Technologie hervorgebracht wurde. Zudem vermutete er, die sozialen Verwerfungen seiner Zeit würden dadurch verursacht, dass es nicht gelungen war, die gesellschaftliche Ordnung an die neue Entwicklung anzupassen. Die alte Feudalordnung hatte nicht nur die katholische Theologie hervorgebracht, eine Art des Denkens über die Stellung des Menschen im Universum, die optimal zur Sozialordnung dieser Zeit passte, sondern auch eine institutionelle Struktur, die Kirche, die diese Ideen auf eine Weise bestärkte und vermittelte, die jedem Menschen ein Gefühl von Bedeutung und Zugehörigkeit geben konnte. Das moderne Industriezeitalter brachte sein eigenes Ideensystem hervor – die Wissenschaft –, doch den Wissenschaftlern gelang es nicht, etwas Vergleichbares wie die katholische Kirche zu schaffen. Comte zog den Schluss, dass man eine neue Wissenschaft entwickeln müsse, die er als »Soziologie« bezeichnete. Diese Soziologen hätten die Rolle von Priestern in einer neuen Religion der Gesellschaft zu übernehmen, die dem Volk

Liebe zur Ordnung und zur Gemeinschaft vermitteln sowie Arbeitsdisziplin und patriarchalische Familienwerte nahe bringen sollte. Toffler war weniger ehrgeizig: Seine Futurologen sollten keine Priester sein. Doch er teilte die Auffassung, dass die Technologie die Menschheit an die Schwelle zu einem großen historischen Durchbruch führte. Er teilte auch die Angst vor einem gesellschaftlichen Zerfall und legte daher ebenso großen Wert auf die Aufrechterhaltung der geheiligten Rolle der Mutterschaft – Comte wollte das Bild einer Schwangeren in die Fahne seiner religiösen Bewegung aufnehmen.

Gingrich hatte noch einen weiteren geistigen Ziehvater, der unverhohlen religiös war: George Gilder, ein libertärer Theologe und Autor unter anderem eines Newsletters mit dem Titel »Gilder Technology Report«. Auch Gilder beschäftigte sich eingehend mit dem Zusammenhang von Technologie und sozialem Wandel, doch auf eine eigenartige Weise war er wesentlich optimistischer gestimmt. Er stützte sich auf eine noch radikalere Variante von Mandels These der Dritten Welle und verkündete, dass die in den Siebzigerjahren durch den Aufstieg des Computers in Gang gesetzte Entwicklung ein wahrhaftiger »Sturz der Materie« sei. Die alte materialistische, industrielle Gesellschaft, in der Wert aus physischer Arbeit geschaffen wurde, wurde abgelöst durch ein Informationszeitalter, in dem Wert unmittelbar aus dem Geist von Unternehmern erwuchs, ganz ähnlich wie die Welt einst durch den Geist Gottes aus dem Nichts erschaffen worden war, ganz ähnlich wie das Geld in einer angebotsorientierten Wirtschaft aus dem Nichts von der Federal Reserve erschaffen wurde und in die Hände von kreativen, wertschöpfenden Kapitalisten wanderte. Eine angebotsorientierte Wirtschaftspolitik, so folgerte er, werde dafür sorgen, dass die Investitionen von alten staatlichen Spielereien wie dem Raumfahrtprogramm abgezogen und in die produktiveren Informations- und Medizintechnologien verlagert werden würden.

Gilder, der zu Beginn seines politischen Wirkens verkündet hatte, er wolle »Amerikas führender Antifeminist« werden, vertrat darüber hinaus die Auffassung, dass eine solche gesunde Entwicklung nur durchgesetzt werden könne, wenn die traditionellen Familienwerte aufrechterhalten werden. Er forderte allerdings nicht die Schaffung einer neuen Gesellschaftsreligion. Das hielt er nicht für erforderlich, da er glaubte, dass diese Aufgabe von der Bewegung der evangelikalen Christen erfüllt werden könne, die bereits im Begriff waren, ein eigenartiges Bündnis mit der libertären Rechten einzugehen.[9]

Es wäre wohl verfehlt, sich allzu lange mit diesen exzentrischen Charakteren zu befassen, wie einflussreich sie auch gewesen sein mögen. Zum einen kamen sie relativ spät. Wenn es eine bewusste oder halb-bewusste Verlagerung der Investitionen von Forschungsvorhaben, die zu besseren Raketen und Robotern führen sollten, hin zu Projekten gab, die Dinge wie Laserdrucker und Computertomographen hervorbrachten, dann hatte sie bereits vor dem Erscheinen von Tofflers *Future Shock* (1970) und erst recht von Gilders *Wealth and Poverty* (1981) begonnen.[10] Ihr Erfolg zeigte allerdings, dass die Themen, die diese Männer zur Sprache brachten – die Sorge, dass die bestehenden Muster der technologischen Entwicklung zu sozialen Verwerfungen würden und dass die technische Entwicklung in Richtungen gelenkt werden müsse, die nicht die bestehenden Autoritätsstrukturen in Frage stellten – in den höchsten Kreisen der Macht auf offene Ohren stießen. Es besteht sogar Grund zu der Annahme, dass Staatsmänner und Industriekapitäne bereits seit geraumer Zeit über diese Fragen nachdachten.[11]

Wie ging es nun weiter? Im Rest dieses Kapitels, das sich in drei Teile gliedert, gehe ich auf eine Reihe von Faktoren ein, die meines Erachtens dazu beigetragen haben, dass die technischen Zukunftswelten, die wir alle erwartet haben, nicht Wirklichkeit geworden sind. Diese Faktoren teilen sich in zwei Gruppen. Die eine Gruppe ist im weiteren Sinn politisch und hat mit der absichtlichen Verlagerung von Forschungsinvestitionen zu tun; die andere ist bürokratischer Art und hängt mit einer Veränderung der Natur der Systeme zusammen, welche die wissenschaftliche und technologische Forschung organisieren.

These

Beginnend in den Siebzigerjahren, gab es anscheinend eine grundlegende Verlagerung der Investitionen; von Technologien, die mit der Möglichkeit der Schaffung alternativer Zukunftswelten verbunden waren, hin zu Technologien, die Arbeitsdisziplin und soziale Kontrolle fördern.

> »Die Bourgeoisie kann nicht existieren, ohne die Produktionsinstrumente, also die Produktionsverhältnisse, also sämtliche gesellschaftlichen Verhältnisse fortwährend zu revolutionieren. … Alle festen, eingerosteten Verhältnisse mit ihrem Gefolge von altehrwürdigen Vorstellungen und Anschauungen werden aufgelöst, alle neugebildeten veralten, ehe sie verknöchern können. Alles Ständische und Stehende verdampft, alles Heilige wird entweiht, und die Menschen sind endlich gezwungen, ihre Lebensstellung, ihre gegenseitigen Beziehungen mit nüchternen Augen anzusehen.«
>
> Karl Marx und Friedrich Engels, *Manifest der Kommunistischen Partei* (1847)

Ich habe erklärt, dass auch der Spaß eine wichtige Rolle spielte, dass es sich um eine unmittelbare Zurückweisung jener Art von Ethik und Moral handelte, die im Land propagiert wurde, um die Menschen in ihrem Hamsterrad zu halten, das keinen Sinn

> ergab, denn in wenigen Jahren würden ohnehin Maschinen die Arbeit erledigen, dass es ein Wertesystem gab, das den Menschen beibrachte, ihr Vergnügen hintanzustellen, all ihr Geld auf die Bank zu bringen, eine Lebensversicherung abzuschließen und sich alle möglichen Dinge zu kaufen, die für unsere Generation keinerlei Bedeutung besaßen.«
>
> Abbie Hoffman, aus dem Prozess gegen die Chicago Seven (1979)

Seit seiner Entstehung im 18. Jahrhundert hat das als »Industriekapitalismus« bezeichnete System mit enormer Geschwindigkeit wissenschaftlichen Fortschritt und technologische Innovationen hervorgebracht, und zwar in einem bislang ungekannten Ausmaß in der menschlichen Geschichte. Seine Verfechter haben dies stets als letztliche Rechtfertigung angeführt für die Ausbeutung, das Elend und die Zerstörung sozialer Gemeinschaften, die dieses System ebenfalls nach sich gezogen hat. Selbst seine berühmtesten Kritiker, Karl Marx und Friedrich Engels, waren dazu bereit, den Kapitalismus zumindest dafür zu rühmen, dass er die Entfesselung der »Produktivkräfte« ermöglicht habe. Marx und Engels glaubten auch, dass diese Tendenz, oder genauer gesagt, das Bedürfnis des Kapitalismus zur ständigen Umwälzung der Mittel der industriellen Produktion, schließlich zu seinem Untergang führen würde.

Könnte es sein, dass sie Recht hatten? Und könnte es auch sein, dass die Kapitalisten als Klasse dies in den Sechzigerjahren zu erkennen begonnen haben?

Marx hob insbesondere darauf ab, dass Wert und damit Gewinn aus bestimmten technischen Gründen nur aus menschlicher Arbeit bezogen werden kann. Der Wettbewerb zwingt die Fabrikeigentümer dazu, die Produktion zu mechanisieren, um die Arbeitskosten zu senken. Doch während dies dem einzelnen Unternehmen kurzfristig zum Vorteil gereicht, führt diese Mechanisierung zu einem Rückgang der Profitrate der Unternehmen insgesamt. Seit fast zwei Jahrhunderten diskutieren die Ökonomen darüber, ob das wirklich stimmt. Aber wenn es zutrifft, dann ergibt die anderenfalls rätselhafte Entscheidung der Industriellen durchaus Sinn, keine Forschungsgelder in Roboterfabriken zu stecken, womit jedermann in den Sechzigerjahren rechnete, sondern vielmehr arbeitsintensivere, mit einfacher Technik ausgestattete Fabriken in China oder im Globalen Süden zu errichten.[12]

Ich habe bereits festgestellt, dass die Geschwindigkeit der technologischen Innovationen in den produktiven Prozessen – den Fabriken – wahrscheinlich schon in den Fünfziger- und Sechzigerjahren abgenommen hat. Doch offenkundig sah es zu dieser Zeit noch nicht danach aus. Dass ein gegenteiliger Eindruck entstand, hatte zum großen Teil mit den Nebenwirkungen der Rivalität zwischen den USA und der Sowjetunion zu tun. Dies kam auf zweierlei Weise zum Tragen. Das eine war eine bewusste Politik: Im Kalten Krieg verwandten die amerikanischen Industrieplaner[13] große Anstrengungen darauf, vorhandene Technologien an die Bedürfnisse der Konsumenten anzupassen, um ein Gefühl wachsenden Wohlstands und gesicherten Fortschritts zu erzeugen, das, wie man hoffte, radikalen Forderungen der Arbeiterbewegung das Wasser abgraben würde. Die berühmte »Küchendebatte« von 1959 zwischen Richard Nixon und Nikita Chruschtschow brachte diese Politik anschaulich zum Ausdruck. »Ihr kommunistischer ›Arbeiterstaat‹ mag uns im Weltall geschlagen haben«, verkündete Nixon freimütig, »aber es ist der Kapitalismus, der neue Technologien hervorbringt wie beispielsweise Waschmaschinen, die das Leben der arbeitenden Massen verbessern.« Der andere Bereich war das Wettrennen im All. In beiden Fällen ging die Initiative von der Sowjetunion aus. Den Amerikanern fällt die Erinnerung schwer, weil sich die Sowjetunion nach dem Ende des Kalten Krieges in der öffentlichen Wahrnehmung so schnell von einem furchteinflößenden Rivalen zu einem hoffnungslosen Fall wandelte – zum Musterbeispiel einer Gesellschaft, die »nicht funktioniert«. In den Fünfzigerjahren jedoch quälte viele amerikanische Planer der Verdacht, dass das sowjetische System vielleicht doch besser funktionieren könnte als ihr eigenes. Ihnen war durchaus bewusst, dass die Sowjetunion in den Dreißigerjahren, als die USA unter der Depression litten, fast beispiellose jährliche wirtschaftliche Wachstumsraten von 10 bis 12 Prozent erzielte – eine Leistung, die nicht zuletzt die Aufstellung der großen Panzerarmeen ermöglichte, die schließlich Hitler niederwarfen, und den Start des Sputniks 1957, dem 1961 das erste bemannte Raumfahrzeug, die Wostok, folgte. Als Chruschtschow Nixon versicherte, dass in sieben Jahren der sowjetische Lebensstandard jenen der Amerikaner übertreffen werde, fürchteten viele Amerikaner, dass der Russe Recht behalten könnte.

Häufig wird gesagt, die Apollo-Mondladung sei die größte historische Errungenschaft des Sowjetkommunismus gewesen. Zweifellos hätten die USA niemals einen solchen Kraftakt erwogen, wenn es nicht die Weltraumambitionen des sowjetischen Politbüros gegeben hätte. Schon diese Bezeichnung klingt etwas eigenartig. »Weltraumambitionen«? Wir denken beim sowjetischen Politbüro immer an eine Gruppe einfallsloser grauer Bürokraten, und die Sowjetunion wurde auch zweifellos von Bürokraten regiert, doch es waren von Anfang an Bürokraten, die große, erstaunliche Träume zu träumen wagten. Natürlich erwiesen sich die meisten ihrer großangelegten Projekte – die Umleitung der großen Flussläufe und dergleichen – entweder als ökologisch und sozial katastrophal oder wurden nie auf den Weg gebracht – wie Stalins geplanter hundertstöckiger Sowjetpalast, der von einer zwanzig Stockwerke hohen Lenin-Statue gekrönt werden sollte. Und nach den anfänglichen Erfolgen des sowjetischen Raumfahrtprogramms kamen die meisten weiteren Projekte über das Reißbrett nicht hinaus. Doch die Führung der UdSSR entwickelte immer wieder neue Pläne und Vorhaben. Noch in den Achtzigerjahren, als sich die USA mit ihrem letzten – ebenfalls erfolglosen – Großprojekt *Star Wars* abmühten, tüftelte die Sowjetunion an Mitteln und Wegen, die Welt durch den kreativen Einsatz der Technologie zu verändern. Die meisten dieser Projekte sind heute außerhalb von Russland vergessen, doch es wurden enorme Ressourcen in sie investiert. Abgesehen von Star Wars, das ein rein militärisches Projekt war und dazu diente, die Sowjetunion in die Knie zu zwingen, muss man betonen, dass die meisten Pläne friedlicher Natur waren. Wie zum Beispiel der Versuch, das Hungerproblem der Welt zu lösen durch ein essbares Bakterium namens Spirulina, das aus den Meeren und Seen geerntet werden sollte; oder die Lösung des Energieproblems der Welt durch einen wahrhaft bahnbrechenden Plan, der die Errichtung von Hunderten von Solarkraftanlagen im All vorsah, die ihren Strom zur Erde zurückschicken sollten.[14]

Sogar das goldene Zeitalter der Science-Fiction, die ihren Höhepunkt in den Fünfziger- und Sechzigerjahren erreichte und als erste das Standardrepertoire künftiger Erfindungen entwickelte – Kraftfelder, Traktorstrahlen, Warp-Antriebe –, die heute jedem Achtjährigen geläufig sind (ebenso wie er weiß, dass Knoblauch, Kreuze, Pfähle und Sonnenlicht am besten dazu geeignet sind, Vampire zu töten), fand in den USA und in der Sowjetunion gleichzeitig statt.[15] Man betrachte zum Beispiel *Star Trek,* die Quintessenz der amerikanischen Mythologie. Ist nicht die Föderation der Planeten – mit ihrem hehren Idealismus, der strengen militärischen Disziplin und der offenkundigen Abwesenheit sowohl von Klassenunterschieden als auch von allen Anzeichen einer Mehrparteiendemokratie – in Wirklichkeit nur eine amerikanisierte Vision einer besseren, schöneren Sowjetunion, und noch dazu einer Sowjetunion, die »funktioniert«?[16]

Besonders bemerkenswert bei *Star Trek* finde ich, dass nicht nur jegliche Anzeichen von Demokratie fehlen, sondern dass dies auch niemand zu erkennen scheint. Da das *Star-Trek*-Universum umfangreich dargestellt und aufbereitet wurde in einer Vielzahl von Fernsehserien, Kinofilmen, Büchern und Comics und sogar Enzyklopädien, ganz zu schweigen von den unzähligen Fanpublikationen, musste irgendwann auch die Frage nach der politischen Verfassung der Föderation aufkommen. Und als es so weit war, konnte niemand ernsthaft bestreiten, dass es *keine* Demokratie sei. Also wurden pflichtschuldig einige verspätete Bezüge eingestreut, aus denen hervorging, dass es einen gewählten Präsidenten und ein Gesetzgebungsorgan gebe. Aber das ist bedeutungslos. In der gesamten Darbietung fehlen alle Hinweise auf eine echte Demokratie – keine Figur spricht jemals in irgendeinem Zusammenhang von Wahlen, politischen Parteien, strittigen Themen, Meinungsbefragungen, politischen Slogans, Plebisziten, Protesten oder Wahlkämpfen. Beruht die »Demokratie« der Föderation auf einem Parteiensystem? Wenn ja, was sind das für Parteien? Welche Philosophie repräsentieren sie oder welche Kernwählerschaft sprechen sie an? In 726 Episoden erhalten wir dafür nicht den geringsten Anhaltspunkt.[17]

Man könnte einwenden, dass die Charaktere Teil der Star Fleet sind. Sie gehören zum Militär. Das ist richtig, doch in echten demokratischen Gesellschaften oder auch in konstitutionellen Republiken wie den Vereinigten Staaten von Amerika äußern auch Soldaten und Seeleute ihre Meinungen und Ansichten zu einer Vielzahl von politischen Themen. Man hört niemals, dass ein Angehöriger der Star Fleet sagt: »Ich hätte nie diese Idioten wählen sollen, die diese aggressive Außenpolitik betreiben. Man sieht doch jetzt, welches Durcheinander sie in Sektor 5 angerichtet haben« oder »Als Student habe ich mich an der Kampagne beteiligt, die das Terraforming von C-Planeten verbieten wollte, aber jetzt bin ich mir nicht mehr sicher, ob das richtig war.« Wenn politische Probleme auftauchen, und das geschieht unweigerlich immer wieder, dann werden regelmäßig Bürokraten, Diplomaten und Beamte damit beauftragt, diese zu bewältigen. Die Figuren in *Star Trek* beklagen sich ständig über die Bürokraten, niemals aber über Politiker. Denn politische Probleme versucht man stets durch administrative Maßnahmen in den Griff zu bekommen.[18]

Aber genau das würde man von einer Form von Staatssozialismus erwarten. Wir vergessen gern, dass sich alle diese Regime als Demokratien ausgaben. Auf dem Papier verfügte die UDSSR unter Stalin über eine vorbildliche Verfassung, die mit wesentlich mehr Kontrollmechanismen ausgestattet war als die westeuropäischen parlamentarischen Systeme dieser Zeit. Doch ähnlich wie in der planetarischen Föderation hatte das alles keine Bedeutung für das praktische Leben.

Die Föderation ist gewissermaßen eine Art von Leninismus, der zu seiner vollen universellen Entfaltung gebracht worden ist – eine Gesellschaft, in der die Geheimpolizei, Umerziehungslager und Schauprozesse nicht notwendig sind, denn der glückliche Umstand materiellen Überflusses und ideologischer Konformität stellt sicher, dass das System sich selbst steuert.

Während niemand etwas weiß oder sich Gedanken macht über die politische Verfasstheit der Föderation, erweckte ihr Wirtschaftssystem seit den Achtzigerjahren mehr und mehr Neugier und wurde zum Gegenstand endloser Diskussionen. Die handelnden Charaktere von *Star Trek* leben in einem explizit kommunistischen Regime. Die sozialen Klassen sind überwunden. Ebenfalls die Unterteilung nach Rassen, Geschlechtern oder ethnischer Herkunft.[19] Die Existenz von Geld, das es in früheren Zeiten noch gab, wird als eine befremdliche und amüsante historische Kuriosität betrachtet. Die körperliche Arbeit ist infolge von Automatisierung verschwunden. Fußböden reinigen sich selbst, Werkzeuge und Waffen können mittels der

Kraft des Willens durch einen schlichten Aufwand von Energie geschaffen werden, sogar die Energie selbst. All dies sorgte bei manchen Beobachtern für Stirnrunzeln, und es wäre interessant, eine politische Geschichte der Debatte über die Ökonomie der Zukunft zu schreiben, die diese Serie Ende der Achtziger- und Anfang der Neunzigerjahre auslöste. Ich erinnere mich gut daran, wie der Filmemacher Michael Moore in einer Diskussion mit Redakteuren der Zeitschrift *The Nation* darauf hinwies, *Star Trek* zeige, dass die gewöhnlichen amerikanischen Arbeiter wesentlich empfänglicher seien für eine dezidiert antikapitalistische Politik als die großen Koryphäen der herkömmlichen »progressiven« Linken. Ungefähr zu dieser Zeit nahmen auch die Konservativen und die Libertären im Internet davon Notiz und füllten Newsgroups und andere elektronische Foren mit Verdammungen der Serie als linker Propaganda.[20] Doch plötzlich erfuhren wir, dass das Geld doch nicht völlig verschwunden war. Da gab es Latinum. Jene, die mit diesem Material handelten, waren eine abstoßende Gruppe, die anscheinend genau den Stereotypen über Juden nachgebildet worden war, die im christlichen Mittelalter im Umlauf waren, nur mit dem Unterschied, dass sie übergroße Ohren hatten statt übergroße Nasen. Lustigerweise erhielten sie einen Namen – Ferengi –, der im Arabischen und in Hindi eine »lästige weiße Person« bezeichnet.[21] Andererseits wurde die Unterstellung, dass die Föderation den Kommunismus propagieren wolle, durch die Einführung der Borg in das *Star-Trek*-Universum konterkariert, einer feindlichen, ausgeprägt kommunistischen Zivilisation, in der jede Art von Individualität ausgelöscht worden war und die alle empfindungsfähigen fremden Lebensformen assimilierte, zu Drohnen machte und in ein totalitäres kollektives Bewusstsein (Hive-Bewusstsein) eingliederte.

Nach der Mondlandung 1969 nahmen die US-Planer ihre Konkurrenz nicht mehr ernst. Die Sowjets hatten das Wettrennen im All verloren, und in der Folge konnten in Amerika die Aufwendungen für Forschung und Entwicklung wieder wegverlagert werden von jenem Pfad, der vielleicht zur Landung auf dem Mars oder zur Schaffung von Roboterfabriken geführt hätte oder gar die technologische Grundlage für eine kommunistische Utopie hätte werden können.

Die Standarderklärung lautet natürlich, dass diese Prioritätsverschiebung schlicht das natürliche Ergebnis des Triumphs des Marktes gewesen sei. Das Apollo-Unternehmen war ein exemplarisches Projekt von Big Government – in dem Sinne von den Sowjets inspiriert, dass es eine gewaltige nationale Anstrengung erforderte und von einer ähnlich riesigen Regierungsbürokratie koordiniert werden musste. Als die sowjetische Gefahr eingedämmt war, so die Erzählung, konnte der Kapitalismus wieder zu jener Art von technologischer Entwicklung zurückkehren, die mehr seinen normalen, dezentralen und dem freien Markt verpflichteten Imperativen entsprach – wie etwa privat finanzierte Forschung nach marktfähigen Produkten wie Touchpad-Telefonen, abenteuerlustige kleine Start-up-Firmen und dergleichen. Das ist zweifellos die Linie, auf die auch Männer wie Toffler und Gilder Ende der Siebziger- und Anfang der Achtzigerjahre einschwenkten. Aber diese Darstellung ist offenkundig falsch.

Zum einen ist der Umfang der tatsächlich innovativen Forschung, die im privaten Sektor durchgeführt wurde, seit den Hochzeiten von Bell Labs und ähnlicher konzerneigener Forschungsabteilungen in den Fünfziger- und Sechzigerjahren zurückgegangen. Das hängt zum Teil mit der Veränderung des Steuersystems zusammen. Dieses Telefonunternehmen, Bell Labs, war vor allem deshalb bereit, einen großen Teil seiner Gewinne in die Forschung zu investieren, weil damals Gewinne hoch besteuert wurden. So war es vor die Wahl gestellt, das Geld für höhere Löhne der Arbeiter aufzuwenden (was deren Loyalität steigerte) und in die Forschung zu investieren (was durchaus sinnvoll erschien für ein Unternehmen, das noch der althergebrachten Vorstellung anhing, dass die Aufgabe solcher Konzerne darin bestehe, Dinge herzustellen und nicht in erster Linie, Geld zu verdienen) oder sich dieses Geld vom Staat abnehmen zu lassen. Die Entscheidung fiel nicht schwer. Nach den Umbrüchen in den Siebziger- und Achtzigerjahren, die in der Einleitung zu diesem Buch dargestellt wurden, veränderte sich alles. Die Unternehmenssteuern wurden massiv gesenkt. Führungskräfte, deren Gehälter nun immer häufiger in Form von Aktienoptionen ausgezahlt wurden, begannen nicht nur damit, die Gewinne als Dividenden an die Investoren auszuschütten, sondern nutzten auch das Geld, das anderenfalls in Lohnerhöhungen, Neueinstellungen oder Forschungsbudgets geflossen wäre, für Aktenrückkäufe. Das erhöhte zwar den Wert der Aktienportfolios der Manager, trug aber nichts zur Steigerung der Produktivität bei. Mit anderen Worten, Steuersenkungen und Finanzmarktreformen hatten fast genau die gegenteilige Wirkung, als ihre Verfechter verkündet hatten.

Zugleich jedoch gab die US-Regierung die großangelegten staatlich organisierten technologischen Forschungsprojekte nie völlig auf. Sie verlagerte den Schwerpunkt vielmehr von zivilen Projekten wie dem Raumfahrtprogramm zu militärischer Forschung – nicht nur zu Star Wars, Reagans Version eines Großprojekts in sowjetischem Stil, sondern einer Vielzahl von Waffenprogrammen, Forschungen in Kommunikations- und Überwachungstechnologien und ähnlicher »sicherheitsbezogener« Projekte. Das hatte in gewisser Weise schon immer gegolten: Die Milliarden, die in die Raketenforschung flossen, hatten schon immer die relativ kleinen Summen für das Raumfahrtprogramm deutlich überstiegen. Doch ab den Siebzigerjahren wurde auch ein großer Teil der Grundlagenforschung auf militärische Prioritäten ausgerichtet. Dass wir heute keine Roboterfabriken haben, liegt hauptsächlich daran, dass in den vergangenen Jahrzehnten ungefähr 95 Prozent der Ausgaben für Robotikforschung durch das Pentagon flossen, das natürlich wesentlich stärker an Entdeckungen interessiert war, die zur Entwicklung beispielsweise unbemannter Drohnen führen konnten, als an vollautomatisierten Bauxitminen oder Gärtnerrobotern.

Diese militärischen Projekte hatten jedoch zivile Nebenwirkungen: Das Internet ist eine davon. Sie führten aber auch dazu, dass die Investitionen in ganz bestimmte Richtungen gelenkt wurden.

Man könnte auch an eine andere, wesentlich abgründigere Möglichkeit denken. Man könnte die These aufstellen, dass die Verlagerung der Aufwendungen für Forschung und Entwicklung in die Informationstechnologie und auch in die Medizin nicht so sehr eine Rückorientierung auf eine marktgesteuerte, auf die Bedürfnisse der Konsumenten ausgerichtete Politik war, sondern Teil des umfassenden Plans, die technologische Demütigung der Sowjetunion zu einem totalen Sieg im internationalen Klassenkampf auszubauen: nicht nur die Durchsetzung der unangefochtenen militärischen Dominanz der USA im Ausland, sondern auch die vollständige Niederwerfung der sozialen Bewegungen im Inland. Die Technologien, die nun neu entwickelt wurden, eigneten sich in hohem Maße zu Überwachungszwecken, zur Schärfung der Arbeitsdisziplin und zur sozialen Kontrolle. Die Computer haben bestimmte Freiheitssphären eröffnet, woran wir ständig erinnert werden. Doch anstatt zu jener arbeitsfreien Utopie zu führen, die sich Abbie Hoffman oder Guy Debord vorstellten, wurden sie auf eine Weise eingesetzt, die den gegenteiligen Effekt nach sich zog. Die Informationstechnologie hat eine Finanzialisierung des Kapitals ermöglicht, die viele Arbeiter in Schulden gestürzt hat, während sie es den Unternehmern gleichzeitig ermöglichte, neue, »flexible« Arbeitszeitregime zu entwickeln, die die herkömmliche Arbeitsplatzsicherheit zerstörten und eine enorme Zunahme der Gesamtarbeitszeit in fast allen Gruppen der Bevölkerung zur Folge hatten. Neben dem Export traditioneller Fabrikarbeitsplätze hat dies zur Zurückdrängung der Gewerkschaften geführt und dadurch die Möglichkeit einer wirksamen Politik für die Arbeiterschaft zunichtegemacht.[22] Unterdessen warten wir trotz enormer Investitionen in die Medizin und die Lebenswissenschaften noch immer auf die seit langem ersehnten Therapien gegen Krebs oder auch nur gegen eine gewöhnliche Erkältung; stattdessen sind die bedeutendsten medizinischen Durchbrüche, die wir erlebt haben, in Gestalt von Medikamenten wie Prozac, Zoloft oder Ritalin erfolgt – maßgeschneidert, könnte man sagen, um sicherzustellen, dass die neuen Anforderungen in der Berufswelt uns nicht vollkommen verrückt machen und unfähig, unseren Aufgaben nachzukommen.

Wenn Historiker dereinst eine Grabinschrift für den Neoliberalismus verfassen, werden sie darauf hinweisen, dass er jene Spielart des Kapitalismus war, die politischen Imperativen den Vorrang vor ökonomischen einräumte. Das heißt: Vor die Wahl gestellt, sich für eine Vorgehensweise zu entscheiden, die entweder den Kapitalismus als die einzig mögliche Wirtschaftsform *erscheinen* lässt, oder eine, die den Kapitalismus tatsächlich zu einem längerfristig funktionsfähigen Modell *werden* lässt, hat sich der Neoliberalismus stets für die erste Variante entschieden. Führt die Zerstörung der Arbeitsplatzsicherheit in Verbindung mit einer Ausdehnung der Arbeitszeiten tatsächlich zu einer produktiveren (ganz zu schweigen loyaleren) Arbeiterschaft? Es gibt gute Gründe für die Annahme, dass genau das Gegenteil der Fall ist. Auch in rein ökonomischer Hinsicht ist das Ergebnis der neoliberalen Arbeitsmarktreformen fast durchweg negativ – ein Eindruck, der eher noch bekräftigt wird durch die geringeren wirtschaftlichen Wachstumsraten in fast allen Teilen der Welt in den Achtziger- und Neunzigerjahren. Diese Politik war jedoch sehr wirkungsvoll bei der Entpolitisierung der Beschäftigten. Gleiches könnte man sagen über das sprießende Wachstum der Armee, der Polizei und der privaten Sicherheitsdienste. Diese Einrichtungen sind allesamt unproduktiv und nichts weiter als ein Grab für Ressourcen. Es ist durchaus möglich, dass das schiere Gewicht jenes Apparats, der den ideologischen Sieg des Kapitalismus sicherstellen soll, ihn schließlich zerstören wird. Es ist aber auch leicht zu erkennen, warum dieser Apparat ein fester Bestandteil des neoliberalen Projekts sein muss, wenn das eigentliche Ziel der Herrscher der Welt darin besteht, jeden Gedanken an die Möglichkeit einer unausweichlichen, erlösenden Zukunft zu ersticken, die sich grundlegend von der heutigen Welt unterscheidet.

Antithese

Auch in den Bereichen, in die massiv Fördergelder geflossen sind, sind nicht jene Durchbrüche erfolgt, mit denen man ursprünglich rechnete.

An dieser Stelle, so scheint es, fügen sich die Puzzlestückchen nahtlos zusammen. In den Sechzigerjahren wuchs bei den konservativen politischen Kräften die Angst vor den gesellschaftlich destabilisierenden Auswirkungen des technischen Fortschritts, die sie für die sozialen Umwälzungen dieser Zeit verantwortlich machten, und die Unternehmer begannen, sich um die wirtschaftlichen Folgen der Mechanisierung zu sorgen. Das Verschwinden der sowjetischen Bedrohung ermöglichte eine umfassende Umlenkung von Ressourcen auf Gebiete, die für die bestehenden wirtschaftlichen und sozialen Verhältnisse als weniger gefährlich erschienen – und letztlich auch in Bereiche, die eine Kampagne stützen konnten, mit dem Ziel, die Erfolge der sozialen Bewegungen seit den Vierzigerjahren wieder zunichtezumachen und dadurch einen entscheidenden Sieg zu erringen in einem Kampf, den die US-Eliten als globalen Klassenkampf betrachteten. Diese Veränderung der Schwerpunkte wurde als Abwendung von einer Politik breit angelegter, umfangreicher Staatsprojekte (»Big Government«) und als eine Rückkehr zum Markt ausgegeben. Sie umfasste aber auch eine Veränderung in der Ausrichtung staatlich finanzierter Forschung, weg von Programmen wie NASA – oder auch alternativer Energiequellen – und hin zu einer intensiveren Förderung des Militärbereichs, der Informationsbranche und der Medizintechnologien.

Ich halte dies alles für zutreffend, glaube aber nicht, dass es als alleinige Erklärung ausreicht. Vor allem kann es nicht erklären, warum wir sogar auf jenen Gebieten, auf die sich die gut ausgestatteten Forschungsprojekte konzentrierten, keinen technologischen Fortschritt erlebt haben, der jenen Fortschritten und Durchbrüchen entsprochen hätte, die sich vor fünfzig Jahren vollzogen. Um das offenkundigste Beispiel zu nennen: Wenn 95 Prozent der Robotikforschung vom Militär finanziert worden sind, warum sind dann noch immer keine Killerroboter im Stil von Klaatu in Sicht, die Todesstrahlen aus ihren Augen schießen? Weil wir wissen, dass an ihnen gearbeitet wurde.

Offenkundig hat es Fortschritte in der Militärtechnologie gegeben. Es wird weithin anerkannt, dass wir den Kalten Krieg nicht zuletzt deshalb überlebt haben, weil die Trägersysteme der Atombomben nicht wie erwartet funktionierten. Die Interkontinentalraketen waren nicht imstande, bestimmte Städte zu treffen, geschweige denn spezifische Ziele in diesen Städten, was bedeutete, dass es wenig sinnvoll gewesen wäre, einen nuklearen Erstschlag zu verüben, wenn man nicht bewusst in Kauf nehmen wollte, die ganze Welt zu vernichten. Die heutigen

Cruise-Missiles sind dagegen ziemlich genau. Doch all diese viel gerühmten Präzisionswaffen scheinen nicht in der Lage zu sein, konkrete Personen (Saddam, Osama, Gaddafi) auszuschalten, auch wenn Hunderte davon zum Einsatz kommen. Drohnen sind im Grunde nur ferngesteuerte Modellflugzeuge. Und Laserkanonen der unterschiedlichsten Art sind nicht deshalb nicht verwirklicht worden, weil man es nicht versucht hätte – wir müssen davon ausgehen, dass das Pentagon Milliarden Dollar in die Entwicklung einer solchen Waffe gesteckt hat, aber dabei ist nur der Laser herausgekommen (eine Technologie der Fünfzigerjahre), der einen feindlichen Kanonenschützen, wenn er direkt in den Strahl blickt, erblinden lassen kann. Das ist nicht nur wenig erbaulich, sondern kläglich. Phaser-Waffen, die einen Gegner bewusstlos machen können, sind offenbar noch nicht einmal in den Reißbrettern; das wichtigste Sturmgewehr der Infanterie ist nach wie vor die AK-47, eine Waffe sowjetischer Bauart, die nach ihrem Entwicklungsjahr benannt ist.[23]

Gleiches gilt für die allgemein erwarteten Durchbrüche der Medizin und auch (darf man das sagen?) auf dem Gebiet der Computertechnik. Das Internet ist zweifellos eine bemerkenswerte Sache. Würde ein Science-Fiction-Fan der Fünfzigerjahre in der heutigen Zeit auftauchen und die Frage nach den umwälzendsten technischen Erfindungen seit den der Sechzigerjahren stellen, kann er nur schwer anders als mit bitterer Enttäuschung reagieren. Er würde höchstwahrscheinlich darauf hinweisen, dass wir es hier im Grunde nur mit einer superschnellen und global verfügbaren Verbindung von Bibliothek, Postamt und Versandkatalog zu tun haben. »In fünfzig Jahren haben unsere Wissenschaftler nicht mehr zustande gebracht? Wir hatten Computer erwartet, die denken können!«

All dies ist zutreffend, obwohl die allgemeinen Forschungsaufwendungen seit den Siebzigerjahren enorm gestiegen sind. Allerdings sind die Gelder aus dem Unternehmensbereich noch stärker gestiegen, so dass auf die Privatunternehmen heute doppelt so viele Forschungsausgaben entfallen wie auf den Staat. Doch dieser Anstieg ist so gewaltig, dass auch die staatlichen Ausgaben, in absoluten Summen genommen, immer noch höher sind als je zuvor. Zwar entfällt auf die »Grundlagenforschung«, die »von Neugier getriebene« Forschung – jenen Bereich der Forschung also, der nicht von der Suche nach neuen Anwendungen bestimmt wird und der daher eher zu unerwarteten Durchbrüchen führen kann – ein immer kleinerer Teil der gesamten Forschungsausgaben, doch heute wird mit so viel Geld umhergeworfen, dass auch die absolute Summe, die für Grundlagenforschung aufgewendet wird, gestiegen ist. Viele ernstzunehmende Beobachter jedoch sind sich einig, dass die Ergebnisse überraschend dürftig sind. Wir erleben schon lange keinen stetigen Fluss konzeptioneller Revolutionen mehr – die Erbsubstanz, die Relativität, die Psychoanalyse, die Quantenmechanik –, an die sich die Menschheit vor hundert Jahren gewöhnt hatte und die sie auch erwarten konnte.

Woran liegt das?

Eine gängige Erklärung lautet, dass die Geldgeber, wenn sie Grundlagenforschung fördern, alle Eier in einen riesigen Korb legen: »Big Science«, wie es genannt wird. Das Humangenomprojekt wird häufig als ein Beispiel dafür angeführt. Dieses Projekt, das von der US-Regierung angeregt wurde, verschlang am Ende fast drei Milliarden Dollar, weckte enorme Erwartungen und beschäftigte Tausende von Wissenschaftlern und Mitarbeitern in vielen Ländern. Sie fanden schließlich heraus, dass die menschlichen Gensequenzen nahezu identisch sind mit jenen der Schimpansen, eindeutig *weniger* komplex als die Gensequenzen etwa von Reis, und dass man aus ihnen nur wenig lernen kann, was unmittelbare praktische Relevanz hat. Der Wirbel um solche Projekte und die politische Bedeutung, die ihnen beigemessen wird, zeigen zudem – und das ist der entscheidende Punkt –, wie stark mittlerweile auch die Grundlagenforschung von politischen, administrativen und Marketingzwängen bestimmt wird (das Humangenomprojekt besaß zum Beispiel ein eigenes Firmenlogo), was mehr und mehr die Chancen vermindert, dass irgendetwas Bahnbrechendes daraus hervorgehen könnte.

Hier lassen wir uns wahrscheinlich von unserer kollektiven Faszination für die mythischen Ursprünge des Silicon Valley und des Internets den Blick auf die tatsächlichen Vorgänge verstellen. Sie hat bei uns die Vorstellung entstehen lassen, dass Forschung und Entwicklung heute in erster Linie von kleinen Teams wagemutiger Unternehmer vorangetrieben und durch jene Art dezentraler Kooperation bestimmt werden, die die Entwicklung von Open-Source-Software ermöglicht. Das sind tatsächlich jene Arten von Forschungsteams, die mit hoher Wahrscheinlichkeit Ergebnisse hervorbringen. In Wirklichkeit aber hat sich die Forschung in die entgegengesetzte Richtung entwickelt. Sie wird nach wie vor von großen, bürokratischen Projekten bestimmt. Aber die bürokratische Kultur hat sich geändert. Die wachsende gegenseitige Durchdringung und Vernetzung von Staat, Universitäten und Privatunternehmen hat alle Beteiligten dazu veranlasst, Sprechweisen, Einstellungen und Organisationsformen zu übernehmen, die aus dem Wirtschaftsbereich stammen. Dies mag dazu beigetragen haben, die Entwicklung unmittelbar marktfähiger Produkte zu beschleunigen – und das sollen Unternehmensbürokratien auch leisten –, doch im Hinblick auf die Förderung der eigentlichen Forschung waren die Ergebnisse verheerend.

Hier kann ich aus Erfahrung sprechen. Mein gesamtes Wissen stammt größtenteils aus Universitäten, sowohl in den USA als auch in Großbritannien. In beiden Ländern hat in den vergangenen drei Jahrzehnten der Anteil der Arbeitszeit, der für administrative Tätigkeiten aufgewendet werden muss, explosionsartig zugenommen, und zwar zu Lasten nahezu aller übrigen Tätigkeiten. An der Universität beispielsweise, an der ich tätig bin, gibt es nicht nur mehr Verwaltungsmitarbeiter als Fakultätsmitglieder, sondern auch von der Fakultät wird erwartet, dass sie mindestens ebenso viel Zeit auf Verwaltungsangelegenheiten verwendet wie auf Forschung und Lehre zusammen.[24] Diese Explosion der Papierarbeit ist eine direkte Folge der Einführung unternehmensbezogener Managementtechniken, die stets als eine Möglichkeit zur Effizienzsteigerung gerechtfertigt werden, indem auf allen Ebenen der Wettbewerb verankert wird. Diese Managementtechniken haben in der Praxis zur Folge, dass alle Beteiligten einen Großteil ihrer Zeit damit verbringen müssen, sich gegenseitig etwas zu verkaufen: Anträge auf Forschungsmittel, Buchvorschläge, Beurteilungen von Stellen- und Stipendienbewerbungen unserer Studenten, Beurteilungen der Aussichten von Kollegen, Konzepte für neue interdisziplinäre Studiengänge, Institute, Konferenz-Workshops; und die Universitäten, die mittlerweile als Marken gegenüber künftigen Studenten beworben werden müssen, liefern dazu ihre Beiträge. Marketing und PR haben alle Bereiche des universitären Lebens erfasst.

Das Ergebnis ist ein Wust von Papieren über die Förderung von »Phantasie« und »Kreativität«, die in einem Umfeld produziert werden, das wie geschaffen dafür scheint, jede Phantasie und Kreativität im Keim zu ersticken. Ich bin kein Naturwissenschaftler. Ich arbeite auf dem Gebiet der Sozialtheorie. Aber ich sehe, welche Ergebnisse in meinem Fachgebiet hervorgebracht worden sind. Kein bedeutendes neues Werk über Sozialtheorie wurde in den vergangenen dreißig Jahren in den USA verfasst. Wir sind vielmehr zurückgeworfen auf den Entwicklungsstand der mittelalterlichen Scholastik und verfassen endlose Anmerkungen zur französischen Theorie seit den Siebzigerjahren, obwohl uns schuldhaft bewusst ist, dass Gilles Deleuze, Michael

Foucault oder Pierre Bourdieu heute im amerikanischen Wissenschaftsbetrieb nicht über das Aufbaustudium hinauskommen würden – und wenn sie das doch schaffen sollten, würde man ihnen eine Festanstellung verweigern.[25]

Es gab eine Zeit, da war die Hochschule der gesellschaftliche Rückzugsort für die exzentrischen, brillanten und versponnenen Naturen. Das hat sich geändert. Heute ist sie ein Ort professioneller Selbstvermarkter. Für die Exzentrischen, Brillanten und Versponnenen, so scheint es, gibt es keinen Platz mehr in der Gesellschaft.

Wenn dies für die Sozialwissenschaften gilt, wo die Forschung noch immer zum großen Teil von Einzelpersonen durchgeführt wird und relativ geringe Gemeinkosten anfallen, lässt sich ermessen, um wie viel schlimmer es in den Naturwissenschaften bestellt sein muss. Ein bekannter Naturwissenschaftler hat jüngst seinen Studenten davon abgeraten, eine wissenschaftliche Karriere anzustreben, und sie darauf hingewiesen, dass sie, nachdem sie zehn Jahre lang für irgendeine Koryphäe als Assistent und Handlanger gearbeitet haben, jederzeit damit rechnen müssen, dass ihre besten Ideen abgewürgt werden.

> Sie werden Ihre Zeit damit verbringen, Anträge zu formulieren, statt sich der Forschung zu widmen. Und weil Ihre Anträge von Ihren Mitbewerbern beurteilt werden, können Sie nicht einfach Ihrer Neugier nachgehen, sondern müssen Ihre Bemühungen und Ihre Talente darauf verwenden, mögliche Kritik vorwegzunehmen und abzuwehren, anstatt sich mit den wirklich wichtigen wissenschaftlichen Fragestellungen zu befassen. … Originelle Einfälle können ja sprichwörtlich einem Förderantrag den Todesstoß versetzen, weil ihre Umsetzbarkeit noch nicht unter Beweis gestellt worden ist.[26]

Damit dürfte die Frage weitgehend beantwortet sein, warum es noch keine Teleportation gibt und keine von der Schwerkraft unabhängigen Schuhe. Wenn man die wissenschaftliche Kreativität maximieren möchte, sucht man sich, so lautet die allgemeine Überzeugung, ein paar schlaue Köpfe, gibt ihnen die benötigten Mittel an die Hand, um ihre Ideen umzusetzen, und lässt sie dann eine Weile in Ruhe. Die meisten werden wahrscheinlich keine Ergebnisse zustande bringen, doch einer oder zwei werden vielleicht etwas völlig Neues entdecken. Wenn man die Möglichkeit unerwarteter Durchbrüche minimieren will, muss man diesen Leuten sagen, dass sie nur dann mit Mitteln rechnen können, wenn sie untereinander konkurrieren, um den Auftraggeber zu überzeugen, dass sie bereits wissen, was sie entdecken werden.[27]

So sieht unser gegenwärtiges System aus.[28]

In den Naturwissenschaften kommt zur Managerherrschaft noch die schleichende Privatisierung der Forschungsergebnisse. Der britische Ökonom David Harvie hat kürzlich daran erinnert, dass die »Open-source«-Forschung nichts Neues ist. Wissenschaftliche Forschung war schon immer in dem Sinne quelloffen, dass die Wissenschaftler ihre Materialien und Ergebnisse untereinander teilten. Gewiss, es gibt Wettbewerb, doch das ist, wie er es sehr schön ausdrückte, ein »einvernehmlicher« Wettbewerb:

> Ein einvernehmlicher Wettbewerb ist ein Wettbewerb, in dem ich (oder mein Team) danach strebe, eine bestimmte Vermutung zu beweisen, ein bestimmtes Phänomen zu erklären, eine bestimmte Art, einen Stern oder ein Partikel zu entdecken, und zwar auf dieselbe Weise, wie ich gewinnen will, wenn ich mir mit einem Freund ein Wettrennen auf dem Rad liefere. Doch einvernehmlicher Wettbewerb schließt Kooperation nicht aus, in dem Sinne, dass konkurrierende Wissenschaftler (oder For-

> schungsteams) vorläufige Ergebnisse, Erfahrungen mit Techniken und so weiter untereinander austauschen. … Dieses miteinander geteilte Wissen, das durch Bücher, Artikel, Computersoftware und durch Gespräche mit anderen Wissenschaftlern verfügbar wird, bildet eine Art von geistigem Gemeingut.[29]

Offenkundig gilt dies nicht länger für Wissenschaftler, die im Unternehmenssektor arbeiten, wo Entdeckungen sorgfältig gehütet werden, doch die Ausbreitung der Firmenethik an den Hochschulen und den Forschungseinrichtungen hat zunehmend dazu geführt, dass auch mit öffentlichen Geldern bezahlte Forscher ihre Ergebnisse wie ihr Privateigentum behandeln. Es wird weniger veröffentlicht. Die Wissenschaftsverlage tragen ihren Teil dazu bei, dass veröffentlichte Ergebnisse schwieriger zugänglich werden, wodurch das geistige Gemeingut weiter eingeengt wird. In der Folge verwandelt sich der quelloffene Wettbewerb immer mehr in einen Konkurrenzkampf, der klassischen Marktregeln gehorcht.

Es gibt unterschiedliche Formen der Privatisierung, einschließlich des Aufkaufens und der Verheimlichung unbequemer Entdeckungen durch große Konzerne, die Angst haben vor deren wirtschaftlichen Auswirkungen.[30] Über all dies wird ausführlich berichtet. Auf subtilere Weise behindert die Managerethik die Verwirklichung von allem, was auch nur im Entferntesten abenteuerlich oder skurril ist, vor allem, wenn es keinen unmittelbaren Nutzen verspricht. Merkwürdigerweise kann das Internet in diesem Zusammenhang ein Teil des Problems sein:

> Wer in einem Unternehmen oder einer Hochschule arbeitet, hat wahrscheinlich schon einmal Folgendes erlebt: Eine Gruppe von Ingenieuren sitzt in einem Raum zusammen und spricht verschiedene Ideen durch. In der Diskussion taucht ein neues Konzept auf, das vielversprechend erscheint. Da meldet sich aus

der Ecke jemand mit einem Laptop, der nach einer schnellen Google-Recherche herausgefunden hat, dass diese »neue« Idee bereits eine alte sei; so – oder ganz Ähnlich – sei sie schon längst ausprobiert worden. Dieser Versuch verlief entweder erfolgreich oder nicht. Wenn die Idee gescheitert ist, dann wird kein Manager, der seinen Job behalten möchte, bereit sein, Geld für eine Wiederbelebung zu bewilligen. Wenn sie erfolgreich war, dann ist sie wahrscheinlich patentiert und ein Markteintritt erscheint unmöglich, weil die Erstentdecker ihre Position entsprechend ausgenutzt und Eintrittsbarrieren errichtet haben. Die Zahl der auf den ersten Blick vielversprechenden Ideen, die auf diese Weise verworfen wurden, dürfte in die Millionen gehen.«[31]

Ich könnte noch weitere Beispiele anführen, aber ich glaube, der Gedanke ist deutlich geworden. Ein ängstlicher bürokratischer Geist durchdringt alle Aspekte des geistigen Lebens. Nicht selten kleidet er sich in eine Sprache, die Kreativität, Initiative und Unternehmergeist beschwört. Doch die Sprache ist bedeutungslos. Jene Denker, denen zuzutrauen ist, dass sie mit neuen, konzeptionellen Durchbrüchen aufwarten, sind gleichzeitig jene, die mit der geringsten Wahrscheinlichkeit finanzielle Unterstützung erhalten. Und wenn sich dennoch Durchbrüche einstellen, findet sich niemand, der aus ihnen mutige Schlüsse zieht.

Ich möchte noch einmal etwas ausführlicher zu einem der historischen Zusammenhänge zurückkehren, die ich im Einführungskapitel angesprochen habe.

Der italienische Soziologe und politische Ökonom Giovanni Arrighi hat festgestellt, dass sich der britische Kapitalismus nach dem Platzen der Südseeblase von 1720 weitgehend vom Modell der Großunternehmen abwendete. Die Verbindung aus Hochfinanz und kleinen Familienunternehmen, die sich nach der Industriellen Revolution entwickelte, hatte über das gesamte folgende Jahrhundert Bestand – das London zu Marx' Zeiten, einer Phase umwälzender wissenschaftlicher und technologischer Innovationen, auch Manchester oder Birmingham wurden nicht von großen Industriekonglomeraten bestimmt, sondern im Wesentlichen von Kapitalisten, die nur eine einzige Fabrik besaßen. Das ist einer der Gründe für die Annahme von Marx, der Kapitalismus sei durch eine unablässige mörderische Konkurrenz charakterisiert. Großbritannien war damals auch bekannt für eine sehr großzügige Haltung gegenüber seinen Exzentrikern und Querköpfen, so wie sich das heutige Amerika diesbezüglich durch seine Intoleranz auszeichnet. Häufig ließ man sie Landpfarrer werden, die dann als Amateurforscher zu wichtigen Erkenntnissen gelangten.[32]

Wie ich dargestellt habe, entwickelte sich der moderne bürokratische Kapitalismus zuerst in den USA und in Deutschland. Die zwei blutigen Kriege, die diese rivalisierenden Mächte ausfochten, gipfelten schließlich in verschwenderischen, staatlich finanzierten Wissenschaftsprogrammen, in denen es darum ging, wer als erster die Atombombe bauen würde. Auch die Strukturen der amerikanischen Universitäten beruhen seit jeher auf dem preußischen Modell. Anfänglich fanden die USA und Deutschland noch Möglichkeiten, ihre kreativen Exzentriker zu hegen und zu fördern – erstaunlich viele von jenen Forschern, die schließlich in Amerika landeten (Albert Einstein als Paradebeispiel) waren Deutsche. Auch als sich während des Krieges die Lage verschlechterte, konnten große Regierungsprojekte wie das Manhattan-Projekt noch immer die schillerndsten Charaktere anziehen (Max Oppenheimer, Richard Feynman, Klaus Fuchs …). Doch als sich die Macht Amerikas mehr und mehr festigte, wurde die Bürokratie des Landes immer intoleranter gegenüber ihren Sonderlingen. Und auch die technologische Kreativität nahm ab.

Das gegenwärtige Zeitalter der Stagnation hat anscheinend

schon nach 1945 begonnen, in jenem Augenblick, als die USA endgültig und unwiderruflich Großbritannien als weltweit vorherrschende Wirtschaftsmacht ablösten.[33] In der Anfangszeit des US-Weltraumprogramms – ebenfalls eine Zeit der Angst – gab es zweifellos noch Platz für echte Querköpfe wie Jack Parsons, den Gründer des Jet Propulsion Laboratory der NASA. Parsons war nicht nur ein herausragender Ingenieur – er war auch ein thelemistischer Magier in der Tradition von Aleister Corwley, der regelmäßig in seinem Haus in Kalifornien zeremonielle Orgien veranstaltete. Parsons glaubte, dass die Raketenwissenschaft im Kern eine Manifestation tieferer, magischer Prinzipien sei. Er wurde schließlich entlassen.[34] Der Sieg der USA im Kalten Krieg führte zu einer Korporatisierung der Hochschul- und Wissenschaftsbürokratien, die sicherstellte, dass niemals mehr jemand wie Parsons irgendwo eine einflussreiche Position erlangen würde.

Die Amerikaner betrachten sich ungern als ein Volk von Bürokraten – ganz im Gegenteil –, verabschiedet man sich jedoch von der Vorstellung, Bürokratie sei ein Phänomen, das sich auf staatliche Behörden beschränkt, wird offenkundig, dass sie tatsächlich zu einem solchen geworden sind. Der endgültige Sieg über die Sowjetunion führte in Wirklichkeit nicht zur Herrschaft des »Marktes«. Er festigte vielmehr die Vorherrschaft einer konservativen Managerelite, von Wirtschaftsbürokraten, die unter dem Vorwand kurzfristigen Wettbewerbsdenkens alle ungewöhnlichen, neuartigen oder möglicherweise auch revolutionären Gedanken zu ersticken versuchen.

Synthese
Über die Entwicklung von poetischen zu bürokratischen Technologien

> Alle arbeitssparenden Maschinen, die bislang erfunden wurden, haben die Mühsal nicht eines einzigen Menschen vermindert.
>
> *John Stuart Mill*

Dieses Buch basiert auf der Prämisse, dass wir in einer zutiefst bürokratischen Gesellschaft leben. Die bürokratischen Verfahrensweisen und Anforderungen haben die Gesellschaft mittlerweile so stark durchdrungen, dass wir es kaum noch wahrnehmen – oder, schlimmer noch, dass wir uns gar nicht mehr vorstellen können, die Dinge auch anders regeln zu können.

Computer haben maßgeblich zu dieser Entwicklung beigetragen. Die Erfindung neuer Formen industrieller Automation im 18. und 19. Jahrhundert hatte die paradoxe Wirkung, dass ein wachsender Teil der Weltbevölkerung zu vollzeitbeschäftigten Industriearbeitern gemacht wurde. So haben die Software-Programme, die in den letzten Jahrzehnten entwickelt wurden, um uns von administrativen Verpflichtungen zu entlasten, uns letztlich in teilzeit- oder vollzeitbeschäftigte Administratoren verwandelt. Hochschullehrer halten es für unvermeidlich, einen wachsenden Teil ihrer Arbeitszeit der Verwaltung von Zuschüssen und Subventionen widmen zu müssen; Eltern akzeptieren, dass sie jedes Jahr 40-seitige Online-Formulare ausfüllen müssen, um ihre Kinder in den von ihnen gewünschten Schulen unterzubringen; Büroangestellte finden sich damit ab, ihre Zeit für das Eingeben von Passwörtern in ihre Mobilgeräte für den Zugang zu ihren Bank- und Kreditkartenkonten aufzuwenden – und eigentlich allen ist klar, dass sie Aufgaben übernehmen, die früher von Reisebüromitarbeitern, Brokern und Buchhaltern ausgeführt wurden.

Jemand hat einmal ausgerechnet, dass ein Amerikaner im Durchschnitt insgesamt sechs Monate seines Lebens damit zubringt, auf das Umschalten der Ampel zu warten. Ich weiß nicht, ob es ähnliche Zahlen in Bezug darauf gibt, wie viel Zeit für das Ausfüllen von Formularen aufgewendet werden muss, aber es dürfte ähnlich viel sein. Ich glaube, man kann auf jeden Fall sagen, dass es in der Geschichte noch nie eine Periode gegeben hat, in der die Menschen auch nur annähernd so viel Zeit für Papierarbeit und Schreibkram aufwenden mussten.

All dies aber entwickelte sich erst nach der Überwindung des schrecklichen, altmodischen, bürokratischen Sozialismus und nach dem triumphalen Sieg der Freiheit und des Marktes. Das ist zweifellos eine der großen Paradoxien des heutigen Lebens, wenngleich wir – ebenso wie in Bezug auf die gebrochenen Versprechen der Technologie – diese Thematik nur höchst ungern zur Sprache bringen wollen.

Diese Probleme sind eindeutig miteinander verbunden – ich würde sagen, in vielfacher Weise sind sie sogar ein- und dasselbe Problem. Und es hat auch nicht nur mit bürokratischen, genauer gesagt, managementbezogenen Eigenheiten zu tun, dass alle Formen von technologischen Visionen und Kreativität erstickt wurden. Schließlich wird uns immer wieder in Erinnerung gerufen, dass das Internet kreative Visionen und gemeinschaftlichen Erfindergeist jeglicher Art freigesetzt hat. In Wirklichkeit hat es eine eigenartige Umkehrung von Zielen und Mitteln hervorgebracht, bei der Kreativität in den Dienst der Administration gestellt wird anstatt umgekehrt.

Ich möchte es folgendermaßen ausdrücken: In diesem letzten, widersprüchlichen Stadium des Kapitalismus entwickeln wir uns von poetischen Technologien hin zu bürokratischen Technologien.

Mit poetischen Technologien meine ich die Nutzung rationaler, technischer, bürokratischer Mittel, um überschäumende, unrealistische Phantasien zum Leben zu erwecken. In diesem Sinne sind poetische Technologien so alt wie die menschliche Zivilisation. Man könnte sogar sagen, dass sie älter sind als komplexe Maschinen. Lewis Mumford hat darauf hingewiesen, dass die ersten komplexen Maschinen aus Menschen bestanden. Die ägyptischen Pharaonen konnten ihre Pyramiden nur erbauen, weil sie die administrativen Abläufe meisterhaft beherrschten. Dadurch waren sie in der Lage Produktionsstraßen zu entwickeln, komplexe Aufgaben in Dutzende einfacher Operationen zu unterteilen und jede von diesen einer bestimmten Gruppe von Arbeitern zuzuweisen – obwohl die verfügbare mechanische Technologie über den Hebel und die schiefe Ebene nicht hinausging. Unter bürokratischer Anleitung und Aufsicht wurden Heere von Bauern in die Zahnräder einer gigantischen Maschine verwandelt. Noch viel später, nachdem die tatsächlichen Zahnräder erfunden waren, war die Bauweise einer komplexen Maschine in gewisser Weise eine Verfeinerung jener Prinzipien, die ursprünglich entwickelt worden waren, um große Menschenmengen zu organisieren.[35]

Doch immer wieder beobachten wir, wie diese Maschinen – ob ihre beweglichen Teile Arme und Rümpfe sind oder Kolben, Räder und Federn – eingesetzt werden, um Phantasien oder Träume zu verwirklichen, die sonst niemals Wirklichkeit hätten werden können: Kathedralen, Mondraketen, transkontinentale Eisenbahnen und so weiter. Zweifellos haben poetische Technologien etwas Erschreckendes an sich: Ihre Poesie kann ebenso dunkle, satanische Kräfte hervorbringen wie Schönheit und Befreiung. Doch die rationalen, bürokratischen Techniken stehen stets im Dienst irgendeines phantastischen Ziels.

Aus diesem Blickwinkel betrachtet, markierten all die verrückten Pläne der Sowjets – auch wenn sie niemals verwirklicht wurden – den Höchststand dieser poetischen Technologien. Heute haben wir das Gegenteil. Es ist nicht so, dass Visionen,

Kreativität und ausgefallene Phantasien nicht mehr ermutigt werden würden. Vielmehr sind unsere Phantasien heute freischwebend; man gibt gar nicht mehr vor, dass sie irgendwann Gestalt annehmen könnten. In den wenigen Bereichen, in denen die freie, schöpferische Kreativität noch gefördert wird, wie etwa bei der Entwicklung von Open-Source-Software im Internet, wird sie letztlich dazu genutzt, weitere und noch effizientere Plattformen für das Ausfüllen von Formularen zu schaffen. Das meine ich mit »bürokratischen Technologien«: administrative Zwänge und Notwendigkeiten sind von einem Mittel zum Zweck der technologischen Entwicklung geworden. Unterdessen hat die größte und mächtigste Nation, die es jemals auf diesem Planeten gegeben hat, die vergangenen Jahrzehnte damit zugebracht, ihren Bürgern einzureden, dass wir keine großen, ehrgeizigen Unternehmungen mehr in Angriff nehmen können, selbst wenn – wie die gegenwärtige Umweltkrise vermuten lässt – das Schicksal der Erde davon abhängt.

Welche politischen Implikationen ergeben sich nun daraus?

Einige unserer Grundannahmen über die Natur des Kapitalismus werden wir radikal überdenken müssen. Eine dieser Annahmen besagt, dass der Kapitalismus in gewisser Weise mit dem Markt identisch sei. Daher seien beide gegenüber der Bürokratie, als einer Schöpfung des Staates, feindlich eingestellt. Die zweite Annahme lautet, der Kapitalismus sei seiner Natur gemäß technologisch fortschrittlich. Man könnte meinen, dass sich Marx und Engels in ihrer überschwänglichen Begeisterung für die industriellen Revolutionen in dieser Frage möglicherweise einfach geirrt haben. Oder um es genauer auszudrücken: Mit der Annahme, die Mechanisierung der industriellen Produktion würde schließlich zur Zerstörung des Kapitalismus führen, lagen sie richtig; sie irrten sich aber bei der Erwartung, dass der Wettbewerb auf dem Markt die Fabrikeigentümer zwingen würde, dennoch die Mechanisierung weiter voranzutreiben. Wenn das nicht geschah, kann es nur daran liegen, dass der Wettbewerb nicht von solch entscheidender Bedeutung für den Kapitalismus ist, wie sie vermutet hatten. Die heutige Ausprägung des Kapitalismus, in der der Wettbewerb anscheinend die Form interner Marketingbemühungen im Rahmen der bürokratischen Strukturen großer, halb-monopolistischer Unternehmen annimmt, wäre für Marx und Engels wohl eine große Überraschung gewesen.[36]

Die Verteidiger des Kapitalismus führen gewöhnlich drei fundamentale historische Behauptungen ins Feld: 1. er habe die rasche wissenschaftliche und technologische Entwicklung gefördert; 2. er habe, wie viel Reichtum sich auch bei einer kleinen Minderheit anhäufen mag, zu einer Zunahme des allgemeinen Wohlstands geführt; und 3. habe er dadurch eine sicherere und demokratischere Welt hervorgebracht.

Heute, im 21. Jahrhundert, zeigt sich deutlich, dass der Kapitalismus keine dieser drei Errungenschaften für sich verbuchen kann. Auch seine Befürworter zweifeln zunehmend an dem einst für gut befundenen System und greifen stattdessen auf die Behauptung zurück, es sei das einzig mögliche System – oder zumindest das einzige mögliche System für eine komplexe, technologisch hoch entwickelte und differenzierte Gesellschaft wie die unsere.

Als Anthropologe habe ich ständig mit dem letztgenannten Argument zu tun.

SKEPTIKER: Sie können Ihren utopischen Träumen nachhängen, wie es Ihnen beliebt. Ich spreche von einem politischen und wirtschaftlichen System, das in der Praxis funktioniert. Und die Erfahrung hat uns gezeigt, dass das, was wir heute haben, tatsächlich die einzige Möglichkeit ist.

ICH: Unsere gegenwärtige Form einer begrenzt repräsentativen

Staatsform – oder eines Konzernkapitalismus – soll das einzig mögliche politische und wirtschaftliche System sein? Aus der Erfahrung ergibt sich nichts dergleichen. In der Geschichte der Menschheit findet man Hunderte, ja Tausende unterschiedlicher politischer und wirtschaftlicher Systeme. Viele davon sehen ganz anders aus als das, was wir heute haben.

SKEPTIKER: Gewiss, aber Sie sprechen von kleinen, überschaubaren Gesellschaften oder von Gesellschaften mit einer wesentlich schlichteren technologischen Basis. Ich rede dagegen von modernen, komplexen, technologisch fortgeschrittenen Gesellschaften. Ihre Gegenbeispiele sind also irrelevant.

ICH: Moment, wollen Sie damit sagen, dass der technische Fortschritt unsere sozialen Möglichkeiten beschränkt? Ich dachte immer, es wäre genau umgekehrt!

Selbst wenn man einräumt, dass früher eine Vielzahl von Systemen praktikabel war, dies jedoch in der Welt, die die moderne industrielle Technologie hervorgebracht hat, aus bestimmten Gründen nicht mehr möglich ist – kann man dann ernsthaft die Behauptung aufstellen, die gegenwärtigen ökonomischen Arrangements seien auch unter jedem *künftigen* technologischen Regime die einzig funktionsfähigen? Eine solche Aussage wäre augenscheinlich absurd. Wie sollen wir das wissen können?

Zweifellos gibt es Leute, die diese Haltung vertreten – auf beiden Seiten des politischen Spektrums. Als Anthropologe und Anarchist habe ich regelmäßig mit »zivilisationskritischen« Leuten zu tun, die fest davon überzeugt sind, dass nicht nur die gegenwärtige industrielle Technologie zwangsläufig zu einer vom Kapitalismus geprägten Form der Unterdrückung führen müsse, sondern dass dies auch für jede künftige Art von Technologie gelte. Daher könne die Befreiung des Menschen nur durch eine Rückkehr in die Steinzeit erreicht werden. Den meisten Menschen jedoch ist ein solcher technologischer Determinismus fremd. Aber die Behauptung, dass der heutige Kapitalismus unvermeidlich und unumgänglich sei, muss sich auf irgendeine Art von technologischem Determinismus stützen. Wenn das Ziel des neoliberalen Kapitalismus letztlich darin besteht, eine Welt zu schaffen, in der niemand mehr den Glauben an ein anderes funktionsfähiges Wirtschaftssystem besitzt, dann muss er aus diesem Grund nicht nur jeden Gedanken an eine erlösende Zukunft unterdrücken, sondern auch jede radikal verschiedene technologische Zukunft. Hier tut sich ein gewisser Widerspruch auf. Es kann nicht darum gehen, uns von einem Ende des technischen Wandels zu überzeugen – denn das würde bedeuten, dass der Kapitalismus in Wirklichkeit gar nicht fortschrittlich ist. Vielmehr sollen wir überzeugt werden, dass der technische Fortschritt tatsächlich weitergeht, dass wir wirklich in einer Welt voller Wunder leben. Zugleich aber dürfen diese Wunder nur die Form bescheidener Verbesserungen annehmen (das neueste iPhone!), sollten stets Gerüchte über bevorstehende Erfindungen kursieren (»Ich habe gehört, bald soll es fliegende Autos geben«),[37] muss noch geschickter mit Informationen und Bildern gespielt und müssen noch komplexere Plattformen für das Ausfüllen von Formularen entwickelt werden.

Damit möchte ich nicht unterstellen, dass der neoliberale Kapitalismus – oder irgendein anderes Wirtschaftssystem – in dieser Hinsicht dauerhaft erfolgreich sein könnte. Die Welt zu überzeugen, den technischen Fortschritt voranzutreiben und anzuführen, während man ihn in Wirklichkeit zu bremsen versucht, ist problematisch. Mit ihrer verfallenden Infrastruktur und ihrer Lähmung angesichts der globalen Erwärmung machen die USA in dieser Hinsicht gegenwärtig einen sehr schlechten Job. Ganz zu schweigen vom unrühmlichen Ende ihres bemannten Raumfahrtprogramms, während China zugleich sein eigenes Programm auf die Beine stellt. Zudem ist die Tatsache zu berücksichtigen, dass das Tempo des Wandels nicht auf ewig gedrosselt werden kann. Es kann bestenfalls verlangsamt werden. Durchbrüche werden erfolgen; unbequeme Entdeckungen lassen sich nicht dauerhaft unterdrücken. Andere, weniger bürokratische Teile der Welt – oder Teile, deren Bürokratien zumindest weniger feindselig gegenüber kreativem Denken eingestellt sind – werden sich langsam, aber unaufhaltsam jene erforderlichen Ressourcen verschaffen, um dort weiterzumachen, wo die USA und ihre Verbündeten aufgehört haben. Auch das Internet bietet Möglichkeiten zur Zusammenarbeit und zur Verbreitung von Ideen, die schließlich dazu beitragen könnten, die Mauer zu durchstoßen. Wann der große Durchbruch erfolgen wird, kann niemand sagen. Im Laufe der vergangenen Jahre hat sich eine Vielzahl neuer Möglichkeiten entwickelt: der 3D-Druck, Fortschritte in den Werkstofftechnologien, selbstfahrende Autos, eine neue Robotergeneration und daraus folgend eine neue Diskussion über vollautomatische Fabriken und das Ende der Arbeit. Außerdem gibt es Hinweise auf kurz bevorstehende konzeptionelle Durchbrüche in der Physik, der Biologie und anderen Wissenschaften, die zwar durch den rigiden institutionellen Fesselgriff der bestehenden Orthodoxien erschwert werden, aber ebenfalls weitreichende technologische Auswirkungen haben können.

Mit ziemlicher Sicherheit aber können wir meiner Meinung nach davon ausgehen, dass sich Erfindungen und echte Innovation nicht im Rahmen des heutigen Konzernkapitalismus vollziehen werden – und wahrscheinlich überhaupt nicht unter irgendeiner Form von Kapitalismus. Es zeigt sich immer deutlicher: Wenn wir tatsächlich Kuppeln auf dem Mars bauen oder uns Mittel und Möglichkeiten verschaffen wollen, um herauszufinden, ob es im All fremde Zivilisationen gibt, mit denen wir Kontakt aufnehmen können, dann müssen wir ein völlig andersartiges ökonomisches System entwerfen. Muss dieses System wirklich notwendigerweise die Form einer gigantischen neuen Bürokratie annehmen? Warum glauben wir das? Vielleicht können wir nur dorthin gelangen, wenn wir bestehende bürokratische Strukturen aufbrechen. Und wenn wir tatsächlich Roboter entwickeln, die unsere Wäsche waschen oder die Küche saubermachen, müssen wir sicherstellen, dass dieses neue, den Kapitalismus ablösende System auf einer wesentlich gerechteren Verteilung von Wohlstand und Macht beruht – ein System, in dem es keine Superreichen mehr gibt und auch keine Armen, die bereit sind, deren Hausarbeit zu erledigen. Erst dann wird man anfangen können, die Technologie in den Dienst der Bedürfnisse der Menschen zu stellen. Das ist auch der wichtigste Grund, warum wir uns aus dem tödlichen Griff der Hedgefond-Manager und der Konzernchefs befreien müssen – um unsere Phantasien aus den Schablonen zu lösen, in die diese Männer sie gezwängt haben, und unsere Imagination abermals zu einer materiellen Kraft in der menschlichen Geschichte werden zu lassen.[38]

3

Die Utopie der Regeln, oder: Warum wir die Bürokratie insgeheim lieben

Jeder beschwert sich über die Bürokratie. Sogar dieses Buch besteht zum großen Teil aus solchen Klagen. Offensichtlich hat die Bürokratie nur wenige Freunde – und doch scheint sie ständig zuzunehmen. In diesem Kapitel möchte ich die Frage stellen, warum das so ist, und insbesondere die Möglichkeit erörtern, ob die vielen pauschalen Verurteilungen der Bürokratie, die man tagtäglich zu hören bekommt, nicht vielleicht ein wenig unaufrichtig sind. Möglicherweise empfinden es viele Menschen – oder die meisten Menschen wenigstens manchmal – insgeheim als reizvoll, innerhalb eines Systems formalisierter Gesetze und Regularien unter der Hierarchie unpersönlicher Vorgesetzter zu handeln.

Ich bin mir natürlich darüber im Klaren, dass dies nicht die einzig mögliche Erklärung darstellt. Es gibt eine ganze Denkschule, die besagt, dass sich die Bürokratie nach einer perversen, aber unausweichlichen inneren Logik ausbreitet. Begründet wird dies folgendermaßen: Schafft man eine bürokratische Struktur, um mit einem Problem fertig zu werden, erzeugt diese Struktur unweigerlich neue Probleme, die sich augenscheinlich ebenfalls nur mit bürokratischen Mitteln lösen lassen. An Universitäten wird dies für gewöhnlich damit umschrieben, dass man »Gremien schafft, um mit dem Problem zu vieler Gremien fertig zu werden«.

Eine etwas andere Version dieser Argumentation – der eigentliche Kern von Max Webers Gedanken zu diesem Thema – lautet: Eine einmal geschaffene Bürokratie wird sofort unverzichtbar für all jene, die Macht ausüben wollen, zu welchem Zwecke auch immer. In der Regel erfolgt dies durch den Versuch, den Zugang zu bestimmten Schlüsselformen der Information zu monopolisieren.

Es lohnt sich, Weber hier in voller Länge zu zitieren:

> Diese Überlegenheit des berufsmäßig Wissenden sucht jede Bürokratie noch durch das Mittel der *Geheimhaltung* ihrer Kenntnisse und Absichten zu steigern. Bürokratische Verwaltung ist ihrer Tendenz nach stets Verwaltung mit Ausschluss der Öffentlichkeit. Die Bürokratie verbirgt ihr Wissen und Tun vor der Kritik soweit sie irgend kann …
>
> Der Begriff des »Amtsgeheimnisses« ist ihre spezifische Erfindung, und nichts wird von ihr mit solchem Fanatismus verteidigt wie eben diese, außerhalb jener spezifisch qualifizierten Gebiete rein sachlich nicht motivierbare, Attitüde. Steht die Bürokratie einem Parlament gegenüber, so kämpft sie aus sicherem Machtinstinkt gegen jeden Versuch desselben, durch eigene Mittel (z. B. das sogenannte »Enquêterecht«) sich Fachkenntnisse von den Interessen zu verschaffen …
>
> Auch der absolute Monarch und in gewissem Sinne am meisten er, ist der überlegenen bürokratischen Fachkenntnis gegenüber machtlos. Alle zornigen Verfügungen Friedrichs des Großen über die »Abschaffung der Leibeigenschaft« entgleisten, sozusagen, auf dem Wege zur Realisierung, weil der Amtsmechanismus

> sie einfach als dilettantische Gelegenheitseinfälle ignorierte. Der konstitutionelle König hat, wo immer er sich in Übereinstimmung mit einem sozial gewichtigen Teil der Beherrschten befindet, sehr oft einen bedeutenderen Einfluss auf den, infolge der wenigstens relativen Öffentlichkeit der Kritik an der Verwaltung auch für ihn kontrollierbaren, Gang derselben als der absolute Monarch, der auf die Informationen durch die Bürokratie selbst allein angewiesen ist. Der russische Zar des alten Regimes war selten imstande, das Geringste dauernd durchzusetzen, was seiner Bürokratie missfiel und gegen deren Machtinteressen verstieß.[1]

Laut Weber ist es fast unmöglich, eine einmal geschaffene Bürokratie wieder loszuwerden. Die ersten bekannten Bürokratien gab es in Mesopotamien und Ägypten. Diese hatten buchstäblich jahrtausendelang beinahe unverändert Bestand, während eine herrschende Klasse oder Dynastie die andere ablöste. In ähnlicher Weise gelang es auch den vielen Wellen ansonsten durchaus erfolgreicher Eindringlinge nicht, das chinesische Beamtentum mit seinen Büros, Berichten und seinem Prüfungswesen abzuschaffen, welches das Heft fest in der Hand behielt, gleich, wer das »Mandat des Himmels« gerade innehatte. Fremde Invasoren, so stellt Weber weiter fest, benötigten die von den chinesischen Bürokraten mit Argusaugen gehüteten Kenntnisse und Fertigkeiten sogar noch mehr als einheimische Herrscher. Die Gründe dafür liegen auf der Hand. Die einzige Möglichkeit, eine bestehende Bürokratie abzuschaffen, ist Weber zufolge, schlicht alle umzubringen, wie es Alarich der Gote im römischen Kaiserreich oder Dschingis Khan in bestimmten Teilen des Nahen Ostens taten. Lässt man eine gewisse Anzahl Funktionäre am Leben, verwalten sie einem unweigerlich innerhalb weniger Jahre das ganze Königreich.

Die zweite mögliche Erklärung ist, dass die Bürokratie sich

nicht nur für die Herrschenden unentbehrlich macht, sondern auch für diejenigen, die von ihr verwaltet werden, durchaus ihren Reiz hat. Man muss Webers seltsamem Loblied auf bürokratische Effizienz hier nicht zustimmen. Die nächstliegende Erklärung für den Reiz bürokratischer Prozeduren liegt in ihrer Unpersönlichkeit. Kalte, unpersönliche, bürokratische Beziehungen ähneln Geldüberweisungen, und beide bieten ähnliche Vor- und Nachteile. Einerseits sind sie seelenlos. Andererseits sind sie simpel, berechenbar und behandeln – wenigstens innerhalb bestimmter Parameter – jedermann gleich. Ohnehin: Wer möchte schon in einer Welt leben, wo alles emotional ist? Die Bürokratie bietet zumindest eine Möglichkeit, einen Umgang mit anderen menschlichen Wesen zu pflegen, bei dem keine Partei genötigt ist, sich mit den schwierigen und komplexen Formen der Interpretation herumzuschlagen, die zu Beginn dieses Buches beschrieben sind. Man kann einfach sein Geld auf den Tisch legen und muss sich beispielsweise keine Sorgen darüber machen, was der Kassierer davon hält, wie man gekleidet ist. Man kann auch seinen gültigen Bibliotheksausweis aus der Tasche ziehen, ohne dem Bibliothekar erklären zu müssen, was einen denn so brennend an homoerotischen Themen in der britischen Dichtung des 18. Jahrhunderts interessiert. Dies ist sicher ein Teil des Reizes. Wenn man näher darüber nachdenkt, ist es schwer vorstellbar, dass selbst in einer utopischen kommunalen Gesellschaft bestimmte unpersönliche (darf ich sagen, bürokratische) Institutionen vollkommen obsolet wären. Das hat seinen Grund. Nehmen wir ein offensichtliches Beispiel:

Ein unpersönliches Losverfahren oder eine Warteliste für dringende Organtransplantationen mögen entfremdend und für die Hoffenden qualvoll sein, doch ist eine weniger unpersönliche Methode der Zuweisung einer begrenzten Menge verfügbarer Organe, die nicht unermesslich viel schlimmer wäre, kaum vorstellbar.

Das ist, wie gesagt, die einfachste Erklärung. In diesem Kapitel möchte ich jedoch die Möglichkeit erörtern, dass alles noch weitaus tiefergreifende Ursachen hat. Die unpersönlichen Beziehungen innerhalb der Bürokratie sind nicht nur bequem; zu einem gewissen Grad gründen auch unsere Vorstellungen von Rationalität, Gerechtigkeit und allen voran der Freiheit auf ihnen. Um zu erklären, warum ich dies glaube, lassen Sie mich zunächst damit beginnen, zwei Augenblicke in der Menschheitsgeschichte zu untersuchen, in denen neue bürokratische Formen tatsächlich nicht nur allgemeine passive Zustimmung, sondern wahre Begeisterungsstürme bis hin zur Verblendung auslösten. Anhand derer will ich genau zu verstehen versuchen, was vielen Menschen damals so spannend daran erschien.

I. Die Verzauberung der Entzauberung, oder: die magischen Kräfte der Post

Die bürokratischen Institutionen im Deutschland der damaligen Zeit funktionierten tatsächlich gut. Das ist einer der Gründe, die es Weber ermöglichten, die Bürokratie als Verkörperung rationaler Effizienz darzustellen. Das Flaggschiff, der ganze Stolz des deutschen Beamtentums, war vermutlich die Post. Ende des 19. Jahrhunderts galt das deutsche Postwesen als eines der großen Wunder der modernen Welt. So legendär war seine Effizienz, dass es eine Art grausigen Schatten auf das gesamte 20. Jahrhundert wirft. Viele der größten Errungenschaften dessen, was wir heute als »hochmodern« bezeichnen, wurden vom deutschen Postwesen inspiriert – und in vielen Fällen sogar direkt von diesem übernommen. Ebenso könnte man sagen, dass sich auch ein großer Teil des schrecklichen Leides des vergangenen Jahrhunderts von der deutschen Post herleiten ließe.

Um diese Geschehnisse zu begreifen, müssen wir zunächst

einiges über die Ursprünge des modernen Wohlfahrts- und Sozialstaats wissen, von welchem wir heute – sofern wir überhaupt darüber nachdenken – in der Regel annehmen, er wäre von wohlmeinenden demokratischen Eliten geschaffen worden. Die Wahrheit sieht jedoch ganz anders aus. In Europa wurden die meisten Schlüsselinstitutionen dessen, was später zum Wohlfahrtsstaat wurde – von Sozialversicherung und Rente bis hin zu öffentlichen Bibliotheken und Krankenhäusern –, ursprünglich keineswegs von Regierungen, sondern von Gewerkschaften, Nachbarschaftsvereinen, Kooperativen, Arbeiterparteien und anderen Organisationen ins Leben gerufen. Viele davon waren von dem revolutionären Gedanken beseelt, »eine neue Gesellschaft in der Hülle der alten zu schaffen« und sozialistische Institutionen Schritt für Schritt von unten her aufzubauen.

Für manche war dies mit dem Ziel verbunden, am Ende durch parlamentarische Mittel die Regierungsmacht zu übernehmen, für andere war es ein eigenständiges Projekt. Man darf nicht vergessen, dass gegen Ende des 19. Jahrhunderts selbst die direkten Erben von Marx' Kommunistischer Partei den Gedanken an eine gewaltsame Übernahme der Regierung aufgegeben hatten, da dies nicht länger notwendig erschien. In einem Europa des Friedens und angesichts eines rasanten technologischen Fortschritts hielten sie es für möglich, eine gesellschaftliche Revolution durch friedliche Mittel und Wahlen herbeizuführen.

Deutschland gehörte zu den Ländern, in denen solche Parteien am erfolgreichsten waren. Obwohl Kanzler Otto von Bismarck, die treibende Kraft hinter der deutschen Reichsgründung, seinem Parlament nur begrenzt Macht zugestand, war er doch über den rapiden Zuwachs von Arbeitervereinigungen bestürzt und von der ständigen Sorge geplagt, in seinem frisch geeinten Deutschland könnte es zu einer sozialistischen Mehrheit oder einem Aufbegehren im Stil der Pariser Kommunarden kommen. Seine Reaktion auf den Wahlsieg der Sozialisten im

Jahre 1878 war daher zweigeteilt: Zunächst wollte er die Sozialdemokraten, Gewerkschaften und linken Zeitungen verbieten. Als sich dies als ineffektiv erwies (sozialdemokratische Kandidaten ließen sich weiterhin unabhängig aufstellen), schuf er eine von oben verordnete Alternative zu den kostenlosen Schulen, Arbeitervereinen, Büchereien und Theatern – und insgesamt zum Prozess eines von unten aufgebauten Sozialismus. Dies erfolgte in Gestalt einer Sozialversicherung (Arbeitslosen-, Kranken-, Invaliditätsversicherung usw.), freier Bildung, Renten und einigem mehr. Vieles davon waren verwässerte Versionen alter Forderungen des sozialistischen Lagers, in jedem Falle aber von sämtlichen demokratischen und partizipatorischen Elementen sorgfältig bereinigt. Zumindest im Privatbereich sprach er sich erschreckend offen darüber aus, dass dieses Entgegenkommen für ihn lediglich einer Bestechung gleichkomme, um seinem konservativ-nationalistischen Projekt die Ergebenheit der Arbeiterklasse zu sichern.[2] Als später linksgerichtete Regierungen an die Macht gelangten, war dieses Grundmuster bereits etabliert, und der Bismarck'sche Ansatz der Hierarchie setzte sich beinahe unweigerlich fort. Ortskrankenhäuser, Büchereien, Genossenschaftsbanken, Arbeiterbildungszentren und derlei wurden der staatlichen Verwaltungsstruktur einverleibt.

In Deutschland war das eigentliche Vorbild für diese neue Verwaltungsstruktur die Post. Dies mag zunächst etwas seltsam erscheinen, doch befasst man sich näher mit der Geschichte des Postwesens, wird vieles klar. Die Post war im Grunde einer der ersten Versuche, hierarchische, militärische Organisationsstrukturen in den Dienst des Gemeinwohls zu stellen. Historisch betrachtet entstanden die ersten Postdienste aus den Organisationsstrukturen von Armeen und Kaiserreichen. Ursprünglich dienten sie dazu, Feldberichte und Befehle über weite Entfernungen zu transportieren; im Zuge der territorialen Expansion wurden sie später erweitert und halfen, die neuen Reiche zusammenzuhalten. Daher stammt auch Herodots berühmtes Zitat über die Boten des persischen Reichs, welche dank ihres Versorgungsnetzes mit in gleichen Abständen errichteten Pferdestationen die schnellsten »Sterblichen« der damaligen Welt gewesen seien: »Weder Schnee noch Regen, nicht Hitze, nicht Nacht hält sie davon ab, das einem Reiter vorgeschriebene Wegstück so schnell wie möglich zurückzulegen« prangt heute noch über dem Eingang des Central Post Office in New York gegenüber der Penn Station.[3] Im römischen Reich gab es ein vergleichbares System, und so gut wie alle Armeen bedienten sich solcher Kuriersysteme, bis Napoleon 1805 die optische Telegrafie einführte.

Eine der großen Innovationen von Regierungen des ausgehenden 18. und insbesondere des 19. Jahrhunderts war die Integration einstiger Militärkuriersysteme in die Basis eines entstehenden Beamtentums, dessen Hauptzweck der Dienst an der Öffentlichkeit war. Dies fand zuerst in der Wirtschaft statt und wurde später erweitert, als die kaufmännischen Klassen begannen, den Postdienst für ihre persönliche oder politische Korrespondenz zu nutzen – bis praktisch jedermann Briefe verschickte.[4] Es dauerte nicht lange, bis in vielen aufstrebenden Nationalstaaten Europas und Amerikas das halbe Regierungsbudget auf das Postwesen verwendet wurde und über die Hälfte aller Beamten bei der Post beschäftigt war.[5]

Im Falle von Deutschland könnte man sogar behaupten, dass die Nation in erster Linie erst *durch* die Post geschaffen worden sei. Im Heiligen Römischen Reich war das Recht zum Betrieb eines Postkurierdienstes innerhalb des kaiserlichen Territoriums in guter feudaler Tradition einer Adelsfamilie aus Mailand zugesprochen worden, die später als Fürsten von Thurn und Taxis bekannt wurden (der Legende nach erfand ein späterer Sprössling der Familie das Taxameter, weshalb die Taxis heute noch seinen Namen tragen). Im Jahre 1867 schließlich kaufte

Preußen das Monopol des Fürstenhauses auf und nutzte es als Grundlage einer neuen, nationalen deutschen Post. Über die folgenden zwei Jahrzehnte war die Aufnahme in das deutsche Postwesen ein sicheres Zeichen dafür, dass ein Kleinstaat oder ein Fürstentum in dem entstehenden Nationalstaat aufgegangen war. Nicht zuletzt aus diesem Grund wurde die herausragende Effizienz des Systems zu einer Angelegenheit des Nationalstolzes. Tatsächlich war die deutsche Post des späten 19. Jahrhunderts äußerst beeindruckend: Zugestellt wurde bis zu fünf Mal, in großen Städten sogar bis zu neun Mal täglich. In der Hauptstadt gab es zudem ein riesiges, kilometerlanges Röhrennetzwerk, in dem Briefe und kleinere Päckchen mittels Druckluft in Windeseile über weite Entfernungen befördert werden konnten:

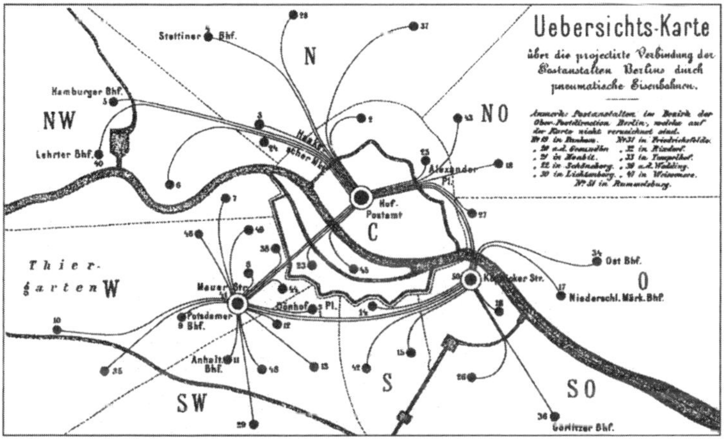

Karte des Berliner Rohrpostsystems, 1873

Mark Twain, der zwischen 1891 und 1892 kurzzeitig in Berlin lebte, war davon so begeistert, dass er einen seiner wenigen bekannten nicht satirischen Essays darüber schrieb. In »Postal Service« pries er die verblüffende Effizienz der Einrichtung an.[6]

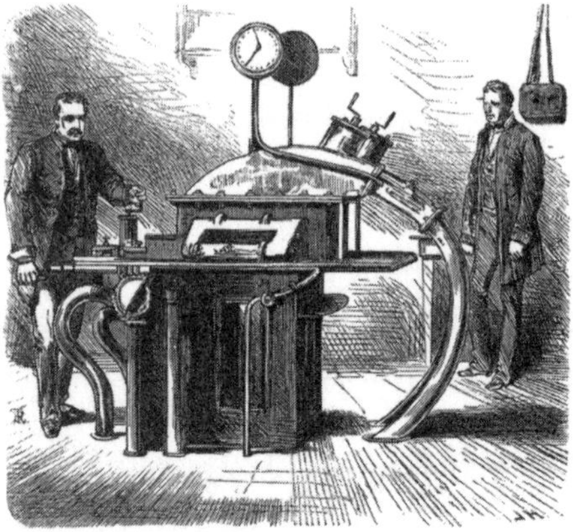

Fig. 613. Rohrpostamt.

Er war jedoch keineswegs der einzige Ausländer, der sich beeindruckt zeigte. Nur wenige Monate vor Ausbruch der Russischen Revolution schrieb Wladimir Iljitsch Lenin:

> Ein geistreicher deutscher Sozialdemokrat aus den Siebzigern des vergangenen Jahrhunderts bezeichnete das *Postwesen* als Beispiel für das sozialistische Wirtschaftssystem. Das ist voll und ganz zutreffend. Dieser Tage ist das Postwesen ein nach dem Vorbild eines staats*kapitalistischen* Monopols organisiertes Unternehmen. Schritt für Schritt wandelt der Imperialismus sämtliche Konzerne zu Organisationen eines ähnlichen Typus um … Die *gesamte* Nationalökonomie nach dem Vorbild des Postwesens zu organisieren, so dass Techniker, Vorarbeiter, Buchhalter sowie *alle* Beamten Gehälter beziehen, die nicht höher sind als das Gehalt eines durchschnittlichen Arbeiters, und der Führung und Kontrolle des bewaffneten Proletariats unterstehen – das ist unser unmittelbares Ziel.[7]

Da haben wir es also: Die Organisationsstruktur der Sowjetunion wurde direkt der des deutschen Postwesens nachempfunden! Doch nicht nur die Sozialisten waren beeindruckt. Selbst

Anarchisten stimmten in den Lobgesang mit ein; wenngleich sie weniger das nationale System interessierte als die zwischenstaatlichen Verbindungen – die Tatsache, dass es möglich war, trotz des Fehlens eines übergeordneten Staatsgebildes einen Brief von Venezuela nach China zu schicken. Peter Kropotkin führte den Weltpostverein von 1878 (sowie ähnliche Abkommen bei Eisenbahngesellschaften) sogar oft als Vorbild für den Anarchismus an. Dabei hob er erneut darauf ab, dass dies etwas war, das an der Spitze imperialer Systeme bereits Gestalt annahm:

> Der Weltpostverein wählte kein internationales Postparlament, um Gesetze für sämtliche Postorganisationen zu schaffen, die dem Verein angehören... Sie verfuhren nach Übereinkunft. Um Einigkeit zu erlangen, beriefen sie Kongresse ein. Zu diesen entsandten sie zwar Delegierte, doch sagten sie ihnen nicht, »Stimmt über alles ab, was ihr wollt – wir werden uns danach richten«. Sie stellten Fragen auf und diskutierten diese zunächst selbst; dann entsandten sie Delegierte, die mit der auf dem Kongress zu diskutierenden Frage eng vertraut waren, und sie schickten *Delegierte* – keine Herrscher.[8]

Diese Vision eines möglichen künftigen Paradieses auf Grundlage des Postwesens beschränkte sich nicht auf Europa. Das Land, das bald zu Deutschlands größtem Rivalen im Kampf um weltweiten Einfluss werden sollte, die Vereinigten Staaten, galt ebenfalls als Modell einer neuen Zivilisation, und die Effizienz seines Postwesens betrachtete man als offensichtlichen Beweis dafür. Bereits in den Dreißigerjahren des 19. Jahrhunderts war Alexis de Tocqueville verblüfft über die Reichweite des Postwesens und die schiere Masse an Briefen, die sogar bis in die Grenzgebiete befördert wurden. Während einer Reise durch Kentucky nach Michigan bemerkte er: »In diesen wilden Waldgegenden werden erstaunlich viele Briefe und Zeitungen befördert.« Weitaus mehr, so rechnete er sich aus, als selbst in den am dichtesten bevölkerten und wirtschaftlich bedeutendsten Provinzen Frankreichs. Nachfolgend die Worte eines späteren Historikers der Amerikanischen Republik:

> Bald schon machten die Amerikaner ihr Postwesen größer als die Post von Frankreich oder Großbritannien. Im Jahre 1816 umfasste das amerikanische Postwesen über 3300 Ämter und beschäftigte fast 70 Prozent der gesamten Bundesbeamtenschaft. Ebenso rasch wuchs die Masse der Postsendungen. Im Jahre 1790 hatte die Post lediglich 300 000 Briefe befördert – rund einen auf je 15 Einwohner. Allein im Jahre 1815 waren es bereits an die siebeneinhalb Millionen Briefe, also etwa einer pro Person … Anders als in Großbritannien oder in anderen europäischen Ländern wurde die Postzustellung zudem nicht von der Regierung kontrolliert oder überwacht.[9]

Einen großen Teil des Jahrhunderts über *war* die Post für die Mehrheit der Amerikaner das Sinnbild der Bundesregierung. Im Jahre 1831 hatte die Postbelegschaft zahlenmäßig sämtliche anderen Verwaltungsbereiche zusammen weit hinter sich gelassen, und für die meisten Kleinstadtbewohner waren die Postangestellten die einzigen Vertreter der Bundesregierung, die sie in ihrem Leben zu Gesicht bekamen.

Aufgrund ihrer Ablehnung einer Laissez-faire-Ökonomie, der weiten Verbreitung von kooperativen und staatlich geförderten Projekten sowie ihren Zollschutzbestimmungen betrachtete man die Vereinigten Staaten im damaligen Europa selbst als eine Art utopisches Experiment. Erst mit dem Aufkommen des Unternehmenskapitalismus nach dem Bürgerkrieg übernahmen auch die Vereinigten Staaten ein Modell, das dem des deutschen bürokratischen Kapitalismus etwas ähnlicher war. Zu diesem Zeitpunkt betrachteten Populisten und insbesondere Progressivisten das Modell des Postwesens als machbare Alternative. Abermals schien sich innerhalb der unterdrückerischen Strukturen die Gestalt einer neuen, freieren und rationaleren Gesellschaft herauszubilden. In den Vereinigten Staaten gebrauchte man dafür den Begriff der »Postalisierung« – eine amerikanische Wortprägung für Nationalisierung (die seitdem bezeichnenderweise fast vollständig aus dem Sprachschatz verschwunden ist). Zur selben Zeit jedoch, da Weber und Lenin das deutsche Postwesen zum Modell für die Zukunft erhoben, argumentierten die amerikanischen Progressivisten, sogar die Privatwirtschaft wäre effizienter, wenn man sie wie die Post organisierte. Sie erfochten viele wichtige Teilsiege für die Postalisierung – etwa die Nationalisierung der ehemals privaten Untergrund-, Regional- und Fernbahnen, welche in amerikanischen Großstädten seitdem in öffentlicher Hand geblieben sind.

Rückblickend betrachtet erscheinen all diese Phantasien einer postalischen Utopie bestenfalls idyllisch. Heute assoziieren wir das nationale Postwesen in erster Linie mit der Zustellung von Dingen, die wir eigentlich gar nicht haben wollen: Verbrauchsabrechnungen, Mahnungen, Bestellkatalogen, Gewinnspielen, Gerichtsvorladungen, Steuerbescheiden, windigen Kreditkartenangeboten und Spendenaufrufen.

Das öffentliche Image der Postmitarbeiter in Amerika hat sich zunehmend zum Negativen entwickelt. Dies geschah freilich nicht ohne Grund. Es ist das Ergebnis bewusster politischer Entscheidungen. Seit den achtziger Jahren des vergangenen Jahrhunderts haben die Gesetzgeber die Mittel der Post systematisch immer weiter beschnitten und private Alternativen gefördert. Dies war Teil einer andauernden Kampagne mit dem Ziel, die Amerikaner davon zu überzeugen, dass der Staat nicht richtig funktioniere.[10] Als Folge davon wurde die Post zur Definition all dessen, was man an staatlicher Bürokratie für falsch hielt: Ständig berichteten die Zeitungen über Streiks, drogenabhängige

Mitarbeiter, Häuser voller jahrelang nicht zugestellter Post und vor allem natürlich darüber, das regelmäßig einzelne Postangestellte Amok liefen und auf Vorgesetzte, Kollegen, Polizeibeamte oder einfache Bürger das Feuer eröffneten. Die einzige Bezugnahme auf den Begriff der »Postalisierung«, die ich in der zeitgenössischen Literatur finden konnte, ist ein Essay über Gewalt am Arbeitsplatz mit dem Titel »Die Postalisierung des kapitalistischen Amerika«. Darin wird beklagt, dass eine Welle gewalttätiger Attacken auf Chefs und Kollegen nun vom öffentlichen Sektor auf den Bereich der Privatwirtschaft übergreife.

In einem faszinierenden Buch namens *Going Postal: Rage, Murder, and Rebellion from Reagan's Workplaces to Clinton's Columbine and Beyond* analysiert der Autor Mark Ames mit großer Sorgfalt journalistische Berichte über derartige Ereignisse (die zwar nicht nur bei der Post, sondern bald auch in privatwirtschaftlichen Büros und Fabriken und sogar bei privaten Zustelldiensten wie UPS auftraten, sich allerdings derart häuften, dass sie kaum noch in die landesweiten Nachrichten gelangten) und stellt fest, dass die dabei verwendete Sprache eine unleugbare Ähnlichkeit mit den Berichten über Sklavenaufstände in der Presse des 19. Jahrhunderts aufweist: Stets werden solche Vorfälle als Akte unerklärlicher Aggressionen einzelner Irrer dargestellt. Dass ihnen in aller Regel systematische Demütigungen vorausgehen, wird nicht einmal am Rande in Betracht gezogen.[11]

Ames weist darauf hin, dass es in der amerikanischen Geschichte bemerkenswert wenige organisierte Sklavenaufstände gab. Es kam jedoch zu etlichen Fällen, in denen einzelne Sklaven oder kleine Gruppen in ähnlicher Weise mit Äxten, Messern, Gift oder anderen gerade verfügbaren Mitteln der unmittelbaren Gewaltausübung gegen ihre Aufseher, Herren und deren Familien aufbegehrten. Auch diese Ausbrüche wurden von den Journalisten als Taten einzelner Wahnsinniger oder unerklärlich bösartiger Personen dargestellt. Mögliche strukturelle Erklärungen auch nur in Erwägung zu ziehen – etwa, die Übel der Sklaverei anzusprechen oder zu erwähnen, dass es vor den Unternehmensreformen der Achtziger, die einen Bruch früherer Garantien lebenslanger Beschäftigung und des Schutzes vor Vorgesetztenwillkür darstellten, in der gesamten amerikanischen Geschichte zu keinem einzigen Massaker am Arbeitsplatz gekommen war (*außer* durch Sklaven) – schien aus irgendeinem Grunde unmoralisch, da dies implizieren würde, dass solche Gewalt bis zu einem gewissen Grade gerechtfertigt wäre.

Dass diese Rhetorik eine starke rassistische Komponente besitzt, lässt sich kaum leugnen. War die Post in den Augen der afro-amerikanischen Arbeiterschicht einen Großteil des 20. Jahrhunderts über ein Symbol für solide, sichere, aber auch angesehene und am Gemeinwohl orientierte Arbeit,[12] so wird sie nach Reagan als Sinnbild für den Verfall, die Gewalt, den Drogenmissbrauch und die Ineffizienz eines Wohlfahrtsstaates dargestellt, der mit zutiefst rassistischen Begriffen diffamiert wird. Diese Identifizierung von Afro-Amerikanern sowohl mit überkorrekter Bürokratie als auch mit erschreckender, unberechenbarer Gewalt taucht in der amerikanischen Populärkultur immer wieder auf – wenn auch selten gleichzeitig. Es ist ein seltsames, wiederkehrendes Element in Actionfilmen, dass der ärgerliche, regelkonforme Boss des unorthodoxen Helden fast ausnahmslos dunkler Hautfarbe ist.[13]

Während noch dieser symbolische Krieg gegen das Postwesen geführt wurde (welches in der öffentlichen Meinung langsam zu einem Ort des Wahnsinns, des Verfalls und der Gewalt mutierte), ereignete sich abermals etwas, das der Post-Euphorie der Jahrhundertwende bemerkenswert ähnlich war. Fassen wir das Ganze so weit zusammen:

1. Eine neue Kommunikationstechnologie entwickelt sich aus dem Militär heraus.
2. Sie verbreitet sich rasant und verändert den gesamten Alltag der Menschen.
3. Sie erringt den Ruf außergewöhnlicher Effizienz.
4. Da sie nicht den Marktprinzipien folgt, wird sie von Radikalen schnell als erstes Anzeichen einer Zukunft ausgemacht, eines nichtkapitalistischen Systems, das bereits innerhalb des alten Systems entsteht.
5. Trotzdem wird sie ebenso schnell zum Überwachungsmedium der Regierung und zum Vehikel für zahllose neue Formen von Werbung und unerwünschtem Papierkram.

Anhand dieser Auflistung sollte offensichtlich sein, auf welche neue Entwicklung ich anspiele: Es ist ziemlich genau die Geschichte des Internets. Was ist die E-Mail anderes als ein riesiges, weltumspannendes, elektronisches und supereffizientes Postwesen? Hat nicht auch die E-Mail die Entwicklung einer neuen, bemerkenswert effizienten kooperativen Wirtschaftsform innerhalb des kapitalistischen Systems verheißen – selbst dann noch, als wir mit Scams, Spams und kommerzieller Werbung überflutet wurden und von der Regierung auf neue und kreative Weise ausgespäht werden konnten?

Offensichtlich gibt es Unterschiede. So basiert das Internet etwa auf einer vergleichsweise extrem partizipatorischen Kooperation von unten nach oben. Das ist wichtig. Für den Augenblick jedoch interessiert mich die historische Bedeutung des Phänomens weniger. Vielmehr möchte ich fragen: Was sagt uns das alles über den Reiz der Bürokratie?

Zunächst einmal scheint es von Bedeutung, dass, wenngleich sowohl Post als auch Internet ursprünglich aus dem Militärbereich stammen, sie dennoch als Adaption militärischer Technologien zu vollkommen unmilitärischen Zwecken betrachtet werden können. Organisierte Gewalt, insoweit sie eine Form der Kommunikation darstellt, reduziert, vereinfacht und verhindert schließlich die Kommunikation. Sofern organisierte Gewalt eine Form des Handelns ist, ist sie eine Art Anti-Handlung, da ihr eigentliches Ziel darin besteht, anderen die Handlungsmöglichkeit zu nehmen (entweder, in bestimmter Weise zu handeln, oder, wenn man sie tötet, gar nicht mehr zu handeln). Bei Internet und Post jedoch werden diese stark reduzierten, minimalistischen Formen des Handelns und der Kommunikation, wie sie für militärische Systeme typisch sind – ob nun Kommandoketten oder Binärcodes –, in eine unsichtbare Basis verwandelt, auf der alles konstruiert werden kann, was sie selbst nicht sind: Träume, Projekte, Ausdruck von Liebe und Leidenschaft, künstlerische Ergüsse, subversive Manifeste und mehr oder weniger alles andere. Sie gestatten den Aufbau und die Aufrechterhaltung sozialer Beziehungen, die ansonsten nie hätten existieren können. All das lässt jedoch auch darauf schließen, dass wir die Bürokratie genau dann reizvoll finden (und sie uns besonders befreiend erscheint), wenn sie unsichtbar wird: wenn sie so rational und zuverlässig ist, dass es für uns selbstverständlich wird, uns auf einem Bett aus Zahlen zur Ruhe zu legen, am nächsten Morgen zu erwachen und alle Zahlen noch sicher an ihrem Platz vorzufinden.

In diesem Sinne verzaubert uns die Bürokratie dann, wenn sie als eine Spezies betrachtet werden kann, die ich poetische Technologie genannt habe, also eine, in der mechanische, ursprünglich meist militärische Organisationsformen zur Realisierung unmöglicher Visionen umgemodelt werden können: um Städte aus dem Boden zu stampfen, den Himmel zu vermessen, die Wüste erblühen zu lassen. In der Menschheitsgeschichte war diese Art von Macht in der Regel imperialen Herrschern oder siegreichen Heerführern vorbehalten, so dass man hier sogar von einer Demokratisierung des Despotismus sprechen könnte. Die Möglichkeit, mit der Hand zu winken und damit ein riesiges, unsichtbares Räderwerk in Gang zu setzen, das die eigenen Launen Wirklichkeit werden ließ, stand einst nur sehr wenigen Privilegierten zur Verfügung. In der modernen Welt lässt sich dies in Millionen winziger Teile untergliedern und jedermann zugänglich machen, der schreiben oder einen Schalter drücken kann.[14]

All das impliziert eine gewisse, sehr eigenartige Vorstellung von Freiheit. Darüber hinaus markiert es meiner Meinung nach eine grundlegende und damit äußerst signifikante Umkehr früherer Rationalitätsbegriffe.

Ich will Ihnen erklären, was ich damit meine:

Westliche intellektuelle Traditionen gehen in der Regel davon aus, dass die Macht der menschlichen Vernunft in erster Linie die Fähigkeit darstellt, unsere Urinstinkte zu unterdrücken. Diese Grundannahme findet sich schon bei Plato und Aristoteles. Als die klassischen Theorien über die Seele von Christentum und Islam übernommen wurden, wurde sie erneut bestärkt. Ja, so hieß es, wir alle besitzen animalische Triebe und Leidenschaften, ebenso wie die Macht von Kreativität und Phantasie, doch sind diese Impulse grundsätzlich chaotisch und antisozial. Die Vernunft – ob des Einzelnen oder der politischen Gemeinschaft – existiert, um unser niederes Wesen im Zaum zu halten, um dessen potenziell gewalttätige Energien so zu kanalisieren, dass sie nicht zu Chaos und gegenseitiger Vernichtung führen.

Die Vernunft ist eine moralische Kraft. Deshalb ist beispielsweise das Wort *polis* – die politische Gemeinschaft und Ort rationaler Ordnung – die Wurzel, von der sich sowohl »politeness (Höflichkeit)« als auch »Polizei« ableiten. Infolgedessen existiert in dieser Tradition eine im Hintergrund schwelende Angst, dass unsere kreativen Kräfte etwas zumindest vage Dämonisches an sich haben.

Das Aufkommen des bürokratischen Populismus, wie ich es geschildert habe, geht mit einer vollkommenen Umkehr dieses Rationalitätsbegriffs einher – und führt zu einem neuen Ideal, das David Hume einmal in einem berühmten Zitat zusammengefasst hat: »Die Vernunft ist Sklavin der Leidenschaften und sollte auch nichts anderes sein.«[15] Nach dieser Sichtweise hat Rationalität nichts mit Moral zu tun. Sie ist eine rein technische Angelegenheit – ein Instrument, eine Maschine, ein Mittel zur Berechnung, wie sich Ziele am effizientesten erreichen lassen, die selbst nicht in rationalen Begriffen erfassbar sind. Die Vernunft kann uns nicht sagen, was wir begehren sollten. Sie kann uns nur sagen, wie wir es am besten bekommen.

In beiden Versionen bewegte sich die Vernunft in gewissem Sinne außerhalb von Kreativität, Verlangen oder Leidenschaft; in der einen diente sie jedoch dazu, derartige Leidenschaften zu unterdrücken, in der anderen, sie zu fördern.

Das aufkommende Feld der Ökonomie mag diese Logik am weitesten getrieben haben, doch handelt es sich hier um eine Logik, die sich mindestens ebenso auf die Bürokratie wie auf den Markt zurückführen lässt. (Man darf zudem nicht vergessen, dass die meisten Ökonomen heute wie damals Angestellte großer, mehr oder minder bürokratischer Organisationen sind.) Die Vorstellung an sich, man könne zwischen Mittel und Zweck, Fakten und Werten eine strikte Trennung vornehmen, ist ein Produkt bürokratischer Denkweisen, da die Bürokratie die erste und einzige gesellschaftliche Institution ist, die das Mittel einer Handlung vollkommen separat von der Handlung selbst betrachtet.[16]

Deshalb war die Bürokratie für einen zumindest sehr ansehnlichen Teil der Weltbevölkerung lange Zeit fester Bestandteil des Alltagsdenkens.

Andererseits ist der ältere Rationalitätsbegriff keinesfalls ganz verschwunden. Im Gegenteil: Die beiden koexistieren, obwohl sie sich fast vollkommen widersprechen – und reiben sich konstant aneinander. Unsere Auffassung von Rationalität ist daher seltsam inkohärent. Es ist völlig unklar, was das Wort eigentlich bedeutet. Manchmal ist es Mittel, manchmal Zweck. Manchmal hat es nichts mit Moral zu tun, manchmal ist es die Essenz dessen, was gut und recht ist. Manchmal ist es eine Methode, um Probleme zu lösen; dann wieder ist es selbst die Lösung sämtlicher möglicher Probleme.

II. Rationalismus als Form der Spiritualität

Es lohnt sich, über diese bizarre Situation nachzudenken, weil sie den Kern unserer Vorstellung von Bürokratie bildet. Einerseits nehmen wir an, dass bürokratische Systeme nichts als neutrale soziale Technologien sind. Sie sind nur Wege, die von A nach B führen, und nichts über den Wert oder Unwert einer Sache selbst aussagen. Ich erinnere mich gut an einen Freund, der die Woodrow Wilson School of Public and International Affairs in Princeton besuchte, eine weltbekannte Kaderschmiede für hochrangige Verwaltungsangestellte, und mir mit fast schockiertem Entzücken berichtete, er habe sich gerade für einen Kurs in »wertfreier Ethik« eingeschrieben. Das klingt zunächst absurd. Doch entspringt dieser Gedanke grundsätzlich folgender Vorstellung bürokratischen Handelns: Bürokraten sind Staatsdiener, und die Pflicht eines Dieners ist es, den Willen seines Herrn zu erfüllen, ganz gleich, was dieser Wille auch beinhaltet. Ist dieser Herr jedoch »die Öffentlichkeit«, wirft dies gewisse Probleme auf: Wie soll man herausfinden, was die Öffentlichkeit wirklich will? Den künftigen Funktionären im Kurs über »wertfreie Ethik« wurde etwa Folgendes gelehrt: wie man bei einer neuen Schnellstraßenplanung quantitative Methoden anwenden kann, um die relative Bedeutung für die Öffentlichkeit zu determinieren – (a) pünktlich zur Arbeit zu gelangen und (b) nicht bei einem Autounfall schwerverletzt oder getötet zu werden (im Ökonomenjargon: die »offenkundigen Präferenzen« in dieser Angelegenheit) – und dann die Höchstgeschwindigkeit entsprechend festzulegen.

Andererseits besteht eine moderne Inkarnation des älteren, vollkommen gegenläufigen Rationalitätsbegriffs als moralische Ordnung und somit als Selbstzweck fort. Fast alle, die eine utopistische Vision verfolgen – ob nun Sozialisten, Befürworter des freien Marktes oder religiöse Fundamentalisten – träumen von einer Gesellschaftsordnung, die im Gegensatz zu derzeitigen Regelungen eine Art kohärenten Sinn ergibt – und die deshalb den Sieg der Vernunft über das Chaos darstellt.[17] Unnötig zu sagen, dass die Grundlage eines jeden solchen Projekts die Errichtung einer effizienten Bürokratie ist.

Bei Streitigkeiten über die Rolle der »Rationalität« in der Politik geht es so gut wie immer um diese beiden widersprüchlichen Vorstellungen.

Versucht man, zu den Grunddefinitionen zurückzukehren, wird das Ganze nicht besser. In vielerlei Hinsicht wird es sogar bedeutend schlimmer. Unter Philosophen herrscht nicht einmal Konsens darüber, was das Wort »Rationalität« bedeutet. Einer Schule zufolge etwa ist Rationalität die Anwendung von Logik, von reinem Denken, das durch Emotionen unbeeinträchtigt ist; dieses reine, objektive Denken wird als Grundlage wissenschaftlicher Forschung betrachtet. Dies findet zwar breite allgemeine Zustimmung, ist jedoch mit einem fundamentalen Problem behaftet: Die Wissenschaft selbst hat bewiesen, dass es gar nicht stimmen kann. Kognitive Psychologen haben wiederholt demonstriert, dass es kein reines, von Emotionen abgekoppeltes Denken gibt; ein menschliches Wesen ohne Emotionen wäre gar nicht in der Lage, zu denken.[18]

Andere geben einem etwas pragmatischeren Ansatz den Vorzug, und behaupten lediglich, ein rationales Argument definiere sich dadurch, dass es auf empirischer Realität gründe und in seiner Form kohärent sei. Diese beiden Kriterien haben jedoch eigentlich nicht viel miteinander zu tun. Bei einem geht es um die Beobachtung, beim anderen um Überlegung.[19] Was also *haben* sie gemein?

Hauptsächlich scheint es, dass wir jemanden, der ein entweder wahnhaftes oder inkohärentes Argument vorbringt, als nicht ganz richtig im Kopf abtun. Auf einer Ebene ist das völlig in Ordnung: Man bezeichnet verrückte Menschen als »irrational«. Jemanden oder ein Argument »rational« zu nennen, ist somit aber kaum aussagekräftig. Es ist eine sehr schwache Aussage. Sie bedeutet lediglich, dass jemand nicht offensichtlich geisteskrank ist.

Umgekehrt jedoch stellt man fest, dass die Behauptung, die eigene politische Position gründe auf »Rationalität«, eine ziemlich starke Aussage ist. Tatsächlich ist sie sogar außergewöhnlich arrogant, bedeutet sie doch, dass diejenigen, die den eigenen Positionen nicht zustimmen, nicht nur unrecht haben, sondern verrückt sind. Ähnliches gilt für Aussagen wie, man wolle eine »rationale« Gesellschaftsordnung schaffen, da dies impliziert, dass die bestehenden gesellschaftlichen Regeln ebenso gut von den Insassen einer Irrenanstalt hätten aufgestellt werden können. Freilich hat jeder schon einmal so oder so ähnlich gedacht. Trotzdem ist es eine extrem intolerante Haltung, da sie beinhaltet, dass die eigenen Gegner nicht nur Unrecht haben, sondern nicht einmal erkennen können, was richtig ist, solange sie nicht das Licht der Vernunft annehmen, sprich: den Begriffsapparat und den Standpunkt ihres Kontrahenten akzeptieren.

Diese Tendenz, Rationalität als politische Tugend zu verankern, hat oftmals einen perversen Effekt: Diejenigen, denen derartige Behauptungen zuwiderlaufen, behaupten ihrerseits, die

Rationalität als solche vollständig abzulehnen und sich stattdessen der »Irrationalität« zuwenden. Ausgehend von der minimalen Definition von Rationalität, sind solche Positionen freilich absurd. Man kann nicht gegen die Rationalität argumentieren, denn um überzeugend zu sein, müsste ein solches Argument mit rationalen Begriffen untermauert sein. Wenn man mit einem anderen Menschen diskutieren will, muss man – wenigstens auf einer taktischen Ebene – grundsätzlich akzeptieren, dass auf einer akkuraten Realitätseinschätzung basierende Argumente besser sind als solche, auf welche dies nicht zutrifft. Soll heißen: Eine Argumentation, die davon ausgeht, alle Gebäude bestünden aus grünem Käse, braucht man nicht ernst zu nehmen. Außerdem eignen sich Argumente, die den Gesetzen der Logik folgen, besser, als solche, die diese verletzen. Wenn etwa jemand sagt, da der Bürgermeister von Cincinnati ein Mensch sei, müssten alle Menschen Bürgermeister von Cincinnati sein, kann man dies ebenfalls getrost als Unsinn verwerfen.

Dies ist nicht der Ort, um sämtliche logischen Fallstricke und Widersprüche zu erörtern, die aus dieser Situation resultieren. Ich möchte einfach nur die Frage stellen, wie wir überhaupt an diesen Punkt gelangt sind. Hier, so glaube ich, bleibt uns nichts übrig, als bis zum Anfang zurückzublicken und die historischen Ursprünge des westlichen Rationalitätsbegriffs in den griechischen Städten Süditaliens Mitte des ersten Jahrhunderts v. Chr. zu betrachten.

Die erste philosophische Schule, die sich als Rationalisten darstellte und Rationalität als Wert an sich behandelte, waren die Pythagoreer, eine sowohl philosophische als auch wissenschaftliche Schule und eine Art politischer Kult oder Bruderschaft, der es gelang, die Politik in mehreren italienischen Städten entscheidend mitzubestimmen.[20] Als große intellektuelle Entdeckung der Pythagoreer gilt, dass zwischen in der Geometrie zu beobachtenden mathematischen Verhältnissen, musikalischen Intervallen und der Bewegung der Planeten eine formale Ähnlichkeit bestand. So gelangten sie zu dem Schluss, das Universum müsse, zumindest auf einer letzten Stufe, aus Zahlen bestehen – eine Sichtweise, an die man sich heute vor allem aufgrund der Vorstellung einer unhörbaren »Sphärenmusik« erinnert.

Den Pythagoreern zufolge war der Kosmos rational, weil er ein Ausdruck der Prinzipien von Zahlen, Tonhöhe und Schwingung war. Wenn der menschliche Geist (oder die Seele) seine Kräfte der Vernunft ausübte, partizipierte er damit schlicht an jener größeren rationalen Ordnung, der kosmischen »Weltseele«, die alles belebte.[21]

Dies war das Bild des Universums, welches Plato in *Timaios* zum großen Teil übernahm. Sein Einfluss war enorm: Im 1. und 2. Jahrhundert des römischen Weltreichs hatten praktisch alle wichtigen philosophischen Schulen Variationen der pythagoreischen Grundgedanken übernommen – nicht nur die Neuplatoniker, sondern auch die Stoiker und in gewissem Ausmaße sogar die Epikureer. Obendrein bildete diese Lehre die philosophische Grundlage dessen, was Hans Jonas einmal als aufkommende »kosmische Religion« der Spätantike bezeichnete, eine Verschmelzung von Elementen griechischer kosmologischer Spekulation, babylonischer Astrologie und ägyptischer Theologie, die häufig noch mit einigen Schnipseln jüdischen Gedankenguts und verschiedenen Volkszaubertraditionen verbunden wurde.[22]

Diese kosmische Religion ging davon aus, dass Gott, die Vernunft und der Kosmos ein und dasselbe und die höheren Fähigkeiten des Menschen eine Form der Teilhabe an dieser rationalen kosmischen Ordnung waren. Laut Jonas stellte sie jedoch – bei all ihrer Erhabenheit – eine Art politischer Rückzugsmöglichkeit dar.

Wie die meisten griechischen Philosophen nahmen die Pythagoreer aktiv am politischen Leben der Stadt teil, welches sie oft nach rationalen Gesichtspunkten umzugestalten versuchten. Unter römischer Herrschaft war dies freilich unmöglich. Sämtliche politischen Angelegenheiten waren geregelt. Eine einzige – und offenbar ewige – rechtliche und bürokratische Ordnung regelte die öffentlichen Angelegenheiten. Statt zu versuchen, diese Struktur zu verändern, wandten sich die Intellektuellen immer auffälliger dem Mystizismus zu und suchten nach neuen Wegen, den irdischen Systemen insgesamt zu entfliehen, sich von allem Materiellen loszusagen und durch die verschiedenen Planetensphären bis in die exklusive Sphäre der reinen Vernunft aufzusteigen, in ein göttliches Reich transzendenter mathematischer Gesetze, die über Zeit und Bewegung herrschten und diese schließlich zu einer Illusion machten.

Gott verordnete diese Gesetze nicht, er *war* diese Gesetze. Demnach war menschliche Vernunft schlicht die Betätigung jenes göttlichen Prinzips in uns. In diesem Sinne war Rationalität nicht nur ein spiritueller Begriff, sondern etwas Mystisches: eine Technik, um eine Vereinigung mit dem Göttlichen zu erreichen.

Diese Thesen über das Wesen der Rationalität, die durch Augustinus Eingang ins Christentum fanden, beeinflussten auch praktisch die gesamte mittelalterliche Philosophie, so schwer es auch war, sich mit der Vorstellung eines transzendenten und absichtsvollen Schöpfers zu versöhnen (ein Großteil der mittelalterlichen Philosophie befasste sich mit verschiedenen Möglichkeiten, genau dies zu bewerkstelligen). In vielerlei Hinsicht sind uns diese Thesen bis heute erhalten geblieben. Nehmen wir einmal die Vorstellung, die wir alle als Kinder lernen und in der Regel als offenkundige Wahrheit akzeptieren, dass sich der Mensch durch seine Rationalität vom Tier unterscheidet, dass wir als Spezies »die Gabe der Vernunft« besitzen. Dies ist ein mittelalterliches Denkbild.[23] Bei genauerer Betrachtung ergibt es zudem nicht besonders viel Sinn. Wenn »Rationalität« lediglich die Fähigkeit ist, die Realität mehr oder weniger so zu erkennen, wie sie ist, und daraus logische Schlüsse zu ziehen, dann sind die meisten Tiere extrem rational. Sie lösen die ganze Zeit Probleme. Die meisten sind darin vielleicht nicht annähernd so gut wie die Menschen, doch besteht kein grundlegender Unterschied in der Art und Weise. Es gibt viele andere Fähigkeiten, die weit bessere Kandidaten abgeben würden, weil sie tatsächlich allein dem Menschen zu eigen sind. Ein gutes Beispiel ist die Phantasie. Tiere handeln die ganze Zeit auf scheinbar rationale, berechnende, zielgerichtete Weise, doch lässt sich kaum davon sprechen, dass sie sich bewusst Phantasiewelten schaffen.[24] Der Anthropologe Edmund Leach stellte einmal fest: Der Mensch unterscheidet sich nicht dadurch vom Tier, weil er eine unsterbliche Seele habe, sondern weil er sich vorstellen könne, eine zu besitzen.[25] Wenn aber die Seele der Sitz der Vernunft ist, des göttlichen Elements, dann bedeutet es exakt dasselbe, Menschen als im Besitz einer unsterblichen Seele oder als rationale Wesen zu bezeichnen.[26]

Dieser Schluss ergab sich unweigerlich aus der Logik der *scala naturae*, auf der alle Lebewesen in einer Hierarchie gemäß ihrer Nähe zu Gott stehen. An der Spitze der natürlichen Ordnung steht der Mensch, zwischen Tieren und Engeln.

Man ist leicht verführt, die großen kosmischen Hierarchien der Spätantike mit ihren Archonten, Planeten und Göttern, die allesamt abstrakten rationalen Gesetzen unterworfen sind, schlicht als überlebensgroßes Abbild der römischen Bürokratie zu sehen. Das Seltsame dabei ist aber, dass dieses durch und durch bürokratische Bild des Kosmos noch tausend Jahre nach dem Zerfall des römischen Weltreichs Bestand hatte. Theologen des Mittelalters und der Renaissance produzierten unzählige spekulative Traktate über Engelshierarchien, in denen das Universum noch wesentlich bürokratischer als in den kühnsten Phantasien der alten Philosophen dargestellt wurde[27]:

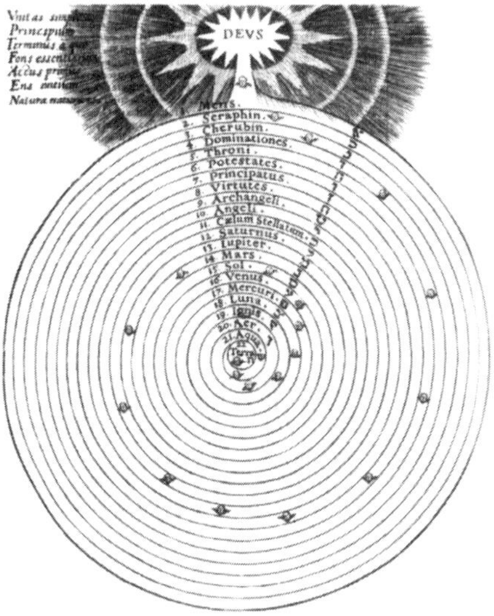

Im 16. Jahrhundert etwa verfasste Marsilio Ficino nachfolgende Zusammenfassung der Engelshierarchie. Dabei nahm er Bezug auf das Werk eines christlichen Neuplatonikers aus dem 4. Jahrhundert, dessen wirklicher Name durch die Ausschmückungen des Heiligen Thomas von Aquin und Dante längst in Vergessenheit geraten ist.

Seraphim reflektieren Ordnung und Vorsehung Gottes.
Cherubim reflektieren Wissen und Weisheit Gottes.
Throne reflektieren Willen und Gerechtigkeit Gottes.
Herrschaften entwerfen wie Architekten, was der Rest auszuführen hat.
Mächte führen aus, wachen über den Himmel und wirken als Instrumente Gottes Wunder.
Gewalten wachen über die Einhaltung der göttlichen Ordnung und bringen die göttliche Gnade auf die Erde.
Fürstentümer kümmern sich um öffentliche Angelegenheiten, Nationen, Prinzen, Magistrate.

Erzengel leiten die Gottesverehrung und wachen über heilige Dinge.
Engel kümmern sich um kleinere Angelegenheiten und werden zu Schutzengeln einzelner Menschen.[28]

Engel sind »himmlische Intelligenzen« in einer Hierarchie, die von reinen Denkern bis zu jenen hinabreicht, die sich mit der Regelung weltlicher Angelegenheiten befassen. In einer Zeit, in der die tatsächliche Führung Europas einem politischen Flickenteppich glich, diskutierten europäische Intellektuelle die genaue Machtverteilung innerhalb eines einzigen, geeinten, imaginären Systems kosmischer Verwaltung.

Heutzutage lebt die große Synthese der Spätantike, die durch Alchemisten der Renaissance wie Ficino, Agrippa und Giordano Bruno neu belebt und dabei von der Kabbala und anderen geistlichen Traditionen beeinflusst wurde, in erster Linie als Grundlage der westlichen Gottesdienst-Magie fort. Angeblich stellte die Aufklärung einen fundamentalen Bruch damit dar. Doch die Grundstruktur der Thesen änderte sich eigentlich nicht. Der Aufruf zur Rationalität bei Descartes und seinen Nachfolgern war ein grundlegend spirituelles, ja, mystisches Bekenntnis, dass die mathematischen oder Mathematik-artigen Abstraktionen, die als Essenz des Denkens gelten, auch jene obersten Prinzipien seien, welche die Natur steuerten – dies blieb wahr, ob man sie nun mit Gott identifizierte oder als endgültigen Beweis seiner Nichtexistenz betrachtete.

So zu denken fällt schwer, weil wir die Seele inzwischen natürlich nicht mehr mit Vernunft gleichsetzen, sondern mit allem, was uns einzigartig, eigenwillig oder ideenreich macht. Diese Sichtweise ist ein Produkt des römischen Zeitalters, das damals einen beinahe vollständigen Bruch mit früheren Auffassungen darstellte. Abermals ist dies nicht der Ort, um hinsichtlich der daraus resultierenden Diskussion um die Beziehung zwischen Vernunft, Phantasie und Verlangen ins Detail zu gehen. Doch sie hilft uns, zu verstehen, warum die Vorstellung von »Rationalität« und insbesondere bürokratischer Rationalität niemals auf einfache Fragen deduktiven Denkens oder technischer Effizienz zu beschränken bleibt, sondern fast ausnahmslos versucht wird, sie zu einem großartigen kosmischen Schema zu erheben.

III. Über die Bürokratisierung der antibürokratischen Fantasy

> »Der Punkt, an dem ich merkte, dass mir dieser [akademische] Job rein gar nichts mehr bedeutete, war, als ich die Klangwiedergabe bei meinen Computerspielen während der Bürozeiten nicht mehr abstellte. Draußen wartete irgendein Student auf eine Bewertung seiner Aufgabe, und ich dachte, ›Moment noch, lass mich erst diesen Zwerg töten, dann bin ich wieder für dich da‹.«
>
> *– akademischer Freund*
> *(Name aus offensichtlichen Gründen nicht genannt)*

Die Tatsache, dass die moderne Wissenschaft zu einem gewissen Grad auf spirituellen Verpflichtungen gründet, impliziert keineswegs, dass ihre Erkenntnisse nicht wahr seien. Ich glaube jedoch, wir tun möglicherweise gut daran, erst einmal auf Distanz zu gehen und gründlich nachzudenken, wann immer jemand behauptet, er wolle eine rationalere Gesellschaftsordnung schaffen (besonders, wenn man diese Gesellschaftsordnung ebenso leicht als vernünftiger, anständiger, gewaltloser oder gerechter beschreiben könnte).

Wir haben gesehen, wie im Mittelalter auf Grundlage antiker Konzepte die Vision einer Himmelsbürokratie entstand, die in einer Zeit, da echte Bürokratie dünn gesät war, als Verkörperung kosmischer Rationalität angesehen wurde.[29] Mit der Zeit nahm dies freilich stark ab. Doch als die neuen bürokratischen Staaten entstanden und insbesondere, als im 18. und 19. Jahrhundert bürokratische Rationalität zum vorherrschenden Regierungsprinzip in Europa und Amerika wurde, ließ sich eine Art Gegenbewegung erkennen: das Aufkommen einer ebenso phantastischen Darstellung eines Mittelalters voller Prinzen, Ritter, Feen, Drachen, Zauberer und Einhörner – und schließlich voller Hobbits, Zwerge und Orks. Im Großen und Ganzen ist diese Welt explizit antibürokratisch, indem sie praktisch alle Kernwerte der Bürokratie kategorisch ablehnt.

Im letzten Kapitel stellte ich fest, dass es im Bereich der Science-Fiction von der Teleportation bis zum Warpantrieb eine ziemlich festgelegte Liste künftiger Erfindungen gibt – diese taucht in der Literatur, in Spielen, Fernsehsendungen, Comics und ähnlichem Material so regelmäßig auf, dass jeder Teenager in Kanada, Norwegen oder Japan ganz genau weiß, was mit den jeweiligen Begriffen gemeint ist. Dasselbe gilt für die Grundelemente der Fantasy-Literatur, die zwar von Text zu Text und Film zu Film variieren, sich aber nichtsdestotrotz einem bemerkenswert gleichbleibenden Pool von Figuren, Regierungssystemen (meist magischer Natur), Technologien, Monstern und kulturellen Traditionen bedienen. Unnötig zu erwähnen, dass all das mit dem wahren Leben im Mittelalter so gut wie gar nichts gemein hat. Um die historischen Ursprünge dieser Welt zu begreifen, muss man jedoch viel weiter zurückgehen.

Wir sind es gewohnt, von »dem Staat« als singuläre Einheit zu sprechen, tatsächlich aber sollte man moderne Staatengebilde eher als Zusammenspiel dreier Elemente betrachten, deren historische Wurzeln ganz verschieden sind, keinen festen Bezug zueinander haben und möglicherweise bereits in dem Prozess begriffen sind, sich vollends voneinander zu entfernen.

Ich spreche hier von Souveränität, Verwaltung und Politik.

Souveränität wird in aller Regel als definierendes Merkmal des Staates angesehen: Ein souveräner Staat ist einer, dessen Führung ein Monopol über die legitime Gewaltausübung innerhalb eines bestimmten Gebiets beansprucht. Die meisten Regierungen der Antike oder des Mittelalters beanspruchten keine Souveränität in diesem Sinne. Es wäre ihnen auch gar nicht in den Sinn gekommen: Dies war die Logik aggressiver Imperien, nicht die einer zivilisierten Gemeinschaft.

Das zweite Prinzip ist die Verwaltung, die zur Durchsetzung ihrer Entscheidungen ohne ein zentrales Machtzentrum existieren kann, was auch häufig der Fall ist. Man könnte sie schlicht als Bürokratie bezeichnen.

Jüngste archäologische Ausgrabungen in Mesopotamien deuten darauf hin, dass sich bürokratische Techniken nicht nur vor den souveränen Staaten herausbildeten, sondern auch lange vor dem Entstehen der ersten Städte. Sie wurden nicht erfunden, um mit höheren Größenordnungen fertigzuwerden, etwa zur Organisation von Gesellschaften, die für eine direkte zwischenmenschliche Interaktion zu groß geworden waren. Vielmehr scheint es, als wären sie erst der Grund dafür gewesen, dass die Menschen sich zu solch großen Gemeinschaften zusammenschlossen. Zumindest ergibt sich dies aus den Forschungsberichten. Die Standardisierung von Produkten, Lagerhaltung, Zertifizierung, Registerführung, Umverteilung und Buchhaltung scheinen sich im 5. Jahrtausend v. Chr. in Kleinstädten entlang der Flüsse Tigris und Euphrat und deren Nebenarmen entwickelt zu haben, tausend Jahre vor der sogenannten »urbanen Revolution«.[30] Man weiß nicht genau, warum. Man weiß nicht einmal, ob es damals Bürokraten im Sinne einer eigenen Klasse ausgebildeter Amtsinhaber gab, oder ob wir hier lediglich über das Aufkommen bürokratischer Techniken sprechen. Bei Beginn der Geschichtsschreibung gibt es jedenfalls welche:

Es finden sich riesige Tempel- und Palastkomplexe mit einer Hierarchie ausgebildeter Schreiber, die Ressourcen aller Art sorgfältig registrieren und zuordnen.

Das dritte Prinzip kann man als »Politik« bezeichnen, wenn man das Wort in seinem, wenn man so will, maximalen Sinne begreift. In seinem minimalen Sinn besitzt alles, was Menschen tun, einen politischen Aspekt, insofern darin eine Art von Machtstreben beinhaltet ist. Es gibt jedoch nur wenige Gesellschaftssysteme, in denen Politik in diesem Sinne zu einem Publikumssport wird: dort, wo mächtige Figuren im konstanten öffentlichen Wettbewerb miteinander stehen, um Anhänger um sich zu scharen und Unterstützung zu erhalten. Wir halten dies heute für ein Merkmal demokratischer Regierungsformen, doch über den größten Teil der Menschheitsgeschichte wurde dies eher als Adelsphänomen betrachtet. Man braucht nur an die Helden der homerischen, germanischen, keltischen oder hinduistischen Epen zu denken, die sich ständig im Duell und in der Prahlerei maßen und versuchten, sich mit rauschenden Festen und üppigen Opfergaben zu überbieten oder sich gegenseitig durch extravagante Geschenke auszustechen.[31]

Solche »heroischen« Gesellschaftsordnungen, wie sie genannt werden, stellen die Quintessenz des Politischen dar. Sie erkennen kein Souveränitätsprinzip an, schaffen aber auch keinerlei Verwaltungssystem. Manchmal gibt es einen Hochkönig, der aber meist nur sehr eingeschränkte Machtbefugnisse besitzt oder eine reine Repräsentationsfigur ist. Die wahre politische Macht befindet sich in konstantem Fluss: Charismatische Adlige scharen neue Gefolgsleute um sich, welche die erfolgreichsten direkt von ihren Kontrahenten abwerben, während andere mit Sang und Klang scheitern oder still und leise in der Versenkung verschwinden.

Politik in diesem Sinne ist stets ein grundsätzlich adliges Phänomen gewesen – es hat beispielsweise seinen Grund, warum im US-Senat ausschließlich Millionäre sitzen. Deshalb wurden Wahlen in der Geschichte Europas lange Zeit nicht als demokratisches, sondern aristokratisches Mittel zur Wahl öffentlicher Vertreter betrachtet. Schließlich bedeutet »Aristokratie« wörtlich nichts anderes als »Herrschaft der Besten«. Die einzige Rolle des Bürgers bei einer Wahl sah man deshalb in der Entscheidungsmacht darüber, wer dieser »besten« Bürger als Bester von allen galt – etwa so, wie ein homerischer Soldat oder ein mongolischer Reiter in den Dienst eines neuen, charismatischen Kriegsherrn trat. (Die demokratische Ämterwahl hingegen wurde, zumindest von altgriechischer Zeit an, in einem Losverfahren entschieden, bei dem gewöhnliche Bürger für einzelne Posten ausgewählt wurden.)

Was hat all das mit Drachen und Zauberern zu tun?

Eine ganze Menge. Sämtliche vorliegenden Beweise deuten darauf hin, dass solche heroischen Ordnungen nicht einfach spontan parallel zu bürokratischen Gesellschaften entstanden. Vielmehr entstanden sie in einer Art symbiotischer Rivalität zu ihnen – und blieben noch lange danach im Gedächtnis, weil sie die Ablehnung von alledem verkörperten, was man gemeinhin mit Bürokratie verband.

Hier muss ich mich nochmals der Archäologie zuwenden, insbesondere dem Werk meines Freundes David Wengrow über den Nahen Osten der Antike.[32] Die eigentlichen Wurzeln dessen, was ich als »heroische Gesellschaften« bezeichne, scheinen in den Hügeln, Bergen, Wüsten und Steppen an den Rändern der großen kommerziell-bürokratischen Gesellschaften Mesopotamiens, Ägyptens, des Indus-Deltas und später dann von Imperien wie Rom, Persien oder China zu liegen. Wirtschaftlich waren diese Gesellschaften in vielerlei Hinsicht mit den urbanen Zentren verbunden. Meist versorgten sie die Städte mit Rohwaren und Material und bezogen dafür allerlei Wohlstandsgüter und Schätze aus den Werkstätten der Stadt. Schon sehr früh jedoch begannen beide Seiten, sich bewusst voneinander abzugrenzen. Städtische Gemeinschaften definierten Zivilisation als das Gegenteil der Barbarei. Die Barbaren wiederum schufen Gesellschaftsordnungen, in denen die Schlüsselwerte der kommerziell-bürokratischen Zivilisation auf den Kopf gestellt wurden. Wo die Einen literarische Meisterwerke schätzten, lehnten die Anderen den Gebrauch der Schrift vollständig ab, feierten aber dafür Barden, die jedes Mal aufs Neue epische Dichtungen hervorbringen konnten. Wo die Einen Gegenstände von materiellem Wert sorgfältig horteten und verzeichneten, veranstalteten die Anderen ausschweifende Feste, bei denen unschätzbare Werte als Geste der Verachtung materiellen Wohlstands an Gefolgsleute oder Rivalen verteilt, verbrannt oder sogar ins Meer geworfen wurden. Wo die Einen eine zurückhaltende Bürokratie entwickelten, die eine berechenbare Stabilität bot, organisierten die Anderen das öffentliche Leben um charismatische Egomanen in einem nie enden wollenden Kampf um die Vorherrschaft.

Die ersten heroischen Gesellschaften bildeten sich in der Bronzezeit. Zu Zeiten von Plato oder Konfuzius stammten sie also bereits aus grauer Vorzeit. Dennoch blieb die Erinnerung lebendig. Beinahe alle großen literarischen Traditionen beginnen mit heroischen Epen, die im Grunde nichts anderes sind als phantasievoll ausgeschmückte Rekonstruktionen dessen, wie die heroischen Gesellschaften der Bronzezeit ausgesehen haben mögen. Man könnte sich durchaus fragen, warum dies geschah. Warum malte sich eine urbane Zivilisation genau jene Art von Menschen als heroische Vorfahren aus, die eine frühere Zivilisation spöttisch als Barbaren belächelt hatte? Warum wurden die Geschichten ihrer Heldentaten wieder und wieder erzählt, oft sogar über Jahrtausende?

Ich glaube, die Antwort liegt zum Teil darin, dass heroische Gesellschaften Gesellschaftsordnungen sind, die Geschichten erzählen sollen. Dies führt uns zurück zu den Fragen über das eigentliche Wesen der Politik. Man könnte durchaus behaupten, politisches Handeln sei ein Handeln, das andere Menschen zumindest teilweise betrifft, indem sie davon hören oder erfahren.[33] Das gilt sogar auf unterster Ebene. In der Alltagspolitik, ob nun in einem kleinen Dorf oder einem Konzernbüro, dreht sich alles um offizielle Darstellungen, Gerüchte und Berichte. Es ist daher gut möglich, dass heroische Gesellschaften, die eine politische Selbstbeweihräucherung zur Kunstform erhoben, so organisiert waren, dass sich unzählige Geschichten daraus generieren ließen.

Alles wurde zu einer Plattform für irgendeinen Wettstreit gemacht, einer Geschichte von Beharrlichkeit, Verrat, Rache, unmöglichen Herausforderungen, epischen Suchwanderungen oder glorreichen Akten der Selbstaufopferung. Deshalb waren Dichter so wichtig. Im Leben ging es einzig und allein darum, Dinge zu tun, über die andere Menschen möglicherweise gerne singen wollten. Von Anfang an konnten sich die Einwohner bürokratischer Gesellschaften wie Ägypten oder Babylonien der Faszination des barbarischen Hinterlandes nicht vollends entziehen, welches in ihrer Vorstellung rasch zu einem finsteren Reich voller Ungeheuer und seltsamer Zauberkräfte wurde. In Zeiten, in denen es gewalttätige Barbaren kaum noch gab, wurden dramatische Geschichten über deren Taten freilich immer beliebter.

Barbaren existieren stets in einer symbiotischen Beziehung zu bürokratischer Zivilisation. In der gesamten eurasischen Geschichte ist dies ein wiederkehrendes Muster. Heroische Gesellschaften bildeten sich am Rand der Weltreiche. Nicht selten brachen sie sogar in diese ein und besiegten sie (wie die germanischen Gesellschaften, die am Rande des Imperium Romanum entstanden, oder die Barbaren nördlich der Chinesischen Mauer oder die Hunnen, die bis zu beiden Grenzen vordrangen). In solchen Fällen verschwanden sie aber für gewöhnlich rasch wieder und lebten als Legende fort.[34]

Man könnte nun meinen, die moderne Fantasy-Literatur hätte ihre Wurzeln in alten Rittergeschichten wie *Amadis von Gallien* oder *Orlando Furioso*, doch das Genre nimmt eigentlich erst im viktorianischen Zeitalter Gestalt an, also etwa zur selben Zeit, in der die allgemeine Begeisterung für das Postwesen ihren Höhepunkt fand. Die Fantasy-Geschichten spielen in einer ganz besonderen Zeit. In mancherlei Hinsicht ist sie nur eine moderne Version des »Es war einmal …« der Märchen, eine nebelhafte, nicht weiter spezifizierte Vergangenheit und eine mögliche, parallel existierende Dimension gleichermaßen (in vielen Geschichten gibt es etwa Pforten zwischen unserer Welt und dem Feenreich, einem Land, wo Zeit und Raum anderen Gesetzen folgen). Der Charakter solcher Fantasy-Literatur unterscheidet sich jedoch grundlegend vom Märchen. Märchen spiegeln die mittelalterliche oder frühneuzeitliche Gesellschaft aus weiblicher oder kindlicher Sicht wider; ihre Helden sind eher Milchmädchen oder geschickte Schustersöhne als Höflinge und Prinzen. In der Fantasy-Literatur hingegen ist dieses »Es war einmal...« durch einen kräftigen Schuss Heldenepos vollkommen verwandelt worden.

Mit »Fantasy-Literatur« meine ich hier alles, was bisweilen als »Schwert-und-Zauberei-Genre« bezeichnet wird. Dessen Wurzeln liegen bei spätviktorianischen Autoren wie George MacDonald und Lord Dunsany. Zu den bekanntesten Vertretern dieses Genres zählen bis heute J. R. R. Tolkien, C. S. Lewis und Ursula K. Le Guin.[35] Innerhalb dieser Tradition bildeten sich die Standardcharaktere (Krieger, Klerikaler, Zauberer), die verschiedenen Arten von Flüchen, monströsen Kreaturen usw.: ein Standardrepertoire, das sich in unzähligen Variationen in Hunderten, wenn nicht Tausenden von Werken zeitgenössischer Literatur wiederholt.

Solche Bücher sind nicht allein deshalb so beliebt, weil sie für die Mitglieder bürokratischer Gesellschaften eine Fluchtmöglichkeit aus ihrem grauen Alltag bieten. Ihr Reiz besteht in erster Linie darin, dass sie die systematische Ablehnung all dessen darstellen, wofür die Bürokratie steht.

So, wie sich die Priester und Zauberer des Mittelalters gerne ein himmlisches Verwaltungssystem vorstellten, so stellen wir uns heute gerne die Abenteuer mittelalterlicher Priester und Zauberer vor, die für uns in einer Welt existieren, in der jeglicher Aspekt bürokratischer Ordnung sorgfältig ausgeblendet ist.

Warum tun wir das? Die einfachste Erklärung ist, dass wir es hier mit einer Art ideologischer Schutzimpfung zu tun haben. Historisch betrachtet stellt es für ein autoritäres System ein höchst wirkungsvolles Werbeinstrument dar, das eigene Wertesystem nicht direkt anzusprechen, sondern ein besonders lebhaftes Bild seiner Negation zu zeichnen – jener Zustände, die nach eigener Behauptung bei völliger Abwesenheit von patriarchaler Autorität, des Kapitalismus oder des Staates ausbrächen. Dieser ideologische Trick funktioniert am besten, wenn dieses Bild auf eine bestimmte Ebene projiziert wird, die besonders ansprechend ist.[36] Man ist zunächst gefangen von der Vision einer alternativen Welt, deren Vorstellung eine Art stellvertretenden Nervenkitzel birgt – nur, um am Ende vor den Konsequenzen der eigenen Lüste zurückzuschrecken.

Römische Spiele bieten ein exzellentes Beispiel. Vor dem Weltreich gab es in den meisten Städten des Mittelmeerraums eine Art Selbstverwaltung, in deren Rahmen man in öffentlicher Versammlung Angelegenheiten von öffentlichem Interesse debattierte. In Demokratien wurden sogar rechtliche Fragen von öffentlichen Jurys entschieden, die aus mehreren hundert Bürgern bestanden. Unter der Herrschaft des Imperiums freilich wurden diese sämtlicher Machtbefugnisse enthoben, und schließlich verschwanden sie ganz. Größere Versammlungen von Bürgern gab es nun vorwiegend im Kolosseum oder im Zirkus, wo es Wagenrennen oder Gladiatorenkämpfe zu sehen gab oder Verbrecher von wilden Tieren in Stücke gerissen wurden. Die Wahlerfahrung dieser Bürger bestand lediglich darin, dass sie mit dem Daumen nach oben oder unten zeigen konnten, wenn es darum ging, ob ein besiegter Gladiator dem Tode geweiht sein sollte oder nicht.

Mit anderen Worten: Das römische Imperium rechtfertigte sich nicht nur hauptsächlich damit, dass es seinen Subjekten ein uniformes Rechtssystem aufoktroyierte, sondern gab sich zudem alle Mühe, damit diese Subjekte Lynchmobs bildeten (die Spiele wurden häufig von denselben Magistraten gesponsert, die den Gerichten vorstanden) – als wollte man sagen: »Demokratie? Jetzt wisst ihr, wohin das führt!« Dies war so wirksam, dass Warnungen vor den Gefahren der Demokratie die nächsten 2000 Jahre lang (die meisten gebildeten Europäer lehnten in dieser Zeitspanne die Demokratie strikt ab) darauf abhoben, dass »das Volk« in einem solchen System irgendwann unweigerlich ein Verhalten wie der Mob im römischen Zirkus an den Tag legen werde: getrieben von stürmischem Parteigeist, irrational hin und her wankend zwischen den Extremen ›Grausamkeit‹ und ›Gnade‹, zwischen blinder Gefolgschaft zu charismatischen Idolen und deren Vernichtung. Wenn auch ein paar demokratische Elemente in einigen Bereichen der Gesellschaft inzwischen widerstrebend geduldet werden, finden fast alle gebildeten Menschen doch bis heute, dass demokratische Prinzipien strikt von Rechtsprechung und Gesetzgebung zu trennen seien.

Ich will beim Leser nun nicht den Eindruck erwecken, dass solche Institutionen lediglich Tricks der herrschenden Klasse zur Manipulation der Massen wären. Oder, sofern sie es doch sind, dieser Schuss nicht nach hinten losgehen könnte. Die römischen Zirkusse waren zwar ungewöhnlich effektiv – es waren die genialsten antidemokratischen Institutionen, die jemals geschaffen wurden. Der mittelalterliche Karneval hingegen, um ein berühmtes Beispiel zu nennen, mit seiner zelebrierten Völlerei und Sauferei, seinem Aufbegehren und seiner Sexualität, eine eher umstrittene Angelegenheit. Seine wohlhabenderen Besucher betrachteten den Karneval zweifellos als Warnung der Massen vor den Gräueln, die eine Auflösung der hierarchischen Gesellschaftsordnung nach sich ziehen würde, doch liegt es auf der Hand, dass viele einfache Menschen, von denen die Feierlichkeiten tatsächlich organisiert und veranstaltet wurden, diese Aussicht als weitaus weniger erschreckend empfanden (tatsächlich kam es während des Karnevals häufig zu Tumulten und Aufständen).[37]

Zweifellos ist auch die Fantasy-Literatur in dieser Hinsicht ambivalent.

Ihre Autoren selbst waren sich oft unsicher hinsichtlich der politischen Aussage ihrer Werke. J. R. R. Tolkien etwa bemerkte einmal, dass er politisch weder Anarchist noch »unkonstitutioneller« Monarchist sei – offenbar konnte er sich nie für eine der beiden Varianten entscheiden.[38] Die Positionen verbindet aber, dass sie beide zutiefst antibürokratisch sind.

Das triff auf das Gros der Fantasy-Literatur zu: Nur böse Menschen unterhalten Verwaltungssysteme. Sämtliche Schlüsselelemente der Fantasy-Literatur lassen sich sogar als jeweils präzise Negation eines bestimmten Aspekts der Bürokratie betrachten:

> Fantasy-Welten kennzeichnet in aller Regel eine absolute Trennung von Gut und Böse (im Idealfall des nicht eindeutig Guten und des absoluten Bösen), was die Existenz von Kräften andeutet, zwischen denen der Krieg die einzig mögliche Beziehung darstellt.

Wenn es zu einem Konflikt mit absoluten Bösewichtern kommt, wird der Krieg selbst meist absolut, unvermittelt durch Brauch, Etikette oder Ritterlichkeit. Dies steht in auffälligem Kontrast zu sowohl heroischen als auch mittelalterlichen Gesellschaften, in denen organisierte Gewalt – ein adliger Zeitvertreib – oft einem ritualisierten Spiel ähnelte, bei dem die Ehre über alles ging. Das Prinzip des absolut Bösen scheint es zu geben, um das *bürokratische Prinzip wertfreier, regelkonformer Neutralität* zu verneinen, also die Tatsache, dass Prinzipien wie Gut und Böse administrativen Ordnungen vollkommen fremd sind. Fantasy-Welten schaffen solch absolute Werte, dass es schlicht unmöglich ist, wertfrei zu bleiben.

In Fantasy-Universen wird durch die Existenz halbmenschlicher Spezies (Gnome, Trolle, Drow usw.), die zwar grundsätzlich menschlich sind, sich aber unmöglich in dieselbe größere gesellschaftliche, rechtliche oder politische Ordnung einfügen können, eine Welt voller Rassismus geschaffen. Oft werden rassistische Redewendungen direkt gebraucht: »die Rasse der Elben«, »die Rasse der Zwerge« und so weiter (auf Deutsch meist: »das Volk«). Selbst, wenn dies nicht geschieht, handelt es sich um Welten, in denen es verschiedene Arten humanoider Wesen gibt, die sprechen können, Häuser errichten, Nahrungsmittel anbauen und Künste oder Rituale pflegen. In Aussehen und Handeln ähneln sie menschlichen Wesen, besitzen jedoch grundlegend andere intellektuelle und moralische Fähigkeiten. Dies stellt unter anderem die absolute Aufhebung des *bürokratischen Prinzips der Indifferenz* dar, demzufolge Gesetze für alle gelten und für alle gleich gelten, es also keine Rolle spielt, welche Eltern man hat. Wenn die Einen aber Zwerge und die Anderen Orks sind, ist eine Gleichbehandlung faktisch unmöglich.

Legitime Macht in Fantasy-Welten beruht meist auf reinem Charisma oder der Erinnerung an vergangenes Charisma. Aragorn zwingt niemanden, ihm zu folgen, auch Aslan nicht oder Ged. Einzig die Bösewichte schaffen staatsähnliche Apparate und reine Zwangsstrukturen. Eine charismatische Autorität, die nicht ständig erneuert wird, schwindet obendrein, wird korrumpiert (siehe Denethor, Gormenghast), oder entwickelt sich zu schaurigen, untoten Gruselgestalten. Da eine wahre, lebendige, charismatische Autorität stets auf Krieg gründet, bedeutet dies, dass legitime Autorität ohne konstante physische Unsicherheit von vornherein unmöglich ist. Das politische Ideal einer modernen »demokratischen« Republik, in der die Politiker ständig um Anhänger wetteifern, wird dabei zwar aufrechterhalten; jedoch ist es vollkommen abgetrennt vom Prinzip der Souveränität und vor allem von der Regelmäßigkeit und Berechenbarkeit bürokratischer Vorgänge und der Routinisierung der Gewalt, welche in einer bürokratischen Ordnung nur insoweit als legitim gilt, als sie angewandt wird, um das *Prinzip der Regelmäßigkeit* aufrechtzuerhalten. Kurz: In Fantasy-Welten sind wirklich legitime Autoritätsfiguren in der Regel gewalttätig, wenden jedoch zur Durchsetzung der Gesetze keine Gewalt an.

Als Folge davon dreht sich das politische Leben in der Fantasy wie in der heroischen Gesellschaft vorrangig um die Schaffung von Geschichten. Erzählungen werden in Erzählungen eingebettet; der Erzählstrang einer typischen Fantasy-Geschichte handelt nicht selten selbst vom Erzählen und Auslegen von Geschichten und der Schaffung neuen Stoffs. Dies steht in drastischem Gegensatz zur mechanischen Natur bürokratischer Operationen. Bei administrativen Vorgängen geht es gerade *nicht* um die Schaffung von Geschichten; in einem bürokratischen Zusammenhang tauchen Geschichten dann auf, wenn etwas schiefgeht. Läuft alles glatt, gibt es keinerlei Erzählbogen.

Obendrein schlagen sich die Protagonisten andauernd mit Rätseln in uralten Sprachen, obskuren Mythen und Prophezeiungen, Karten mit unverständlichen Runen und ähnlichem herum. Bürokratische Vorgänge basieren, im Gegensatz dazu, auf einem *Prinzip der Transparenz*. Die Regeln sollen klar, uniform formuliert und allgemein zugänglich sein. Wie wir alle wissen, ist dies freilich nur selten der Fall. Den meisten Menschen bleiben Verwaltungsabläufe mindestens ebenso verschlossen wie elbische Rätsel, die nur in bestimmten Mondphasen sichtbar werden. Doch sie sollen auch gar nicht transparent sein. Eine besonders nervtötende bürokratische Taktik besteht darin, Informationen durch das Vorgaukeln von Transparenz zu verschleiern: zum Beispiel eine wichtige Schlüsselinformation in einer Flut abteilungsspezifischer E-Mails zu versenken. Beschweren wir uns dann, wir seien über eine neue Regel oder Pflicht nicht in Kenntnis gesetzt worden, präsentieren die Bürokraten triumphierend Datum (das bis dahin meist Monate in der Vergangenheit liegt) und Einzelheiten der Dokumente, in denen die neuen Regeln aufgeführt wurden.[39] Verglichen damit, bieten Fantasy-Geschichten freilich ein besonderes Vergnügen: Rätsel sind auch wirklich Rätsel. Sie sollen Rätsel sein. Und es tauchen auch keine beflissenen Personen auf, die einem einen Vortrag darüber halten, dass alles vollkommen transparent und einfach sei und offenbar etwas mit einem selbst nicht stimme, weil man das Rätsel und sein Geheimnis nicht sofort begriffen habe.

Wie das letzte Beispiel deutlich macht, sprechen wir bei der Diskussion solcher Konstanten von einem gewissen abstrakten Ideal dessen, wie bürokratische Systeme funktionieren sollten, das der Wirklichkeit nicht voll entspricht. In Wahrheit sind Bürokratien selten neutral; fast ausnahmslos werden sie durch bestimmte privilegierte Gruppen dominiert oder bevorzugen diese (oft rassische Gruppen). Ausnahmslos verleihen sie einzelnen

Mitgliedern der Verwaltung zu große persönliche Machtbefugnisse, indem sie Regularien hervorbringen, die so komplex und so widersprüchlich sind, dass sie nicht ihrem Wortlaut nach befolgt werden können. In der realen Welt werden solche Abweichungen von bürokratischen Prinzipien als Missbrauch empfunden. In Fantasy-Welten gelten sie als Tugenden.

Solche Werte sollen jedoch eindeutig flüchtiger Natur sein. So spannend es ist, das Fantasy-Land zu besuchen, so wollten doch die wenigsten Menschen tatsächlich dort leben. Wenn ich jedoch Recht habe, und ein Großteil dieser Literatur dazu führt, dass der Leser die Schlussfolgerungen seiner eigenen Zweifel an der Bürokratie infrage stellt (ob dies nun die Absicht des jeweiligen Autors ist oder nicht), dann geht es genau darum.

In der Fantasy-Literatur soll demnach eine Welt entworfen werden, die frei von jeder Bürokratie ist. Einerseits kann der Leser dies als Möglichkeit der Realitätsflucht genießen, andererseits dient es zur Beruhigung, dass eine langweilige, verwaltete Welt unterm Strich vermutlich jeder vorstellbaren Alternative vorzuziehen ist. Trotzdem sind Bürokratie und bürokratische Prinzipien solchen Welten nicht vollständig fremd. Sie schleichen sich aus mehreren Richtungen ein.

Zunächst ist die alte imaginäre kosmische Administration des Mittelalters in den meisten Fantasy-Welten nicht hundertprozentig aufgehoben. Dies liegt daran, dass es sich hier fast ausnahmslos um Welten handelt, in denen sich die Technik zwar noch auf dem Niveau von Wind- und Wassermühle befindet, die Zauberei dafür aber funktioniert. Die Art von Zauberei, die in den Geschichten vorkommt, speist sich zumeist aus der zeremoniellen Zaubertradition der westlichen Welt, die von antiken Magiern wie Jamblichus bis hin zu viktorianischen Okkultisten wie MacGregor Mathers reicht. Diese Tradition ist voll von Dämonen, die in Zauberkreisen angerufen werden, Sprechgesängen, Bannsprüchen, Gewändern, Talismanen, Schriftrollen und Zauberstäben. Die kosmischen Hierarchien, die komplexen logischen Ordnungen von Zaubern, Befehlen, Mächten, Einflüssen, die himmlischen Sphären mit ihren verschiedenen Mächten und Benennungen und administrativen Verantwortungsbereichen – all dies wird in der einen oder anderen Gestalt als verborgene, zumindest potenzielle Machtform in der Textur des antibürokratischen Universums bewahrt. In den frühesten und konsequentesten antibürokratischen Universen sind Zauberer zwar entweder böse (wie Zukala in *Conan, der Barbar* oder eine Million ähnlicher Schurken aus Groschenromanen, ja, selbst der amoralische Elric von Michael Moorcock)[40] oder, wenn sie gut sind, auf technischer Ebene in ihren Wirkungsmöglichkeiten begrenzt (Gandalfs Macht scheint weniger auf Kenntnis geheimer Zauberformeln zu beruhen, als vielmehr eine Erweiterung seines persönlichen Charismas zu sein). Mit der Zeit – in Werken von *Der Zauberer von Oz* über *Earthsea* bis hin zu *Harry Potter* – nahmen Zauberei und magisches Wissen eine immer zentralere Stellung ein. Freilich bedeutet *Harry Potter* auch das vorläufige Ende einer langen Reise von Heldenreichen wie *Cimmeria* oder *Elfland* oder *Hyperborea* zu einer antibürokratischen Geschichte, die *innerhalb* einer klassischen bürokratischen Institution spielt: einem britischen Internat in einer Zauberwelt, in der es trotzdem Banken, Zauberergremien, Untersuchungskommissionen und sogar Gefängnisse gibt. Gerade das ist der Witz an den Harry-Potter-Büchern: Man nehme die trostlosesten, verstaubtesten Institutionen, die für die Entzauberung dieser Welt verantwortlich sind, und versuche, eine Fantasyversion davon zu schaffen, die so zauberhaft wie nur irgend möglich ist.

Wie kam es dazu? Nun, ein Grund ist, dass Genres populärer Fiktion nicht mehr nur auf das Buch beschränkt sind. Dies trifft besonders auf Kinder und Jugendliche zu. Es gibt inzwischen nicht nur entsprechende Kinofilme und Fernsehserien, sondern alles Mögliche vom Brettspiel und Modellen über Puzzles, Actionfiguren, eine Fülle von Fanliteratur, Fanzines und Fan-Kunst bis hin zu Video- und Computerspielen. Im Falle des Fantasy-Genres ist es unmöglich, die spätere Richtung der Literatur zu begreifen, ohne zuvor den Siegeszug des Rollenspiels *Dungeons & Dragons* Ende der Siebziger zu verstehen, welches Hunderttausenden von Teenagern weltweit ermöglichte, eigene Fantasy-Welten und Geschichten zu improvisieren, als würden sie kollektiv und in Echtzeit das Skript zu ihren eigenen Abenteuern schreiben.

D&D, wie es von vielen begeisterten Spielern genannt wird, ist einerseits das freieste Spiel, das man sich nur vorstellen kann, da es den Charakteren erlaubt ist, innerhalb der Grenzen einer vom »Dungeon Master« (Kerkermeister) mit seinen Büchern, Karten und Tafeln geschaffenen Welt aus vorgegebenen Städten, Burgen, Verliesen und Wäldern absolut alles zu tun. In vielerlei Hinsicht ist das Spiel ziemlich anarchistisch, da es hier – im Gegensatz zu klassischen Kriegsspielen, bei denen man Armeen befehligt – statt eindeutigen Kommandoketten eine Art Interessengruppen gibt, also Individuen, die zu einem gemeinsamen Zweck zusammenarbeiten (eine bestimmte Aufgabe oder lediglich das Streben nach Reichtum und Abenteuern). Die sozialen Beziehungen unterscheiden sich daher stark von unpersönlichen bürokratischen Hierarchien.

Andererseits stellt D&D die ultimative Bürokratisierung der antibürokratischen Fantasy dar. Alles ist katalogisiert: Typen von Monstern (etwa Steinriesen, Eisriesen, Feuerriesen …), denen jeweils sorgfältig tabellarisierte Kräfte und Anzahlen von Lebenspunkten (wie schwer es ist, sie zu töten) zugeordnet sind; menschliche Fähigkeiten (Kraft, Intelligenz, Weisheit, Geschicklichkeit, Konstitution …); verfügbare Zaubersprüche mit unterschiedlichen Wirkungsgraden (magische Rakete, Feuerball, »Passwall« …); Typen von Göttern und Dämonen;

die Wirksamkeit verschiedener Waffen und Panzerungen und sogar Charaktereigenschaften (man kann rechtschaffen, neutral oder chaotisch sein; gut, neutral oder böse; kombiniert ergeben sich daraus neun mögliche Charaktertypen …).

Die Bücher erinnern entfernt an mittelalterliche Bestiarien und Grimoiren. Zum Großteil bestehen sie jedoch aus Statistiken. Sämtliche wichtige Eigenschaften lassen sich auf Zahlen reduzieren. Außerdem gibt es im Spielverlauf selbst keine Regeln. Die Bücher sind lediglich Anleitungen; der Dungeon Master kann (und muss auch) mit ihnen herumspielen, neue Banne, Monster und tausend Varianten bestehender Elemente erfinden. Die Zahlen sind in gewissem Sinne eine Plattform für verrückte Heldentaten der Fantasy, also ihrerseits eine Art poetischer Technologie.

Die Einführung der Zahlen, die Standardisierung von Charakteren, Fähigkeiten, Monstern, Schätzen und Bannen sowie das Konzept von Geschicklichkeits- und Lebenspunkten hatte jedoch grundlegende Auswirkungen, als man die Welt der 6-, 8-, 12- und 20-seitigen Würfel verließ und ins Zeitalter digitaler Schnittstellen eintrat. Computerspiele konnten Fantasy zu einer fast vollkommen bürokratischen Prozedur machen: Punkte sammeln, eine höhere Spielebene erreichen und so weiter. Man kehrte wieder zum Armeekommando zurück. Dies wiederum setzte eine entgegengesetzte Bewegung in Gang, indem nun das Rollenspiel erneut Einzug in die Computerspiele hielt (*Elfquest*, *World of Warcraft*…). Es kam zu einem konstanten Hin und Her der Imperative poetischer und bürokratischer Technologien.

Dadurch bestärken solche Spiele aber letztlich den Eindruck, dass wir in einem Universum leben, wo buchhalterische Vorgänge die Struktur der Realität definieren, wo selbst die am weitesten reichende Aufhebung der verwalteten Welt, in welcher wir momentan leben, am Ende nur in einer weiteren Version derselben münden kann.

Warum ich es für angemessen hielt, so viel Zeit auf Fantasy-Welten zu verwenden? Weil dieses Thema einige grundsätzliche Fragen über die Natur von Spiel *(game)*, spielen *(play)* und Freiheit aufwirft – die, so glaube ich, zusammen den verborgenen Reiz der Bürokratie ausmachen.

Einerseits ist die Bürokratie alles andere als spielerisch. Mechanistisch und unpersönlich scheint sie die Verneinung jeglicher Verspieltheit darzustellen. Gerät man andererseits jedoch in die sprichwörtlichen Mühlen der Bürokratie, erinnert dies oft an ein abstruses Spiel.

Bürokratien schaffen Spiele. Bürokratien sind selbst Spiele – die aber absolut keinen Spaß machen. Es könnte an dieser Stelle jedoch sachdienlich sein, einmal näher über das Wesen von Spielen nachzudenken, und darüber, warum sie eigentlich so viel Spaß machen. Worin besteht eigentlich die Beziehung zwischen *Spiel* und *spielen*? Wir spielen Spiele. Bedeutet das also, dass *Spiel* und *spielen* im Grunde ein und dasselbe sind? In den meisten Sprachen sind die beiden Wörter mehr oder weniger gleich (etwa im Deutschen, Englischen oder Französischen). Auf anderer Ebene jedoch erscheinen sie als Gegensätze, da das eine mit freier Kreativität, das andere mit Regeln assoziiert wird.

Der große holländische Soziologe Johann Huizinga verfasste ein Buch mit dem Titel *Homo ludens*, welches vordergründig eine Theorie des Spielens ist. Tatsächlich aber ist das Werk eine sehr schlechte Theorie des Spielens, dafür eine sehr gelungene Spiele-Theorie.[41] Huizinga zufolge besitzen alle Spiele bestimmte gemeinsame Elemente. Zunächst sind sie zeitlich und räumlich klar begrenzt und damit dem normalen Leben entrückt.

Es gibt ein Feld, ein Brett, einen Startschuss, eine Ziellinie. Innerhalb der zeitlich-räumlichen Gegebenheiten handeln bestimmte Personen als Spieler. Außerdem gibt es Regeln, die exakt festlegen, was diese Spieler dürfen und nicht dürfen. Schließlich existiert stets eine klare Vorstellung davon, was die Spieler tun müssen, um das Spiel zu gewinnen. Streng genommen ist das alles. Orte, Personen und Handlungen, die aus diesem Rahmen herausfallen, sind irrelevant, da sie nicht Teil des Spiels sind. Man könnte auch sagen, Spiele seien ein rein durch Regeln bestimmtes Handeln.

Dies scheint mir sehr wichtig, da gerade das den Spaß am Spiel ausmacht. In fast allen anderen Bereichen menschlichen Lebens sind diese Dinge mehrdeutig. Man denke an einen Familienstreit oder eine Rivalität am Arbeitsplatz. Wer Partei ist oder nicht, was fair ist, wann das Ganze angefangen hat und wann es vorbei ist, ja, sogar, was es bedeutet, wenn man gewonnen hat – all das ist extrem schwierig zu sagen. Das Schwierigste dabei ist, die Regeln zu verstehen. So gut wie jede Situation wird von Regeln bestimmt – selbst bei einer lockeren Unterhaltung gibt es Höflichkeitsregeln, über die Sprechreihenfolge, über Geschwindigkeit, Ton und Rücksichtnahme, über angemessene und unangemessene Themen, wann man lächeln darf, welche Art von Humor erlaubt ist, was man mit seinen Augen tun sollte und noch eine Million anderer Dinge. Diese Regeln sind selten explizit, und für gewöhnlich gibt es viele gegensätzliche Regeln, die in einem gegebenen Augenblick mögliche Anwendung finden. Uns obliegt also die schwierige Aufgabe, uns zwischen ihnen hindurch zu lavieren und dabei vorherzusehen, wie andere dasselbe tun werden. Beim Spielen ist es uns möglich, eine Situation ohne all diese Mehrdeutigkeiten zu erfahren. Alle kennen die Regeln ganz genau. Und nicht nur das: Sie *befolgen* sie auch. Und durch die Einhaltung der Regeln ist es sogar möglich, zu gewinnen! Dies – und die Tatsache, dass man sich, anders als im wirklichen Leben, diesen Regeln freiwillig unterwirft – ist der Ursprung des Vergnügens.

Spiele sind also eine Art Utopie der Regeln. Auf diese Weise können wir den eigentlichen Unterschied zwischen *Spiel* und *spielen* begreifen. Ja, man kann ein Spiel spielen; aber wenn man von *spielen* spricht, impliziert das keinesfalls die Existenz von Regeln.[42] Spielen kann rein improvisiert sein. Man kann einfach »herumspielen«. In diesem Sinne, dem Spielen in seiner reinsten Form und in Abgrenzung zum (regelgebundenen) Spiel, liegt ein reiner Ausdruck kreativer Energie. Wäre es möglich, eine brauchbare Definition von *spielen* herauszuarbeiten (was extrem schwierig ist), müsste diese irgendwo in diesem Bereich liegen: Von *spielen* kann man sprechen, wenn der freie Ausdruck kreativer Energien zum Selbstzweck wird. Es ist Freiheit um ihrer selbst willen. Dies macht das Spielen zudem in gewisser Weise zu einem höherrangigen Konzept als das Spiel: Beim Spielen können zwar Spiele und Regeln entstehen – unweigerlich geschieht dies zumindest stillschweigend, da zielloses Herumspielen rasch langweilig wird –, doch deshalb kann das Spielen per Definition nicht eigentlich regelgebunden sein. Dies trifft umso mehr auf soziales Spielen zu. In Studien mit spielenden Kindern etwa wird regelmäßig festgestellt, dass Kinder, die imaginäre Spiele spielen, mindestens so viel Zeit mit dem Streiten über die Regeln verbringen, wie mit dem Spielen selbst. Solche Streitigkeiten sind selbst eine Form des Spielens.[43]

Einerseits ist das alles offensichtlich: Wir sprechen nur über das Entstehen einer Form. Freiheit muss mit etwas in Spannung sein, sonst wäre sie beliebig.

Dies lässt den Schluss zu, dass die absolut reine Form des Spielens, die von keinerlei Regeln beeinträchtigt wird, nur in unserer Phantasie existieren kann, als Aspekt jener göttlichen Kräfte, die den Kosmos schaffen. Nachfolgend ein Zitat des indischen Wissenschaftsphilosophen Shiv Visvanatan:

> Ein Spiel ist eine begrenzte, spezifische Form der Problemlösung. Spielen ist kosmischer und hinsichtlich seines Ausgangs offener. Götter spielen, aber der Mensch ist leider ein Wesen, das Spiele bevorzugt. Ein Spiel hat eine vorhersehbare Auflösung, Spielen möglicherweise nicht. Spielen ermöglicht Entwicklung, Innovation, Überraschung.[44]

Das ist alles richtig. Aber aus eben diesem Grunde hat das Spielen auch etwas potenziell Erschreckendes. Diese ergebnisoffene Kreativität ermöglicht nämlich auch eine willkürliche Destruktivität. Katzen spielen mit Mäusen. Einer Fliege die Flügel auszureißen, ist ebenfalls eine Form des Spielens. Spielerische Götter sind selten solche, denen man als geistig gesunder Mensch begegnen möchte.

Lassen Sie mich daher eine These aufstellen: Was dem Reiz der Bürokratie letztendlich zugrunde liegt, ist die Angst vor dem Spielen.

Für den Sozialtheoretiker gibt es eine offensichtliche Analogie zum Spielen als Regeln generierendes Prinzip, das selbst durch diese nicht gebunden ist – das Prinzip der Souveränität. Der Leser wird sich erinnern, dass die Souveränität neben der Verwaltung und der Politik eines der drei Prinzipien war, die zusammen unseren aktuellen Begriff des »Staates« ergeben. Der Begriff »Souveränität« wird in der politischen Theorie heute meist als Synonym für »Unabhängigkeit« oder »Autonomie« verwendet. Es gilt als das Recht einer Regierung, innerhalb ihrer eigenen Grenzen nach Belieben zu verfahren, doch entspringt es ganz spezifischen europäischen Debatten über die Macht von Königen. Die Kernfrage lautete: Ist es möglich, dass der oberste Herrscher eines Königreichs in irgendeiner Weise an Gesetze gebunden ist?

Diejenigen, die der Ansicht waren, Souveräne seien nicht an

Gesetze gebunden, zogen eine Analogie zu göttlicher Macht. Gott ist der Schöpfer und Vollstrecker jedes Systems kosmischer Moral. Um ein System zu erschaffen, muss man diesem jedoch vorausgehen. Aus diesem Grund kann Gott nicht an moralische Gesetze gebunden sein. Das ist keine ganz ungewöhnliche Schlussfolgerung. Auf Madagaskar existierte dazu ein recht unmissverständlicher Volksglaube: Gott wurde einerseits als oberster Richter dargestellt, der von oben herabsah und Gesetzesverstöße bestrafte, gleichzeitig aber auch als vollkommen unberechenbares Wesen, das Blitze schleuderte und grundlos Menschen hinwegfegte. Gelegentlich versuchten afrikanische Könige, dieses absolute Prinzip selbst zu verkörpern: Das berühmteste Beispiel war der Kabaka des Königreichs Ganda. Als er sich mit englischen Besuchern traf, die ihm durch das Geschenk einer neuen, hochwirksamen englischen Flinte imponieren wollten, beeindruckte er *sie* im Gegenzug dadurch, dass er die Waffe wahllos an Passanten auf der Straße ausprobierte.

Gleichzeitig aber gründete die Legitimation des Kabaka als Monarch in erster Linie auf seiner Reputation, in der Funktion des obersten Richters unparteiisch Recht zu sprechen. Abermals betrachtete man die beiden Elemente als gegenseitig bedingt: Da der König alles tun (oder nehmen) konnte, was er wollte, war er nicht bestechlich, so dass er keinen Grund hatte, *nicht* unparteiisch zu sein. Das Königreich Ganda ist zwar ein extremes Beispiel für dieses Prinzip (und man sollte an dieser Stelle erwähnen, dass afrikanische Könige, die es derart auf die Spitze trieben, meist ein böses Ende nahmen), doch gibt es eine direkte Verbindung zwischen dieser absoluten Auffassung transzendenter Souveränität und, beispielsweise Carl Schmitts »Politischer Theologie«, nach welcher souveräne Macht in modernen Staaten die Macht ist, die Gesetze außer Kraft zu setzen.[45]

Souveränität in diesem Sinne ist somit identisch mit dem Spielen als generativem Prinzip, das Spiele erzeugt; in diesem

Falle ist sie aber auch ein Spielen in dessen erschreckendster, kosmischer Gestalt. Diese Vorstellung wurde bisweilen als Spielen »von oben nach unten« bezeichnet, ein Konzept, das in der indischen Theologie am ausgeprägtesten ist. Dort wird der Kosmos selbst als Spielen der göttlichen Mächte angesehen.[46] Doch wie Brian Sutton-Smith in seinem Buch *Die Dialektik des Spiels* feststellt, war dies die vorherrschende Ansicht in der antiken Welt, in der menschliche Wesen als Spielball von Schicksal und Vorsehung betrachtet wurden. Das exemplarisch menschliche Spiel in einem solchen Universum ist das Glücksspiel, bei dem wir uns willentlich den Launen der Götter unterwerfen.[47] In einem solchen Universum ist die Freiheit ein Nullsummenspiel. Die Freiheit von Göttern und Königen ist das Maß menschlicher Sklaverei.

Es sollte nicht allzu schwer zu erkennen sein, wohin das alles führt. Moderne Staaten gründen auf einem Prinzip der Volkssouveränität. Die göttliche Macht der Könige liegt also in den Händen einer Einheit namens »das Volk«. In der Praxis wird jedoch immer unklarer, was Volkssouveränität in diesem Zusammenhang eigentlich bedeuten soll. Max Weber verwies darauf, dass die institutionellen Repräsentanten eines souveränen Staates innerhalb dessen Grenzen ein Monopol zur Gewaltausübung besitzen.[48] Normalerweise kann diese Gewalt nur von bestimmten, offiziell befugten Amtsträgern ausgeübt werden (Soldaten, Polizisten, Gefängniswärtern) oder von denjenigen, die von solchen Amtsträgern befugt werden (etwa privates Wach- oder Flugplatzsicherheitspersonal), und nur in einer vom Gesetz genau vorgegebenen Art und Weise. Trotzdem ist die souveräne Macht das Recht, solche Rechtsauffassungen beiseite zu fegen oder sie je nach Bedarf neu zu begründen.[49] Die Vereinigten Staaten mögen sich als »Land der Gesetze, nicht der Menschen« bezeichnen, doch wie man in jüngster Vergangenheit gesehen hat, können amerikanische Präsidenten Folter, Attentate und Überwachungsprogramme anordnen, ja, sogar rechtsfreie Zonen wie Guantánamo einrichten, in denen sie Gefangene mehr oder weniger willkürlich behandeln.

Selbst auf unterster Ebene sind diejenigen, die das Gesetz vollstrecken, nicht wirklich an dieses Gesetz gebunden. So muss sich etwa ein amerikanischer Polizist schon ganz außerordentlich *anstrengen*, einem amerikanischen Bürger etwas anzutun, um wegen eines Verbrechens verurteilt zu werden.[50]

Brian Sutton-Smith argumentiert, dass die ältere Sichtweise des Spielens »von oben herab«, die bisweilen auch als »dunkles Spielen« bezeichnet wurde, in der heutigen Welt eigentlich keine Gültigkeit mehr besitze. Seit der Romantik sei es durch eine ganze Reihe weitaus fröhlicherer Auffassungen ersetzt worden, die das Spielen entweder als subversiv, lehrreich oder phantasievoll betrachteten. Zweifellos trifft all das zu. Es scheint mir jedoch, als sei die alte Auffassung nicht vollständig verschwunden.[51] Sie hält sich zumindest auf politischer Ebene, wo jeder Akt willkürlicher Macht das Gefühl bestärkt, dass nicht die Macht, sondern die Willkür – also die Freiheit selbst – das eigentliche Problem ist.[52]

Dies ist allerdings fast exakt das, was eingetreten ist, wo immer die republikanische Regierungsform (nun allgemein fälschlich als »Demokratie« bezeichnet) zur Norm geworden ist. Die Rechtsordnung und damit die Zonen, in denen der Staat der oberste Vollstrecker von Regeln ist, wurde erweitert, um beinahe jeden möglichen Aspekt menschlichen Handelns zu definieren und zu regulieren. Deshalb gibt es heute Vorschriften darüber, wo man bestimmte Getränke ausschenken oder konsumieren darf, wie man zu arbeiten hat, wann man die Arbeit niederlegen darf und wann nicht, und wie groß die Werbetafeln am Straßenrand sein dürfen. Die Gewaltandrohung durchdringt praktisch jeden Aspekt unseres Daseins, und zwar in einer Art und Weise, die unter der Herrschaft von Marcus Aurelius Antonius, später Elagabal genannt, Dschingis Khan oder Süleyman dem Prächtigen undenkbar gewesen wäre.

Über diesen Eingriff von Regulation und Gewalt in sämtliche Bereiche unseres Alltags habe ich bereits geschrieben. Hier möchte ich zeigen, dass dieser Imperativ einer unausgesprochenen Kosmologie entspringt, in der das Prinzip des Spielens (und erweitert: der Kreativität) an sich als erschreckend empfunden wird, während ein Verhalten nach festen Spielregeln als transparent und berechenbar gepriesen und infolgedessen der Vorstoß von Gesetzen und Regeln als eine Art Freiheit erfahren wird.

Dies geschieht selbst in Kontexten, wo die Bedrohung durch staatliche Gewalt in maximaler Ferne liegt. Ein gutes Beispiel dafür ist das Management akademischer Fachbereiche. Wie bereits festgestellt, tun sich Anthropologen generell schwer damit, ihre Analyseinstrumente auf ihre eigene institutionelle Umgebung anzuwenden, doch es gibt Ausnahmen. Eine davon ist Marilyn Stratherns Analyse dessen, was in Großbritannien als »Auditkultur« bekannt geworden ist. Der Grundgedanke hinter diesem Begriff ist, dass die akademische Welt ohne klare, »transparente« Bewertungskriterien über die Qualität wissenschaftlicher Arbeit zu einem Feudalsystem verkommt, das auf willkürlicher persönlicher Autorität basiert. Oberflächlich lässt sich darüber kaum streiten. Wer wollte schon etwas gegen Transparenz sagen? Strathern war Leiterin der anthropologischen Fakultät in Cambridge, als diese Reformen durchgesetzt wurden. In ihrem Buch *Audit Cultures* schildert sie die unmittelbaren Folgen dieser Form der Bürokratisierung.[53]

Auf seine eigene Weise war Cambridge selbst eine exemplarisch feudale Institution mit einem riesigen Wust an Bräuchen und Traditionen. Auch die Anthropologie, wenngleich eine relativ junge Wissenschaft, ging nach ihren ganz eigenen Methoden zu Werke, die niemand vollständig erklären konnte – sprich:

die niemand vollständig begriff. Um jedoch für die Verwaltung »transparent« zu werden, mussten die Anthropologen ihre Methoden formulieren. Sie mussten ihre traditionell differenzierten, raffinierten Vorgehensweisen in ein Korsett ausdrücklicher Regeln pressen. Eigentlich nichts anderes, als aus Gewohnheiten eine Art Brettspiel zu machen.

Aufgrund dieser Anforderungen war es jedermanns erster Impuls, einfach zu sagen, »Gut, gut, dann schreiben wir das für die Verwaltung und machen danach weiter wie bisher«. Tatsächlich aber ist so etwas nicht mehr möglich, denn in dem Augenblick, in dem es zu einem wie auch immer gearteten Konflikt kommt, verweisen beide Parteien automatisch auf das Regelwerk.

Solche Reformen mögen darauf abzielen, willkürliche, persönliche Autorität zu beseitigen, tatsächlich jedoch gelingt dies dadurch nie. Die persönliche Autorität verlagert sich einfach auf die nächsthöhere Ebene und wird zur Befugnis, Regeln in bestimmten Fällen außer Kraft zu setzen (abermals eine Miniaturversion souveräner Macht). In der Praxis hingegen wird die Legitimität der Reformen nicht etwa dadurch untergraben, dass sie ihre gesetzten Ziele nicht erreichen. Stattdessen tritt ein gegensätzlicher Effekt ein, da jeder, der sich gegen solch personalisierte Macht wendet, dies nur durch die Forderung nach noch mehr Regeln und noch mehr »Transparenz« wehren kann. Die Forderung nach Freiheit und Gerechtigkeit bewirkt plötzlich, dass alles zu einem Spiel reduziert wird.

Wenn man es recht bedenkt, geschieht so etwas die ganze Zeit – selbst in Kontexten, die nichts mit willkürlicher persönlicher Autorität zu tun haben. Das offensichtlichste Beispiel ist die Sprache. Nennen wir es den Grammatik-Effekt. Die Menschen erfinden Sprachen, indem sie Grammatiken schreiben. Grammatiken verfassen sie – zumindest die ersten Grammatiken einer Sprache –, indem sie die stillschweigenden, großteils unbewussten Regeln festhalten, welche die Menschen beim

Sprechen anwenden. Sobald jedoch eine Grammatik existiert, insbesondere, wenn sie im Schulunterricht gelehrt wird, scheint es vielmehr so, als wären die darin enthaltenen Regeln nicht Beschreibungen, wie die Menschen sprechen, sondern Vorschriften, wie sie zu sprechen *haben*.

Dieses Phänomen lässt sich besonders gut an Orten beobachten, wo Grammatiken erst kürzlich verfasst wurden. An vielen Orten der Welt wurden die ersten Grammatiken und Lexika von christlichen Missionaren des 19. oder sogar 20. Jahrhunderts geschaffen, welche die Bibel und andere geistliche Texte in bis dato ungeschriebene Sprachen übertragen wollten. Die erste Grammatik des Madagassischen etwa, der auf Madagaskar gesprochenen Sprache, stammt aus dem frühen 19. Jahrhundert. Freilich verändert sich eine Sprache laufend, so dass gesprochenes Madagassisch – und selbst die Grammatik – heute in vielerlei Hinsicht ganz anders ist als vor 200 Jahren. Thematisiert man dies jedoch, heißt es automatisch (da jedermann die alte Grammatik in der Schule lernt), die heutigen Sprecher würden schlicht Fehler machen und sich nicht korrekt an die Regeln halten. Offenbar kommt es niemandem in den Sinn, dass man die heute gebräuchlichen Sprechweisen als einzig korrekte betrachten würde, hätten die Missionare ihre Bücher 200 Jahre später geschrieben. Ein Sprachgebrauch wie vor 200 Jahren gälte dann als falsch.

Ich musste feststellen, dass diese Haltung es extrem schwierig machte, Madagassisch in seiner tatsächlichen Verwendung zu lernen. Selbst wenn ich bei Muttersprachlern, etwa Universitätsstudenten, Unterricht nahm, brachten sie mir das Madagassisch des 19. Jahrhunderts bei, wie es in der Schule gelehrt wurde. Als sich meine Kenntnisse verbesserten, stellte ich nach und nach fest, dass sie sich untereinander vollkommen anders unterhielten, als sie mir zu sprechen beibrachten. Fragte ich sie jedoch nach den von ihnen gebrauchten grammatikalischen

Formen, die nicht in den Büchern standen, winkten sie nur ab und sagten: »Ach, das ist bloß Slang, so reden Sie besser nicht.« Schließlich entdeckte ich die einzige Möglichkeit, zeitgenössisches Madagassisch zu lernen: Ich zeichnete Gespräche per Tonband auf und versuchte, sie selbst zu transkribieren. Wann immer mir eine Wendung oder ein Ausdruck nicht geläufig war, fragte ich Freunde. Aber auch das funktionierte nicht: Da sie einmal beschlossen hatten, dass bestimmte grammatikalische Formen falsch seien, konnten sie diese schlicht nicht in grammatikalischen Begriffen erklären.

Im Falle der Fakultät für Anthropologie in Cambridge wurden die Regeln recht explizit gefasst und dann in Stein gemeißelt, vorgeblich als Methode zur Vermeidung willkürlicher, persönlicher Autorität. Die Reformen hatten aber eindeutig nichts mit einer Abneigung gegenüber willkürlicher Autorität zu tun, sondern mit einer Abneigung gegenüber Willkür an sich – eine Abneigung, die zur gedankenlosen Akzeptanz von Autorität in ihrer formalsten, institutionellsten Form führt. Unsere ersten Erfahrungen mit formaler, regelkonformer Autorität machen wir schließlich in der Schule. Auf Madagaskar trifft dies ganz besonders zu: Als ich meine Freunde fragte, warum so gut wie niemand die in den Schulbüchern geschrieben Sprache spricht, erhielt ich zur Antwort: »Naja, wissen Sie, die Leute sind halt faul.« Das Problem war offensichtlich, dass die gesamte Bevölkerung sich dieses im Unterricht vermittelte Wissen nicht richtig eingeprägt hatte. Was sie jedoch ablehnten, war die Legitimität kollektiver Kreativität, das freie Spiel des Systems.

Es lohnt sich, einen Augenblick lang über Sprache nachzudenken, weil sie vermutlich besser als alle anderen Beispiele zeigt, dass unsere Vorstellung von Freiheit ein grundlegendes Paradoxon beinhaltet. Einerseits sind Regeln von sich aus einschränkend. Sprachkodexe, Etikette und Grammatik begrenzen, was wir sagen und nicht sagen können. Nicht umsonst haben wir als Sinnbild der Unterdrückung alle das Bild eines Paukers im Kopf, der einem Kind auf die Finger klopft, weil es irgendeinen Grammatikfehler gemacht hat. Gäbe es andererseits aber keinerlei Konventionen – keine Semantik, Syntax, Phonemik –, könnten wir miteinander überhaupt nicht kommunizieren. Unter solchen Umständen könnte man nicht gerade viel tun. Irgendwann also überwiegt die einschränkende Wirkung von Regeln deren befähigende Wirkung, wenn man auch unmöglich sagen kann, wo dieser Punkt genau liegt. Freiheit ist demnach die Spannung zwischen dem freien Spielen menschlicher Kreativität und den Regeln, die es konstant erzeugt. Linguisten stellen dies regelmäßig fest. Es gibt keine Sprache ohne Grammatik. Es gibt aber auch keine Sprache, in der nicht alles, darunter auch die Grammatik, einem steten Wandel unterworfen ist.

Nur selten fragen wir uns, warum das eigentlich so ist. Warum verändern sich Sprachen dauernd? Es ist leicht zu erkennen, dass wir, um miteinander zu sprechen, gemeinsame Übereinkünfte hinsichtlich Grammatik und Vokabular benötigen. Wenn das alles wäre, wofür wir die Sprache brauchten, würde eine bestimmte Gruppe von Sprechern, wenn sie einmal eine zweckdienliche Grammatik und ein passendes Vokabular gefunden hätte, einfach dabei bleiben. Vielleicht würde sich der Wortschatz ein wenig ändern, wenn es etwas Neues zu besprechen gäbe – eine überraschende Entwicklung, eine Erfindung, ein wichtiges Gemüse –, doch im Großen und Ganzen bliebe das sprachliche Gerüst starr. Tatsächlich jedoch geschieht dies nie. Es ist kein einziges Beispiel einer Sprache bekannt, die sich etwa im Verlauf eines Jahrhunderts sowohl in der Aussprache als auch in der Struktur nicht verändert hätte.[54]

Dies gilt sogar für die Sprachen der »traditionellsten« Gesellschaften. Es geschieht selbst dort, wo sich, um dies zu verhindern, komplexe institutionelle Strukturen gebildet haben – etwa Gymnasien oder die Académie française. Zweifellos ist die laufende Sprachveränderung zum Teil eine Folge schlichten Aufbegehrens (junge Leute versuchen sich etwa von der älteren Generation abzugrenzen), doch drängt sich die Schlussfolgerung auf, dass hier letztlich das Prinzip des Spielens in seiner reinsten Form am Werk ist. Menschliche Wesen – ob sie nun Arapesh, Hopi oder Norwegisch sprechen, finden es ganz einfach langweilig, immer alles auf ein und dieselbe Weise zu sagen. Sie müssen immer ein wenig spielerisch mit ihren Formulierungen umgehen. Dieser spielerische Umgang hat stets kumulative Wirkung.

Dies zeigt, dass Menschen auf der ganzen Welt hier zwei widersprüchlichen Neigungen folgen: einerseits aus reiner Freude kreativ mit der Sprache zu spielen; andererseits jedem zuzustimmen, der ihnen sagt, dass sie das eigentlich nicht tun sollten. Letzteres ermöglicht die Gamifizierung institutionellen Lebens. Führt man letztere Neigung zu ihrem logischen Schluss, wird alle Freiheit zur Willkür und die Willkür zu einer Form gefährlicher, subversiver Macht. Man muss nur einen Schritt weiter gehen, um zu sagen, dass wahre Freiheit bedeutet, in einer vollkommen berechenbaren Welt zu leben, in der es keinerlei Freiheit dieser Art gibt.

Lassen Sie mich mit einem Beispiel aus meiner eigenen politischen Erfahrung schließen.

Im Verlauf der vergangenen dreißig Jahre haben Antiautoritäre auf der ganzen Welt versucht, neue, effizientere Modi direkter Demokratie zu schaffen – die nicht durch eine Bürokratie der Gewalt durchgesetzt werden müssen. Auf diese Anstrengungen bin ich an anderer Stelle bereits umfassend eingegangen.

Große Fortschritte sind erzielt worden. Doch diejenigen, die an solchen Projekten arbeiten, sehen sich häufig gezwungen, sich mit eben jenen Formen »willkürlicher« Macht zu befassen, die sie von Grund auf ablehnen. Ein Teil der Arbeit, neue

Konsensprozesse zu entwickeln, besteht zum Beispiel darin, institutionelle Formen zu schaffen, die Improvisation und Kreativität fördern, statt sie zu hemmen. Wie sich Aktivisten manchmal ausdrücken: Bringt man eine Gruppe von Menschen zusammen, ist es unter den meisten Umständen wahrscheinlich, dass sich diese Gruppe weniger intelligent und weniger kreativ verhält als jedes einzelne Mitglied dieser Gruppe. Der Entscheidungsfindungsprozess von Aktivisten hingegen ist darauf ausgerichtet, die Gruppe schlauer und phantasievoller zu machen als ihre einzelnen Mitglieder.

Das zu erreichen, ist tatsächlich möglich, doch bedarf es dazu einer ganzen Menge Arbeit. Je größer die Gruppe, desto mehr formale Mechanismen müssen eingerichtet werden. Das wichtigste Essay in dieser ganzen Aktivistentradition wurde 1970 von Jo Freeman verfasst und trägt den Titel »Die Tyrannei der Strukturlosigkeit«.[55] Darin geht es um die organisatorische Krise, zu welcher es in frühen feministischen Kreisen kam, als diese Gruppen eine gewisse Größe erreichten. Freeman stellt fest, solche Gruppen begännen stets mit einer Art Hopplahopp-Anarchismus, unter der Annahme, für sie bestünde keinerlei Bedarf an formalen Regeln und Mechanismen. Man dachte, die Leute würden sich einfach auf schwesterliche Weise zusammensetzen und alles gemeinsam regeln. Anfangs geschah auch genau das. Sobald die Gruppengröße jedoch wuchs, sagen wir, auf mehr als 20 Mitglieder, entwickelten sich informelle Cliquen. Kleine Gruppen von Freunden oder Gleichgesinnten fingen an, Informationen zu kontrollieren, Agenden zu setzen und auf unterschwellige, vielgestaltige Weise Macht auszuüben. Freeman nannte eine Reihe verschiedener formaler Mechanismen, die eingesetzt werden können, um dieser Entwicklung gegenzusteuern. An dieser Stelle genügt jedoch die Feststellung, dass der heute vieldiskutierte Begriff des »formellen Konsensprozesses« großteils aus der von Freeman beschriebenen Krise herrührt, sowie aus der Debatte, die ihre Einwände in Gang setzten.

Ich möchte aber darauf hinweisen, dass alle, die Freemans Essay nicht von einer explizit antiautoritären Warte aus lasen – und zu einem beträchtlichen Teil selbst diese Wenigen –, den Text vollkommen missverstanden und ihn nicht als Plädoyer für formale Mechanismen zur Sicherung der Gleichheit, sondern als Forderung nach mehr transparenter Hierarchie interpretierten. Leninisten sind für so etwas berüchtigt, doch die Liberalen sind genauso schlimm. Ich weiß gar nicht mehr, wie oft ich mich über diese Frage schon gestritten habe. Sie verlaufen immer gleich. Erst wird Freemans Argument über die Bildung von Cliquen und unsichtbaren Machtstrukturen als Argument aufgegriffen, dass jede Gruppe mit über 20 Mitgliedern automatisch Cliquen und Verantwortliche hervorbringt. Im nächsten Schritt wird darauf beharrt, dass man, wolle man die Macht solcher Cliquen oder die möglichen schädlichen Auswirkungen solcher Machtstrukturen begrenzen, diese unweigerlich institutionalisieren müsse – also die *De-facto*-Intrige zu einem Führungskomitee zu machen. Man müsse die Macht aus ihrem Schatten hervorholen – den Prozess formalisieren, Regeln aufstellen, Wahlen abhalten, exakt spezifizieren, was der Schattenverbindung gestattet ist und was nicht. Auf diese Weise lasse sich Macht wenigstens transparent und »rechenschaftspflichtig« machen. (Man beachte dieses Wort. Es stammt aus dem Rechnungswesen.) Somit werde jede Machtwillkür verhindert.

Aus praktischer, aktivistischer Sicht ist dieser Vorschlag vollkommen unsinnig. Es ist viel einfacher, die tatsächliche Macht informeller Cliquen dadurch zu beschränken, ihnen keinerlei formellen Status und damit auch keine Legitimität zuzuerkennen. Welche »formellen rechenschaftspflichtigen Strukturen« man auch im Sinn haben mag, die solche zu Komitees gewordenen Cliquen binden sollen, so können diese in ihrer beabsichtigten Wirkungsweise nur weit ineffizienter sein. Und zwar nicht zuletzt, weil sie den differenziellen Zugang zu Informationen, der in ansonsten egalitären Gruppierungen einzelnen *per se* größere Macht verleiht, legitimieren und dadurch massiv erhöhen. Wie ich bereits im ersten Kapitel dargelegt habe, werden Strukturen der Transparenz unausweichlich zu Strukturen der Dummheit, sobald diese Entwicklung einsetzt.

Diesem Punkt stimmt der Kritiker zu – was er in aller Regel auch muss, weil es im Grunde dem gesunden Menschenverstand entspricht. Die nächste Verteidigungslinie ist mehr oder minder ästhetischer Natur: Der Kritiker beharrt darauf, dass es schlicht degoutant sei, Strukturen tatsächlicher Macht zu haben, die nicht anerkannt seien, und die, selbst wenn sie auf jede Form gewaltsamer Vollstreckung verzichteten, als willkürlich betrachtet würden. In der Regel geht der Gesprächspartner nicht so weit, einzuräumen, dass es sich dabei um ästhetische Einwände handelt. Meistens fassen sie ihre Argumente in moralische Begriffe. Gelegentlich aber trifft man auf einen, der ehrlich genug ist und genau das zugibt. Ich erinnere mich gut daran, wie ich einmal an einer von Occupy Wall Street veranstalteten Debatte im Central Park teilnahm. Mein Gesprächspartner war Norman Finkelstein, ein kluger und rundum bewundernswerter Aktivist, der während der Bürgerrechtsbewegung groß geworden war und Gruppen wie die Southern Christian Leadership Conference immer noch als Inspiration betrachtete. Bei dieser Debatte kam Finkelstein ohne Umschweife zur Sache: Vielleicht stimme es, räumte er ein, dass die beste Methode, um einer Machtakkumulation solcher Cliquen vorzubeugen, die Aufrechterhaltung eines Prinzips sei, nach welchem sie gar nicht existieren dürften. Solange solche Cliquen jedoch eine Existenzberechtigung haben, ohne formell anerkannt und reguliert zu sein, stützt man ein System, dass eine Schattenführung zulässt, wenn auch in noch so geringem Umfang. In der Praxis mag dies kein besonders großes Problem darstellen. Möglicherweise trifft es sogar zu, dass man durch eine formelle Anerkennung ihrer Existenz am Ende insgesamt weniger Freiheit schafft, als wenn man sie einfach nicht beachtet. In der Gesamtschau aber finde ich den Gedanken, aus dem Schatten heraus regiert zu werden, in jeder Hinsicht unangenehm.

Bei solchen Streitgesprächen werden wir Zeugen des direkten Aufeinanderprallens zweier unterschiedlicher Formen eines materialisierten Utopismus: Einerseits eines Anti-Autoritarismus, der in seinem Schwerpunkt auf kreative Synthese und Improvisation die Freiheit grundsätzlich als Form des Spielens betrachtet, und andererseits eines verkappten Republikanismus, welcher die Freiheit in letzter Konsequenz als Möglichkeit ansieht, sämtliche Formen der Macht auf klare und transparente Regeln zu reduzieren.

Über die letzten 200 Jahre hat sich in Europa, Nordamerika und zusehends auch anderswo vorwiegend letztere, bürokratisierte Auffassung von Freiheit behauptet. Neue institutionelle Arrangements, die nach derart strikten und berechenbaren Regeln operieren, dass diese kaum noch wahrnehmbar sind und oft völlig aus dem Bewusstsein verschwinden (wie die physische und elektronische Post, mit der ich begonnen habe), werden mehr und mehr als Plattformen menschlicher Freiheit präsentiert, die aus den technischen Möglichkeiten entstehen, welche der Unterhalt effizienter Machtstrukturen bietet. Diese Arrangements scheinen die positiven Elemente des Spielens zu erhalten, derweil sie dessen eher verstörende Potentiale unangetastet lassen.

Immer wieder kommt es jedoch zu denselben Resultaten. Ob nun motiviert durch den Glauben an »Rationalität« oder die Angst vor Machtwillkür, das Endergebnis dieses bürokratisierten Freiheitsbegriffs ist der Traum einer Welt, in der das Spielen vollständig begrenzt worden ist – oder, im Idealfall, in einen entlegenen Bereich gedrängt worden ist, weit weg von allem ernsten, konsequenten menschlichen Bemühen – und gleichzeitig jeder Aspekt des Lebens zu einer Art durchdachtem, regelgebundenem Spiel reduziert worden ist. Diese Vision entbehrt nicht jeglichen Reizes. Wer hat nicht schon einmal von einer Welt geträumt, in der jeder die Regeln kennt, sich jeder an die Spielregeln hält und vor allem, wo Menschen, die sich an die Spielregeln halten, tatsächlich auch gewinnen können? Das Problem ist nur, dass dies ebenso utopisch ist wie eine Welt absolut freien Spielens. Es wird immer eine schillernde Illusion bleiben, die sich in nichts auflöst, sobald wir sie berühren.

Solche Visionen sind nicht unbedingt schlecht. Man könnte zum Beispiel sagen, dass die meisten großen menschlichen Errungenschaften ein Ergebnis solch unrealistischen Ansinnens waren. In diesem besonderen Falle jedoch und in dem weiteren politisch-ökonomischen Kontext, in welchem die Bürokratie für einen winzigen Prozentsatz der Bevölkerung das wichtigste Mittel darstellt, sich am Rest zu bereichern, haben sie eine Situation geschaffen, in der das Streben nach Freiheit von willkürlicher Macht schlicht darin mündet, dass noch mehr willkürliche Macht geschaffen wird. Als Folge davon ersticken Regulationen Existenzen, tauchen überall bewaffnete Wächter und Überwachungskameras auf, werden Wissenschaft und Kreativität unterdrückt – und stellen wir alle schließlich fest, dass wir einen wachsenden Teil unseres Tages dem Ausfüllen von Formularen opfern müssen.

Anhang

Über Batman und die Problematik der rechtsetzenden Gewalt

Ich möchte dieses Buch mit einem Text, der sich vordergründig auf den Film The Dark Knight Rises *von Christopher Nolan bezieht, abschließen, weil er sich mit den Themen Souveränität und Populärkultur befasst, die im dritten Kapitel dieses Bandes behandelt wurden. In diesem Aufsatz, der in einer Kurzfassung 2012 in der Zeitschrift »The New Inquiry« veröffentlicht wurde, habe ich herausgearbeitet, dass es drei historisch unabhängige Elemente gab, die sich in der Vorstellung vom »Staat« verbanden, nämlich die Souveränität, die Bürokratie und die (heroische) Politik.*

Am Samstag, dem 1. Oktober 2011, verhaftete die New Yorker Polizei 700 Aktivisten von Occupy Wall Street, als sie versuchten, in einer Demonstration über die Brooklyn Bridge zu ziehen. Der damalige Bürgermeister Michael Bloomberg rechtfertigte die Festnahmen mit dem Hinweis darauf, dass die Demonstranten den Verkehr blockiert hätten. Fünf Wochen später ließ Bloomberg die nahe gelegene Queensboro Bridge volle zwei Tage für Dreharbeiten für die letzte Folge von Christopher Nolans Batman-Trilogie *The Dark Knight Rises* sperren.

Diese Ironie wurde vielfach spöttisch kommentiert.

Vor einigen Wochen habe ich mir zusammen mit Freunden von Occupy – von denen die meisten zu den Verhafteten auf der Brooklyn Bridge gehört hatten – diesen Film angeschaut. Uns allen war klar, dass der Film im Grunde eine lange und ausführliche Anti-Occupy-Propaganda sein würde. Doch das störte uns nicht. Wir gingen ins Kino, um uns ein wenig über diese Tatsache zu amüsieren, etwa in dem Sinne, wie sich jemand, der weder ein Rassist noch ein Nazi war, seinerzeit *Birth of a Nation* oder *Triumph des Willens* anschauen konnte. Wir rechneten damit, dass der Film eine feindselige oder gar aggressive Haltung vertreten würde. Aber keiner von uns erwartete, dass er einfach nur schlecht sein würde.

Ich möchte kurz darauf eingehen, warum dieser Film so schrecklich war. Er war es eigenartigerweise deshalb, weil er wichtig ist. Meiner Meinung nach kann man vieles besser verstehen – das Kino, die Polizei, die Natur der Staatsgewalt –, wenn man herauszufinden versucht, warum genau *The Dark Knight Rises* so miserabel ist.

Um eines gleich vorweg klarzustellen: Der Film ist tatsächlich ein Propagandastück gegen Occupy. Das wird wahrscheinlich nach wie vor auf einigen Widerspruch stoßen. Regisseur Christopher Nolan legte Wert auf die Feststellung, dass das Drehbuch bereits vor der Entstehung der Occupy-Bewegung geschrieben worden sei und behauptete, die berühmten Szenen von der Einnahme New Yorks seien (»Gotham«) durch Charles Dickens' Bericht über die Französische Revolution inspiriert worden und nicht durch Occupy Wall Street. Es ist jedoch allgemein bekannt, dass in Hollywood Drehbücher auch während einer laufenden Produktion ständig umgeschrieben werden, auch was die Botschaft eines Films betrifft, kann jedes Detail, zum Beispiel wo eine bestimmte Szene aufgenommen wird (»Lassen wir die Cops und die Anhänger von Bane direkt vor der New York Stock Exchange aufeinandertreffen«) oder jede winzige Änderung der Formulierungen (»Ändern wir ›die Kontrolle übernehmen‹ in ›erobern‹«) einen wichtigen Unterschied ausmachen.

Und dann gibt es noch die Tatsache, dass die Schurken tatsächlich die Wall Street besetzen und die Börse angreifen.

Genau dieses Bestreben nach Relevanz, die Tatsache, dass die Filmemacher den Mut besaßen, die großen Themen der Zeit aufzugreifen, richtete den Film zugrunde. Das ist vor allem auch deswegen traurig, weil die beiden ersten Filme der Trilogie – *Batman Begins* und *The Dark Knight* – Momente großer Sprachfertigkeit aufwiesen. Durch diese beiden Filme zeigte Nolan, dass er Interessantes zu sagen hat über die menschliche Psychologie und insbesondere über das Verhältnis von Kreativität und Gewalt. *The Dark Knight Rises* ist sogar noch ehrgeiziger. Er wagt es, einen erhabenen, pathetischen Ton anzuschlagen, der durchaus der Zeit angemessen ist. Doch im Ergebnis fehlen ihm Schlüssigkeit und Kohärenz.

Solche Augenblicke können zum einen wichtige Erkenntnisse vermitteln, weil sie gewissermaßen ein Fenster öffnen, einen Anstoß bieten, darüber nachzudenken, was es mit Filmen über Superhelden oder mit Superhelden allgemein eigentlich auf sich hat. Das hilft uns, eine weitere Frage zu beantworten: Was ist der Grund für die sprunghafte Zunahme solcher Filme – einer so starken Zunahme, die bisweilen den Eindruck entstehen lässt, dass Filme auf der Grundlage von Comics die Science-Fiction als Hauptform der von Spezialeffekten geprägten Blockbuster fast so schnell ersetzt haben, wie die Polizeifilme in den Siebzigerjahren den Western als vorherrschendes Actiongenre abgelöst haben?

Warum wurde im Laufe dieser Entwicklung bekannten Superhelden plötzlich ein komplexes Innenleben verpasst: ein familiärer Hintergrund, emotionale Vielschichtigkeit, moralische

Krisen, Ängste, Selbstzweifel? Oder warum (was ebenso wichtig ist, aber nur selten thematisiert wird) zwingt sie die Tatsache, dass sie eine Seele bekommen, dazu, sich auch eine explizite politische Orientierung zuzulegen? Man könnte die Auffassung vertreten, dass dies nicht bei einer Comic-Figur zum ersten Mal zu beobachten war, sondern bei James Bond, der in seiner traditionellen Inkarnation als übernatürlicher Gegenspieler der Meisterschurken schon immer eine kinematographische Version dieses Typus war. *Casino Royale* verlieh Bond psychologische Tiefe. Und im folgenden Film rettete Bond indigene Gemeinschaften in Bolivien vor einem transnationalen Konzern, der das Wasser privatisieren wollte.

Auch Spider-Man brach nach links aus, so wie Batman sich nach rechts entwickelte. Das ergibt in gewisser Weise durchaus Sinn. Superhelden sind ein Produkt ihres historischen Ursprungs. Superman ist ein in der Zeit der Depression entwurzelter Bauernjunge aus Iowa. Batman, der Playboy und Milliardär, ist ein Abkömmling des militärisch-industriellen Komplexes, der ebenso wie er selbst zu Beginn des Zweiten Weltkriegs geschaffen wurde. Peter Parker, ein Produkt der Sechzigerjahre, ist ein gewitzter Arbeiterjunge aus Queens, der einen gewissen Hang zum Absonderlichen und Verrückten hat. Doch auch hier wird der Subtext im letzten Film überraschend deutlich (»Du bist kein Ordnungshüter«, sagte der Polizeichef, »du bist ein Anarchist!«): Das kommt vor allem am Höhepunkt des Films zum Ausdruck, als Spider-Man, von einer Polizeikugel verwundet, durch die Solidarität der Arbeiter gerettet wird, indem Dutzende Kranführer in Manhattan sich ihren Anweisungen widersetzen und Hilfe für ihn organisieren. Nolans Streifen war der politisch ambitionierteste, aber auch der oberflächlichste dieser Filme über Superhelden. Hat das damit zu tun, dass sich das Genre des Superhelden nicht für eine rechtsgerichtete politische Botschaft eignet?

Das ist zweifellos nicht jene Schlussfolgerung, zu der die Kulturkritiker in der Vergangenheit gelangt sind.

Was lässt sich also über die politische Einstellung des Supermänner-Genres sagen? Es erscheint sinnvoll, sich zunächst die Comics anzuschauen, denn von ihnen nahm alles andere (Fernsehverfilmungen, Zeichentrickserien, Blockbuster-Filme) seinen Ausgang. Comic-Superhelden kamen ursprünglich Mitte des 20. Jahrhunderts auf und waren wie alle um diese Zeit entstandenen Phänomene der Populärkultur freudianschen Ursprungs. Das heißt, soweit ein Werk der Populärliteratur irgendetwas auszusagen hatte über die menschliche Natur oder die Motivationen der Menschen, kann man eine gewisse Anlehnung an die Lehren von Sigmund Freud erwarten. Manchmal kommt dies sogar explizit zum Ausdruck, wie etwa in *Forbidden Planet,* in dem »Ungeheuer aus dem Es« auftauchen. Üblicherweise aber ist das der Subtext.

Umberto Eco schrieb einmal, dass Comicgeschichten in gewisser Weise wie ein Traum funktionieren: dieselbe Grundhandlung wird zwanghaft immer und immer wiederholt; nichts ändert sich, der Hintergrund der Geschichten verschiebt sich von der Weltwirtschaftskrise zum Zweiten Weltkrieg und dann zur Nachkriegsprosperität, aber die Helden – sei es Superman, Wonder Woman, The Green Hornet oder Dr. Strange – verharren in einer dauerhaften Präsenz, sie altern nicht, sie sind stets dieselben. Die Grundhandlung hat folgende Form: Ein Böser – vielleicht der Boss einer Verbrecherbande, häufiger aber ein mächtiger Oberschurke – setzt ein Projekt in Gang, das auf die Unterwerfung der Welt, auf Zerstörung, Diebstahl, Erpressung oder Rache zielt. Der Held wird auf diese Bedrohung aufmerksam und findet heraus, was vor sich geht. Nach mehreren Versuchen und diversen Schwierigkeiten, gewissermaßen im letzten Augenblick, gelingt es dem Helden, die Pläne des Schurken zu vereiteln. Die Welt ist wieder in Ordnung, bis zur nächsten Episode, wenn sich genau das wiederholt.

Es ist leicht zu erkennen, was hier geschieht. Die Helden sind schlicht reaktionär, und zwar im wörtlichen Sinne: Sie reagieren auf Dinge oder Ereignisse; sie verfolgen keine eigenen Projekte. Um es genauer auszudrücken: Als *Helden* haben sie keine eigenen Projekte. So wie Clark Kent sich ständig bemüht und immer wieder dabei scheitert, Lois Lane herumzukriegen. Als Superman reagiert er einfach nur. Superhelden fehlt anscheinend jede Vorstellungskraft. Bruce Wayne kann sich trotz des vielen Geldes auf der Welt keine andere Verwendungsmöglichkeit dafür vorstellen, als immer ausgeklügeltere Waffen zu entwickeln und gelegentlich ein wenig davon für wohltätige Zwecke zu spenden. In ähnlicher Weise kommt Superman anscheinend nie auf die Idee, dass er ganz einfach den Hunger auf der Welt beenden oder freie, magische Städte aus den Bergen heraushauen könnte. Fast nie erschaffen, bauen oder konstruieren Superhelden irgendetwas. Die Schurken dagegen zeichnen sich durch unermüdliche Kreativität aus. Sie sind voller Pläne, Projekte und Ideen. Zweifellos sollen wir uns zuerst, ohne uns dessen bewusst zu sein, mit den Schurken identifizieren. Schließlich sind sie es, die sich wirklich gut amüsieren. Aber dann bekommen wir deswegen Schuldgefühle, übertragen unsere Identifikation zurück auf den Helden und amüsieren uns noch mehr, wenn wir verfolgen, wie das Superego das auf Abwege geratene Es wieder unter seine Kontrolle bringt.

Wenn man den Gedanken äußert, dass ein Comic eine bestimmte Botschaft enthalten könnte, bekommt man wahrscheinlich sofort die üblichen Einwände zu hören: »Aber das ist doch nur billige Unterhaltung! Comics wollen uns überhaupt nichts erzählen, weder über die Natur des Menschen noch über Politik, über die Gesellschaft oder über ein Riesenrad.« Das stimmt auch bis zu einem gewissen Grad. Die Populärkultur verfolgt nicht das

Ziel, jemanden von irgendetwas zu überzeugen. Sie dient dem Vergnügen. Doch bei genauerem Hinschauen wird man bemerken, dass die meisten Projekte der Populärkultur dazu tendieren, dieses Vergnügen mit einer bestimmten Art von Gedankenführung zu verbinden. Horrorfilme sind ein anschauliches Beispiel dafür. Der Plot eines Horrorstreifens ist gewöhnlich eine Geschichte über Verbrechen und Bestrafung – in einem Slasherfilm, der reinsten, schlichtesten und krassesten Erscheinungsform des Genres, entwickelt sich die Handlung stets auf die gleiche Weise. Wie schon Carol Clover in ihrem autoritativen Werk *Men, Women, and Chainsaws* feststellte, wird das Publikum zunächst vorsichtig ermutigt, sich mit dem Monster zu identifizieren (die Kamera nimmt im wörtlichen Sinn den Blickwinkel des Monsters ein), wenn es die »schlechten Mädchen« beseitigt, um später die Perspektive zu verlagern und das Geschehen durch die Augen der androgynen Heldin zu betrachten, die das Monster schließlich vernichten wird. Der Plot ist stets eine simple Geschichte über Vergehen und Bestrafung: Die schlechten Mädchen sündigen, pflegen ein sexuell freizügiges Verhalten, begehen nach einem Unfall Fahrerflucht und sind vielleicht auch noch unausstehliche, dumme Teenager; am Ende werden sie getötet. Doch dann bringt das jungfräuliche gute Mädchen den Schuldigen zur Strecke. Dahinter steht eine sehr christlich geprägte und stark moralisierende Haltung. Die Sünden mögen eher lässlich sein und die Bestrafung unverhältnismäßig hart, doch die Botschaft lautet: »Sie haben es verdient; wir alle haben es verdient; trotz unserer zivilisierten Fassade sind wir alle im Grunde verkommen und böse. Willst du dafür einen Beweis? Nun, schau dich selbst an. Bist du nicht auch böse? Wenn du nicht böse bist, warum siehst du dir dann diesen sadistischen Mist an?«

Das meine ich mit dem Hinweis darauf, dass das Vergnügen mit einer bestimmten Art von Gedankenführung, einem bestimmten Argumentationsgang verbunden wird.

Zudem mag ein Comic über einen Superhelden auf den ersten Blick ziemlich harmlos erscheinen. In vielfacher Hinsicht ist er es auch. Wenn ein Comic heranwachsenden Jugendlichen lediglich erzählen möchte, dass jeder Mensch einen gewissen Wunsch nach Chaos und Gewalt verspürt, dass solche Regungen aber unter Kontrolle gehalten werden müssen, ergeben sich daraus wahrscheinlich noch keine besonders bedenklichen politischen Auswirkungen. Vor allem deshalb nicht, weil die Botschaft auch eine gehörige Portion Ambivalenz enthält, was für alle populären Actionhelden gilt, die einen Großteil ihrer Zeit damit zu verbringen scheinen, Vorstadt-Einkaufszentren zu verwüsten und dergleichen. Viele von uns hätten auch manchmal Lust, eine Bank oder ein Einkaufszentrum kurz und klein zu schlagen. Wie Bakunin schrieb, ist »auch der Drang nach Zerstörung … ein schöpferischer Drang«.

Dennoch besteht meiner Ansicht nach durchaus Grund zu der Annahme, dass die Gewalt zumindest in Bezug auf die meisten Comic-Helden mit ausgeprägten konservativen Implikationen verbunden ist. Um dies zu verdeutlichen, muss ich in einer kurzen Abschweifung auf die Problematik der rechtsetzenden Gewalt eingehen.

Kostümierte Superhelden bekämpfen die Verbrecher im Namen des Gesetzes – auch wenn sie selbst häufig außerhalb des gesetzlichen Rahmens agieren. Doch im modernen Staat stellt der Status des Gesetzes ein Problem dar. Das hat mit einem grundlegenden logischen Paradoxon zu tun: Kein System kann sich selbst erschaffen. Eine Macht, die imstande ist, ein System von Gesetzen zu schaffen, kann nicht auch selbst durch diese gebunden werden. Daher muss das Gesetz von irgendwo anders herstammen. Im Mittelalter war die Lösung einfach: Die rechtliche Ordnung wurde von Gott geschaffen, einer Wesenheit, die, wie das Alte Testament deutlich herausstellt, nicht durch Gesetze gebunden ist und auch nicht durch irgendein erkennbares Moralsystem (auch dies entspricht der Logik: Wenn man Moral schaffen kann, dann kann man per Definition nicht selbst durch diese Moral gebunden sein). Oder wenn sie nicht durch Gott unmittelbar geschaffen wird, dann durch die von Gott gegebene Macht der Könige. Die Revolutionen in England, Amerika und Frankreich räumten mit dieser Vorstellung auf, indem sie das Konzept der Volkssouveränität entwickelten – sie verkündeten, dass die Macht, die einstmals von den Königen ausgeübt wurde, nun von einer Körperschaft ausgehe, die »das Volk« genannt wurde. Dadurch entstand sogleich ein logisches Problem, denn »das Volk« ist definitionsgemäß eine Gruppe von Individuen, die durch die Tatsache vereint werden, dass sie an eine Reihe von Gesetzen gebunden sind. Inwiefern können sie also selbst diese Gesetze geschaffen haben? Als diese Frage im Gefolge der britischen, amerikanischen und französischen Revolutionen erstmals aufkam, erschien die Antwort offenkundig: durch diese Revolutionen selbst. Doch das zog ein weiteres Problem nach sich. Revolutionen sind Akte des Gesetzesbruchs. Es ist vollkommen illegal, sich unter Einsatz von Waffengewalt zu erheben, eine Regierung zu stürzen und eine neue politische Ordnung zu errichten. Etwas Ungesetzlicheres ist überhaupt nicht vorstellbar. Cromwell, Jefferson oder Danton haben sich eindeutig des Hochverrats schuldig gemacht, gemäß den Gesetzen, unter denen sie aufgewachsen waren. Das wäre ebenso der Fall gewesen, wenn sie dieses, vielleicht zwanzig Jahre später, abermals unter den neuen Regimen versucht hätten, die sie selbst geschaffen hatten.

Gesetze entstehen also aus gesetzeswidrigen Aktivitäten. Das begründet einen zentralen Widerspruch in der Idee des modernen Staates, die davon ausgeht, dass der Staat das Monopol der legitimen Gewaltausübung besitzt. Es ist legitim, dass die Polizei Gewalt einsetzt, denn sie muss dem Gesetz zur Geltung verhelfen; das Gesetz ist legitim, weil es in der Verfassung wurzelt; die Verfassung ist legitim, weil sie aus dem Volk kommt; das Volk hat die Verfassung geschaffen durch Akte gesetzeswidriger Gewalt. Die offenkundige Frage lautet also: Wie kann man »das Volk« von einem wütenden Pöbel unterscheiden?

Darauf gibt es keine einfache Antwort.

Im vorherrschenden Denken versucht man, das Problem so weit wie möglich auszublenden. Der übliche Argumentationsgang lautet: Die Zeit der Revolutionen ist vorbei (außer vielleicht in entlegenen, rückständigen Ländern wie Gabun oder Syrien); wir können nun die Verfassung oder die Gesetze durch legale Mittel ändern. Das bedeutet natürlich, dass sich die grundlegenden Strukturen niemals ändern werden. Die Ergebnisse dieses Denkens können wir in den Vereinigten Staaten von Amerika beobachten, die mit ihrem Wahlmännerkollegium und dem Zweiparteiensystem eine staatliche Architektur besitzen, die 1789 noch sehr fortschrittlich war, heute aber in den Augen der Welt als ein politisches Gegenstück zu den Amischen erscheinen mag, die noch immer mit Pferdekutschen umherfahren. Es bedeutet auch, dass wir die Legitimität des gesamten Systems mit der Zustimmung des Volkes begründen, obwohl das einzige Volk, das jemals zu dieser Angelegenheit befragt wurde, vor 200 Jahren lebte. Zumindest in Amerika ist »das Volk« schon lange tot.

Ursprünglich wurde die Macht der Rechtsetzung von Gott abgeleitet, dann aus einer bewaffneten Revolution, und heute haben wir eine Situation, in der sie in der Tradition wurzelt – »das ist das Erbe unserer Vorfahren, und wer sind wir, dass wir deren Weisheit in Zweifel ziehen könnten?« So wird diese Thematik meiner Ansicht nach im politischen »Mainstream« behandelt. Für die radikale Linke und die autoritäre Rechte ist die Problematik der rechtsetzenden Gewalt von großer Bedeutung, doch beide geben auf die Frage der Gewalt diametral entgegengesetzte Antworten. Die Linke, geläutert durch die Katastrophen des 20. Jahrhunderts, hat sich von ihrer früheren Verherrlichung der revolutionären Gewalt weitgehend verabschiedet und bevorzugt heute gewaltfreie Formen des Widerstands. Jene, die im Namen einer Instanz handeln, die über dem Gesetz steht, können das tun, weil sie eben gerade *nicht* wie eine wild gewordene Meute auftreten. Für die Rechte dagegen – und das gilt seit dem Aufstieg des Faschismus in den Zwanzigerjahren – ist die Vorstellung, dass sich revolutionäre Gewalt durch eine besondere Qualität auszeichnen würde, die sie von rein krimineller Gewalt unterscheidet, nur selbstgerechtes Geschwätz. Gewalt ist Gewalt. Aber das heißt nicht, dass ein wütender Pöbel nicht »das Volk« darstellen könnte, denn Gewalt ist die eigentliche Quelle von Recht und politischer Ordnung. Eine erfolgreiche Anwendung von Gewalt ist auf ihre eigene Weise eine Form von rechtsetzender Macht. Deshalb kommen wir nicht umhin, wie Walter Benjamin bemerkte, die »großen Verbrecher« zu bewundern: Denn sie machen sich, wie unzählige Filmplakate im Laufe der Zeit verkündeten, »ihre Gesetze selbst«. Jede kriminelle Organisation entwickelt über kurz oder lang ihr eigenes internes Regelwerk. Das ist auch notwendig, um willkürliche, unkontrollierbare Gewalt zu unterbinden. Doch aus der Sicht der politischen Rechten ist das Recht genau das. Es ist ein Mittel, die Gewalt unter Kontrolle zu halten, die es erschafft und durch die es letztlich durchgesetzt wird.

Das erleichtert es, die scheinbar überraschende Nähe zwischen Kriminellen, Verbrecherbanden, rechten politischen Bewegungen und den bewaffneten Repräsentanten des Staates zu verstehen. Letztlich sprechen sie alle dieselbe Sprache. Sie schaffen sich ihre eigenen Regeln auf der Grundlage von Gewalt. Sie zeichnen sich gewöhnlich durch gemeinsame politische Grundhaltungen und Befindlichkeiten aus. Mussolini mag die Mafia ausgeschaltet haben, doch für die italienischen Mafiosi ist

Mussolini nach wie vor ein Idol. In Athen gibt es heute keine aktive Zusammenarbeit mehr zwischen den Bossen des organisierten Verbrechens und Menschen in armen Einwanderervierteln, faschistischen Gangs und der Polizei. In diesem Fall war es eindeutig eine politische Strategie: Konfrontiert mit einem Volksaufstand gegen eine rechtsgerichtete Regierung, entzog die Polizei zuerst jenen Vierteln ihren Schutz, in denen Einwanderergangs agierten, dann begann sie allmählich die Faschisten zu unterstützen (was zu einem rasanten Erstarken einer unverhohlen faschistischen Partei führte. Ungefähr die Hälfte der griechischen Polizei soll bei der letzten Wahl die Nazi-Partei gewählt haben.) Das zeigt nur, wie die Politik der äußersten Rechten funktioniert. Ihrer Theorie nach können in einem Raum, in dem verschiedene gewaltbereite und gewalttätige Kräfte außerhalb der gesetzlichen Ordnung (oder wie im Fall der Polizei auch innerhalb der Rechtsordnung) interagieren, neue Formen der Macht und damit der Ordnung entstehen.

Was hat all dies mit kostümierten Supermännern zu tun? Sehr viel, denke ich. Denn das ist auch der Raum, den die Superhelden ebenso wie die Superschurken besetzen. Ein inhärent faschistischer Raum, der bevölkert ist von Gangstern, Möchtegern-Diktatoren, Polizisten und Schlägern, zwischen denen die Grenzen verschwimmen. Manchmal sind die Cops gesetzestreu, manchmal korrupt. Manchmal greift auch die Polizei zur Selbstjustiz. Manchmal verfolgt sie den Superhelden, manchmal schaut sie weg oder hilft ihm. Gelegentlich tun sich die Schurken und die Helden zusammen. Die Kräfteverhältnisse ändern sich ständig. Etwas Neues kann sich nur entwickeln, wenn sich die Kräfte neu gruppieren. Andere Möglichkeiten gibt es nicht, denn im Comic-Universum existiert schlicht kein Gott und auch kein Volk.

Insoweit hier ein Potential für die Herausbildung einer rechtsetzenden Macht besteht, kann dieses nur von jenen Kräften ausgehen, die Gewalt ausüben. Und tatsächlich sinnen die Superschurken und die Superhirne des Bösen, wenn sie nicht gerade vom perfekten Verbrechen träumen oder sich in willkürlichen Gewaltakten ergehen, über die Errichtung einer Neuen Weltordnung oder dergleichen nach. Wenn es Red Skull, Kang der Eroberer oder Doktor Doom gelänge, den Planeten unter ihre Kontrolle zu bringen, würde sehr schnell eine Vielzahl neuer Gesetze erlassen werden. Und das würden keine sehr angenehmen Gesetze sein. Ihre Urheber würden sich selbst zweifellos nicht daran gebunden fühlen. Gegenüber den anderen aber würden sie wahrscheinlich unerbittlich durchgesetzt werden.

Superhelden entziehen sich dieser Logik. Sie möchten nicht die Welt erobern – vielleicht auch nur deswegen, weil sie nicht monoman und nicht verrückt sind. Daher bleiben sie in parasitärer Weise von den Schurken abhängig, auf dieselbe Weise, wie die Polizei von den Verbrechern abhängig ist: Ohne sie hätten sie keine Existenzberechtigung. Sie bleiben die Verteidiger einer rechtlichen und politischen Ordnung, die anscheinend aus dem Nichts entstanden ist und die, wie fehlerbehaftet oder degeneriert sie auch sein mag, verteidigt werden muss, denn die einzige Alternative wäre noch wesentlich schlimmer.

Sie sind keine Faschisten. Sie sind einfach nur gewöhnliche, aber überaus mächtige Menschen, die in einer Welt leben, in welcher der Faschismus die einzige politische Möglichkeit darstellt.

Warum, so könnte man fragen, ist Anfang bis Mitte des 20. Jahrhunderts in Amerika eine Unterhaltungsform entstanden, die auf einer solch eigentümlichen Auffassung von Politik beruht, gerade zu einer Zeit, als in Europa die faschistischen Bewegungen ihren großen Aufschwung erlebten? War das gewissermaßen ein im Bereich der Fantasy angesiedeltes amerikanisches Pendant dazu? Das trifft es nicht genau. Vielmehr waren der Faschismus und die amerikanischen Superhelden Produkte desselben historischen Dilemmas: Worin besteht das Fundament einer politischen Ordnung, wenn man die Idee der Revolution verworfen und verbannt hat? Und noch wichtiger: Wie wirkt sich dies auf die politische Imagination aus?

Man könnte in diesem Zusammenhang zunächst der Frage nachgehen, wer eigentlich das Kernpublikum dieser Superhelden-Comics bildete. Es waren hauptsächlich heranwachsende oder vorpubertäre weiße Jungen. Das heißt, Menschen, die in ihrem Leben an einem Punkt stehen, an dem sie besonders phantasievoll und einfallsreich sind, aber auch ein bisschen rebellisch gestimmt, die schon in der Erziehung und der Ausbildung darauf vorbereitet werden, dass sie künftig mit Autorität und Macht ausgestattete Positionen einnehmen, dass sie Väter, Sheriffs, kleine Gewerbetreibende, Manager der mittleren Ebene oder Ingenieure sein werden. Und was lernen diese jungen Männer aus den in den Comics dargestellten Dramen? Nun, zuallererst, dass Imagination und Rebellion zu Gewalt führen; zum zweiten, dass wie die Imagination und die Rebellion auch die Gewalt großen Spaß bereiten kann; und drittens, dass die Gewalt gegen ein Übermaß an Imagination und Rebellion gewendet werden muss, weil sonst alles aus den Fugen gerät. All dies muss in Grenzen gehalten werden! Aus diesem Grund dürfen Superhelden durchaus phantasievoll und einfallsreich sein, aber das darf sich höchstens auf die Gestaltung ihrer Kleider, ihre Autos, vielleicht auch ihre Wohnungen und ihre diversen Accessoires beziehen.

In diesem Sinne ist die Logik der Handlungen, die sich um die Superhelden ranken, in hohem Maße konservativ. Die Trennung zwischen linken und rechten Einstellungen wirkt sich letztlich auch auf die Haltungen gegenüber der Imagination aus. Für die Linke sind Imagination, Kreativität und darüber hinaus Produktivität, also die Fähigkeit, etwas Neues hervorzubringen und neue soziale Arrangements aufzubauen, etwas, das es zu unterstützen und zu feiern gilt. Sie ist die Grundlage für echte Wertschöpfung. Für die Rechte ist diese Fähigkeit gefährlich, letztlich sogar böse. Der Drang, etwas zu schaffen, ist auch ein destruktiver Trieb. Diese Art von Befindlichkeit war fester Bestandteil des zeitgenössischen Freudianismus: das Es war die Triebkraft der Psyche, zugleich aber auch amoralisch; würde man ihm tatsächlich freien Lauf lassen, würde es zu einer Orgie der Zerstörung kommen. Das ist auch ein wichtiger Aspekt, der Konservative und Faschisten trennt. Beide sind sich einig, dass die Entfesselung der Imagination nur zu Gewalt und Zerstörung führen kann. Konservative möchten uns gegen diese Bedrohung schützen, Faschisten ihr dennoch Raum geben. Sie streben danach, wie Hitler es sich erträumte, große Künstler zu werden, die mit dem Geist, dem Blut und dem Körper der Menschen ihre Meisterwerke schaffen.

Nicht nur Chaos und Gewalt erzeugen also bei den Lesern ein Schuldgefühl, sondern auch die Tatsache, dass sie überhaupt ein Phantasieleben haben. Es mag eigenartig erscheinen, anzunehmen, dass jedes künstlerische Genre letztlich eine Warnung vor den Gefahren der menschlichen Phantasie ist; aber in den biederen Vierziger- und Fünfzigerjahren hatte man anscheinend das Gefühl, dass es etwas Verruchtes an sich hatte, diese Geschichten zu lesen. Das erklärt auch, warum in den Sechzigerjahren plötzlich alles so harmlos erschien und dumme, affektierte Fernseh-Superhelden wie die Serie über Adam West Batman oder die immer am Samstagvormittag ausgestrahlten Spider-Man Comics so großen Zuspruch fanden. Wenn die Botschaft lautete, dass rebellische Phantasie in Ordnung sei, so lange sie sich von der Politik fernhielt und sich schlicht auf Konsumentscheidungen (Kleidung, Autos und wiederum Accessoires) beschränkte, dann war dies eine Botschaft, die sich auch Film- und Fernsehproduzenten ohne weiteres zueigen machen konnten.

Wir können also festhalten: Der klassische Comic ist vordergründig politisch (er handelt von Verrückten, die sich die Welt unterwerfen wollen), in unmittelbarem Sinn psychologisch und persönlich (es geht um die Überwindung der Gefahren, die mit einer rebellischen Jugend verbunden sind), letztlich in erster Linie aber doch politisch.[1]

Wenn dies zutrifft, dann verkörpern Superhelden-Filme der neueren Generation genau das Gegenteil. Sie sind vordergründig psychologisch und persönlich, in unmittelbarem Sinn politisch, letztlich in erster Linie aber psychologisch und persönlich.

Die Vermenschlichung der Superhelden begann nicht erst im Kino. Sie fing schon in den Achtziger- und Neunzigerjahren im Comic-Genre an, und zwar mit *The Dark Knight Rises* von Frank Miller und *Watchmen* von Alan Moore – ein Subgenre, das man als Superheld-Noir bezeichnen könnte. Zu dieser Zeit hatten die Filme über Supermänner sich noch mit dem Erbe der Tradition der Sechzigerjahre auseinanderzusetzen, wie etwa in der *Superman*-Serie mit Christopher Reeve oder *Batman* mit Michael Keaton. Doch auch das Noir-Subgenre, das wahrscheinlich seit jeher kinematographisch inspiriert war, landete schließlich in Hollywood. Man könnte sagen, dass es mit *Batman Begins* seinen kinematographischen Höhepunkt erreichte, dem ersten Film der Nolan-Trilogie. In diesem Film stellt Nolan die entscheidende Frage: »Was wäre, wenn es jemanden wie Batman tatsächlich geben würde? Was würde dann geschehen? Was müsste passieren, damit jemand, der ein angesehenes Mitglied der Gesellschaft ist, sich als Fledermaus verkleidet und auf den Straßen nach Verbrechern Ausschau hält?«

Nicht überraschend spielen psychedelische Drogen in diesem

Zusammenhang eine wichtige Rolle. Ebenso diverse Themen aus dem Bereich psychische Gesundheit und ausgefallene religiöse Kulte.

Seltsamerweise griff kein Kritiker des Streifens die Tatsache auf, dass sich Bruce Wayne in den Nolan-Filmen an der Grenze zur Psychose bewegt. Er ist hochgradig gestört, unfähig, Freundschaften oder Beziehungen aufzubauen, und uninteressiert an Arbeit, sofern diese ihn nicht in seinen morbiden Obsessionen bestärkt. Der Held ist offenkundig verrückt, und der Film beschäftigt sich so ausführlich mit der Auseinandersetzung mit seiner eigenen Verrücktheit, dass es gar nicht mehr auffällt, dass die Schurken lediglich eine Reihe von Ego-Anhängseln sind: Ra's al Ghul (der böse Vater), der Boss der Verbrecherbande (der erfolgreiche Geschäftsmann), die Vogelscheuche (die den Geschäftsmann in den Wahnsinn treibt). Keine dieser Gestalten wirkt sonderlich attraktiv. Aber das tut nichts zur Sache – sie sind alle nur Splitter und Mosaiksteinchen des zerrütteten Geistes des Helden. Das hat zur Folge, dass wir uns nicht mit dem Schurken identifizieren müssen, um uns anschließend in Selbstekel zu ergehen; wir können einfach nur Bruce dabei zuschauen, wie er das für uns erledigt.

Es gibt auch keine offenkundige politische Botschaft.

So scheint es zumindest. Aber wenn man einen Film macht mit Charakteren, die so stark mit Mythen und Geschichte aufgeladen sind, hat kein Regisseur mehr die vollständige Kontrolle über sein Material. Die Aufgabe des Filmemachers besteht hauptsächlich darin, das Material zusammenzustellen. Im Film ist Ra's al Ghul der Hauptschurke, der zuerst Batman in einem Kloster in Bhutan in die »Gesellschaft der Schatten« einführt und erst dann seinen Plan zur Zerstörung von Gotham enthüllt, um die Welt von ihrer Verderbtheit zu befreien. Im ursprünglichen Comic erfahren wir, dass Ra's al Ghul (eine Figur, die erstmals 1971 auftaucht) ein Anhänger des Primitivismus und ein Ökoterrorist ist, entschlossen, das natürliche Gleichgewicht durch eine Verminderung der Erdbevölkerung um 99 Prozent wiederherzustellen. Nolan veränderte die Geschichte vor allem dahingehend, dass er Batman zunächst als Schüler von Ra's al Ghul auftreten ließ. Das erscheint unter den gegenwärtigen Bedingungen auch in gewisser Weise sinnvoll. Denn welche medialen Stereotypen kommen einem sofort in den Sinn – zumindest nach den gewaltsamen Aktionen gegen die Welthandelsorganisation (WTO) in Seattle –, wenn man an einen von Stipendien lebenden Jungen denkt, der von einem tief verwurzelten Gespür für Ungerechtigkeit getrieben wird, sich in ein schwarzes Gewand kleidet, sich eine Maske aufsetzt und dann durch die Straßen zieht, um Gewalt und Schrecken zu verbreiten, wobei er jedoch sorgfältig darauf achtet, dass niemand zu Tode kommt? Oder gar, wenn dieser Junge von den Lehren eines radikalen Vordenkers inspiriert ist, der glaubt, wir müssten in die Steinzeit zurückkehren? Nolan machte aus seinem Helden einen Schüler des Schwarzen Blocks von John Zerzan, der mit seinem früheren Mentor bricht, als er erkennt, was eine Wiederherstellung des Gartens Eden tatsächlich bedeuten würde.

Tatsächlich strebt keiner der Schurken in den drei Filmen nach der Weltherrschaft. Sie möchten keine Macht über andere ausüben oder neue Regeln welcher Art auch immer schaffen. Selbst ihre Handlanger und Schergen sind nur Notlösungen – sie schmieden stets Pläne, sie umzubringen. Nolans Schurken sind allesamt Anarchisten. Aber es sind sehr eigenartige Anarchisten, die nur in der Phantasie des Filmemachers zu existieren scheinen: Anarchisten mit der Überzeugung, dass der Mensch grundsätzlich schlecht und böse ist. Der Joker, der reale Held des zweiten Films, bringt dies explizit zum Ausdruck: Er ist im Grunde das zum Philosophen gewordene Es. Der Joker hat keinen Namen, er hat keine Herkunft außer der, die er in bestimmten Situationen erfindet; es ist unklar, worin seine Fähigkeiten bestehen oder woher sie stammen. Aber dennoch ist er auf unerbittliche Weise mächtig. Der Joker ist eine reine Kraft der Selbstschöpfung, ein durch sich selbst verfasstes Poem. Sein einziger Lebenszweck scheint in dem zwanghaften Drang zu bestehen, seiner Umwelt zum einen zu beweisen, dass alles Poesie ist und nur Poesie sein kann – und zum anderen, dass Poesie böse ist.

Damit sind wir wieder beim zentralen Thema des Universums der frühen Superhelden: einer tiefschürfenden Reflexion über die Gefahren der menschlichen Imagination; bei der These, dass der Wunsch der Leser, in eine von künstlerischen Imperativen bestimmte Welt einzutauchen, der lebende Beweis dafür sei, dass die Imagination stets sorgfältig eingehegt werden muss.

Das Ergebnis ist ein spannender Film mit einem Schurken, der zugleich liebenswert ist – seine Rolle macht ihm sichtlich Spaß – wie auch furchteinflößend. In *Batman Begins* gab es zuhauf Menschen, die über Angst redeten. Auch noch in *The Dark Knight.* Doch schon dieser Film fällt ab, wenn er sich der allgemeinen Politik zuwendet. Die Menschen unternehmen einen halbherzigen Versuch einzugreifen, wenn überall in der Stadt Batman-Nachahmer auftauchen, die vom Vorbild des Dark Knight inspiriert sind. Natürlich sterben sie alle eines schlimmen Todes, womit sich das erledigt. Nun werden sie wieder auf ihren angestammten Platz gesetzt, sie werden wieder zum Publikum, das wie die Zuschauermenge im römischen Amphitheater nur deshalb vorhanden ist, um das Auftreten der Protagonisten zu bewerten; Daumen hoch für Batman, Daumen runter für Batman, Daumen hoch für den einen Kreuzzug führenden Bezirksstaatsanwalt … Das Ende des Films, wenn sich Bruce und Commissioner Gordon darauf verständigen, dass Batman den Sündenbock spielen soll, und einen falschen Mythos um den Tod von Harvey Dent erschaffen, ist nichts weniger als ein Bekenntnis, dass die Politik identisch ist mit der Kunst der Fiktion.

Der Joker hatte Recht. Zumindest bis zu einem gewissen Grad. Erlösung bietet wie immer nur die Tatsache, dass die Gewalt, die Täuschung auch gegen sich selbst gerichtet werden kann.

Die Filmemacher hätten gut daran getan, es damit bewenden zu lassen.

Das Problem bei dieser Sicht der Politik besteht darin, dass sie schlicht nicht wahr ist. Politik erschöpft sich nicht in der Kunst des Manipulierens von Bildern, die sich auf Gewalt stützt. Sie ist kein Duell zwischen Theaterdirektoren vor einem Publikum, das fast alles glaubt, sofern es nur kunstvoll genug präsentiert wird. Zweifellos aber dürfte es den gut betuchten Filmregisseuren in Hollywood so erscheinen. Doch zwischen dem ersten und dem zweiten Film griff die Geschichte entscheidend in das Geschehen ein und zeigte, wie falsch eine solche Vorstellung ist. Die Wirtschaft brach zusammen. Nicht aufgrund von Manipulationen durch irgendeine Geheimgesellschaft kriegerischer Mönche, sondern weil sich herausstellte, dass eine Gruppe von Finanzmanagern, die in Nolans Traumwelt lebte und dessen Annahmen über die unendliche Manipulierbarkeit der Menschen teilte, sich geirrt hatte. Es erfolgte eine starke öffentliche Reaktion. Diese nahm aber nicht die Form einer verbissenen Suche nach einem messianischen Retter an, vermischt mit Ausbrüchen nihilistischer Gewalt;[2] sie zeigte sich vielmehr in Gestalt einer Reihe echter Volksbewegungen, sogar revolutionärer Bewegungen, die den Sturz vieler Regime im Nahen Osten herbeiführten, zwischen Cleveland und Karatschi zahlreiche öffentliche Plätze besetzten und neue Formen der Demokratie zu erproben versuchten.

Eine neue rechtsetzende Gewalt war aufgetaucht, und zwar in einer phantasievollen, radikalen und bemerkenswert gewaltfreien Form. Das ist eine Situation, mit der ein Superhelden-Universum nicht zurechtkommt. In Nolans Welt konnte ein Phänomen wie Occupy nur die Hervorbringung einer winzigen

Gruppe findiger Manipulateure sein (also von Leuten wie mir), die irgendeine geheime Agenda verfolgten.

Nolan hätte sich von diesen Themen fernhalten sollen, aber er konnte nicht widerstehen. Das Ergebnis ist unstimmig und wenig überzeugend. Im Grunde ist der Streifen nur ein weiteres psychologisches Drama, das sich als politisches Spektakel verkleidet. Der Plot ist stark verschachtelt und es lohnt sich kaum, ihn nachzuerzählen. Bruce Wayne, wieder ziemlich durcheinander ohne sein alter ego, ist zu einem Einsiedler geworden. Ein konkurrierender Geschäftsmann stiftet Catwoman dazu an, seine Fingerabdrücke zu stehlen, damit er diese nutzen kann, um sich sein Geld unter den Nagel zu reißen. Doch in Wirklichkeit wird der Geschäftsmann von einem gedungenen Oberschurken namens Bane manipuliert, der eine Gasmaske trägt. Bane ist stärker als Batman, im Grunde aber eine bedauernswerte Existenz, denn er verzehrt sich in unerwiderter Liebe zu Ra's al Ghuls Tochter Talia und ist entstellt durch Misshandlungen in seiner Jugend, die er in einem Verließ erlitten hat, in dem er zu Unrecht einsaß. Um nicht von den quälenden Schmerzen überwältigt zu werden, muss er ständig die Maske tragen, die sein Gesicht unsichtbar macht. Wenn sich das Publikum mit einem solchen Schurken identifiziert, kann dies nur aus Mitleid geschehen. Niemand, der noch bei klarem Verstand ist, möchte mit Bane tauschen. Aber wahrscheinlich geht es genau darum: Es soll eine Warnung vor den Gefahren unangemessenen Mitleids mit den Unglücklichen sein. Denn Bane ist auch ein charismatischer Revolutionär, der, nachdem er sich Batman vom Hals geschafft hat, den Mythos um Harvey Dents Tod als Fälschung entlarvt, die Insassen der Gefängnisse von Gotham befreit und der leicht zu beeinflussenden Bevölkerung erlaubt, die Häuser der Oberschicht, die nur 1 Prozent ausmacht, zu plündern und zu brandschatzen und deren Bewohner vor Revolutionstribunale zu zerren. (Die Vogelscheuche kehrt amüsanterweise als Robbespierre zurück.) In Wirklichkeit aber hat Bane die Absicht, alle Menschen durch eine Atombombe zu töten, die aus einem umfunktionierten grünen Projekt entwickelt wurde. Worin besteht sein Motiv? Das bleibt im Dunkeln. Vielleicht ist er ebenfalls eine Art Primitivist und Ökoterrorist wie Ra's al Ghul. (Ihm ist anscheinend die Leitung dieser Organisation zugefallen.) Vielleicht versucht er auch Talia zu beeindrucken, indem er das Werk ihres Vaters vollendet. Oder vielleicht ist er einfach nur böse und es bedarf keiner weiteren Erklärungen.

Andererseits ist auch die Frage zu stellen, warum Bane die Menschen in einer sozialen Revolution führen möchte, wenn er das Ziel verfolgt, sie alle wenige Wochen später auszulöschen? Auch hier bleibt man auf Spekulationen angewiesen. Er erklärt, bevor man jemanden vernichte, müsse man ihm Hoffnung einflößen. Lautet die Botschaft also, dass utopische Träume nur zu nihilistischer Gewalt führen können? Etwas Derartiges darf vermutet werden, aber es erscheint wenig überzeugend, da zuerst der Plan entwickelt wurde, alle Menschen zu töten. Die Revolution war gewissermaßen nur ein dekorativer Nebengedanke.

Was der Stadt widerfährt, kann wahrscheinlich nur dann einen Sinn ergeben, wenn man es als materielles Echo dessen betrachtet, was schon immer das Wichtigste war, nämlich das, was in Bruce Waynes gemartertem Gehirn vor sich geht. Nachdem Batman etwa nach der Hälfte des Films von Bane angegriffen und verletzt wird, wird er in denselben stinkenden Kerker geworfen, in dem einst auch Bane eingesperrt war. Das Gefängnis befindet sich auf dem Grund eines Brunnens, daher machen sich die Sonnenstrahlen stets über dessen Insassen lustig, und aus diesem Brunnen kann niemand entkommen. Bane lässt Batman wieder gesund pflegen, so dass er vergeblich versuchen kann, die Wände zu erklimmen, wodurch ihm klar wird, dass es sein Versagen war, das die Zerstörung seines geliebten Gotham ermöglichte. Erst dann will Blane sich seiner erbarmen und ihn töten. Das ist eine sehr konstruierte Geschichte, aber zumindest psychologisch ergibt sie einen gewissen Sinn. Übertragen auf die Ebene einer Stadt, ist sie jedoch vollkommen sinnlos: Warum soll jemand in der Bevölkerung Hoffnung wecken und die Menschen dann völlig unerwartet in einem Feuersturm auslöschen? Ersteres ist grausam. Letzteres ist reine Willkür. Und nicht nur das: Die Filmemacher verstärken die Metapher, indem sie es Bane erlauben, den gleichen Trick auch gegenüber den Polizisten in Gotham anzuwenden, die – in einer völlig idiotischen Handlung, die gegen alle Glaubwürdigkeitsmaßstäbe verstößt, welche man von einem Comic erwarten kann – fast alle aus der Stadt gelockt und dann mittels einiger gut platzierter Sprengfallen gefangen gesetzt werden, denen man aber aus irgendeinem Grund Wasser und Nahrung zukommen lässt, wahrscheinlich, um auch sie später durch Hoffnung foltern zu können.

Es gibt noch weitere Ereignisse, aber das sind alles ähnliche Projektionen. Dieses Mal spielt Catwoman die Rolle, die üblicherweise für das Publikum vorgesehen ist, und identifiziert sich zunächst mit Banes revolutionärem Projekt, ändert dann aber ihre Meinung und schaltet ihn aus. Batman und die Polizei von Gotham kommen aus ihren Kerkern heraus und verbünden sich, um die bösen Besetzer vor der Börse zu vertreiben. Am Ende täuscht Batman seinen eigenen Tod vor durch die Explosion der Bombe, die er beseitigen will, und Bruce landet mit Catwoman in Florenz. Eine neue hohle Märtyrerlegende ist geboren, und die Bewohner von Gotham werden wieder befriedet. Für den Fall künftiger Unruhen wird uns versichert, dass es einen potenziellen Erben von Batman gibt, einen desillusionierten Polizeibeamten namens Robin. Alle atmen erleichtert auf, denn nun ist der Film endlich zu Ende.

Hat dieser Film eine Botschaft, die wir aus ihm mitnehmen können? Wenn es eine gibt, dann könnte sie etwa folgendermaßen lauten: »Gewiss, das System ist verkommen, aber es ist das einzige, das wir haben, und Autoritätspersonen kann man vertrauen, wenn sie geläutert sind und schweres Leid erdulden mussten.« Gewöhnliche Polizisten lassen Kinder auf Brücken sterben. Polizisten, die selbst ein paar Wochen lang lebendig begraben waren, dürfen legitimerweise Gewalt anwenden. »Natürlich gibt es Ungerechtigkeit, und deren Opfer verdienen unser Mitgefühl, aber es muss in einem vernünftigen Rahmen gehalten werden. Wohltätigkeit ist wesentlich besser, als strukturelle Probleme zu bekämpfen. Dieser Weg führt nur in den Wahnsinn.« In Nolans Universum ist jeder Versuch, strukturelle Probleme in Angriff zu nehmen, auch durch gewaltfreie Aktionen bürgerlichen Ungehorsams, eine Form von Gewalt; er kann auch gar nichts anderes sein. Phantasievolle Politik ist grundsätzlich gewaltförmig, und daher ist es durchaus nicht unangemessen, wenn die Polizei darauf reagiert, indem sie die Köpfe scheinbar friedlicher Demonstranten auf den Betonboden drückt.

Das ist eine ziemlich klägliche Reaktion auf Occupy. Als *The Dark Knight* 2008 in die Kinos kam, gab es lebhafte Diskussionen darüber, ob der Film im Grunde eine umfassende Metapher über den Krieg gegen den Terrorismus sei: Inwieweit ist es gerechtfertigt, dass die Guten (also wir) die Methoden der Bösen übernehmen? Wahrscheinlich haben die Filmemacher tatsächlich über solche Fragen nachgedacht und es dennoch geschafft, einen passablen Film zu produzieren. Doch der Krieg gegen den Terrorismus war in Wirklichkeit ein Kampf geheimer Netzwerke und manipulativer Spektakel. Er begann mit einer Bombe und endete mit einem Attentat. Man könnte ihn fast als einen Versuch beider Seiten auffassen, eine Handlung des Comic-Universums in die Wirklichkeit umzusetzen. Sobald eine echte rechtsetzende Gewalt auf der Bühne erschien, zerfiel dieses Universum in zusammenhanglose Teile – und begann dadurch fast lächerlich zu erscheinen. Überall im Nahen

Osten brachen Revolutionen aus, während die USA weiterhin Milliarden ausgaben, um gegen eine bunt zusammengewürfelte Truppe von Seminaristen in Afghanistan zu kämpfen. Es war Nolans Pech, dass trotz all seiner Manipulierungskünste seiner Welt dasselbe widerfuhr, als sich in New York erste Anzeichen echter Volksmacht zeigten.[3]

Anmerkungen

Einführung: Das Eherne Gesetz des Liberalismus und die Ära der totalen Bürokratisierung

1 Elliott Jacques, Ann Arbor 1976.

2 Gordon Tullock, Washington 1963.

3 Henry Jacoby, Berkeley 1973.

4 C. Northcote Parkinson, Cambridge 1957. »In einer Organisation dehnt sich die Arbeit stets so weit aus, dass sie die dafür zugeteilte Zeitspanne ausfüllt.«

5 Laurence J. Peter und Raymond Hill, London 1969 (deutsche Ausgabe: *Das Peter-Prinzip oder die Hierarchie der Unfähigen,* Reinbek bei Hamburg 1970). Dieses berühmte Werk, in dem dargestellt wird, dass »in einer Hierarchie jeder Beschäftigte dazu neigt, bis zur Stufe seiner Unfähigkeit aufzusteigen«, diente in Großbritannien auch als Vorlage für eine Fernsehserie.

6 R. T. Fishall, London 1982. Ein mittlerweile klassisches Werk darüber, wie man Bürokraten verwirren und verunsichern kann, das angeblich von dem britischen Astronomen und BBC-Moderator Patrick Moore stammen soll.

7 Man könnte sogar noch weiter gehen. Die »akzeptable« Linke hat, so möchte ich behaupten, gleichzeitig die Bürokratie und den

Markt übernommen. Die libertäre Rechte verfügt zumindest über eine Bürokratiekritik. Die faschistische Rechte besitzt eine Marktkritik – sie unterstützt im Allgemeinen die Sozialpolitik, möchte sie jedoch auf die Mitglieder ihrer eigenen ethnischen Gruppe beschränken.

8 Aufgrund besonderer historischer Umstände besitzt der Ausdruck »liberal« heute in den USA nicht mehr dieselbe Bedeutung wie in den übrigen Ländern. Ursprünglich bezog sich dieser Begriff auf die Anhänger des freien Marktes, und dies gilt auch heute noch im Großteil der Welt. In den USA dagegen wurde er von den Sozialdemokraten übernommen und entwickelte sich dadurch zu einem Schimpfwort für die Rechten, und die Anhänger des freien Marktes sahen sich gezwungen, sich die Bezeichnung »libertär« anzueignen, die ursprünglich für »anarchistisch« stand und in Verbindungen wie »libertärer Sozialist« oder »libertärer Kommunist« verwendet wurde.

9 Die Position von Ludwig von Mises ist im Kern undemokratisch, zumindest insoweit, als sie staatliche Lösungen grundsätzlich ablehnt, sich zugleich aber auch gegen linke staatskritische Positionen wendet, die sich für die Schaffung von Formen demokratischer Selbstverwaltung außerhalb des Staates einsetzen.

10 In der Dürkheim'schen Tradition spricht man in diesem Zusammenhang vom »nicht-vertraglichen Element eines Vertrags«, zweifellos einer der weniger einprägsamen Sätze der Geschichte der Soziologie. Diese Diskussion reicht zurück zu Dürkheims Werk *Über die soziale Arbeitsteilung*, 1893.

11 Michel Foucault hat in seinen Aufsätzen über den Neoliberalismus darauf hingewiesen, dass dies der Unterschied sei zwischen den alten und den neuen Spielarten des Liberalismus: Die Anhänger der Märkte haben verstanden, dass Märkte sich nicht spontan bilden, sondern durch staatliche Eingriffe geschaffen und gehegt werden müssen. Foucault, *Naissance de la biopolitique*, Paris 2004.

12 »Ich weiß nicht, wie oft ich schon den Ausdruck ›Bürokrat‹ benutzt habe. Man dürfte keinen Politiker finden, der diesen Begriff ohne einen leicht negativen Unterton verwendet. Wir wissen, dass Steuerzahler ungern Geld an die Regierung zahlen, und daher versuchen

wir uns bei ihnen einzuschmeicheln, indem wir ihnen sagen, dass wir die Bürokraten aufmerksam im Auge haben oder dass wir die Zahl der Bürokraten vermindern wollen. … Aber bedenken Sie, die meisten dieser Leute sind Menschen wie Sie: Sie lieben ihre Kinder. Sie stehen jeden Tag auf und gehen zur Arbeit. Sie tun ihr Bestes. … Nach dem, was wir im vergangenen Monat durchmachen mussten, nach dem, was ich in den Augen der Kinder dieser Beamten gesehen habe, die an diesem schicksalhaften Tag in Oklahoma City ihren Dienst taten, oder in den Augen ihrer Eltern, die an diesem Tag für uns arbeiteten, während ihre Kinder in dieser Tagesstätte waren, werde ich diesen Ausdruck nie mehr verwenden.« (www.presidency-ucsb.edu/ws/?pid=51382).

13 Max Weber, *Wirtschaft und Gesellschaft, Grundriß der verstehenden Soziologie,* [Zweiter Teil: Die Wirtschaft und die gesellschaftlichen Ordnungen der Mächte, Kapitel IX: Soziologie der Herrschaft, 2. Abschnitt: Wesen, Voraussetzungen und Entfaltung der bürokratischen Herrschaft], Tübingen 1921, S. 552.

14 In mannigfacher Hinsicht sind die USA ein deutsches Land, das sich aufgrund dieser frühen Rivalität im 20. Jahrhundert weigert, sich selbst als solches zu erkennen. Obwohl sie alle die englische Sprache verwenden, sind viel mehr Amerikaner deutscher Herkunft als englischer. (Man denke nur an die beiden wichtigsten amerikanischen Nahrungsmittel: den Hamburger und den Frankfurter.) Deutschland dagegen ist ein Land, das stolz ist auf die Effizienz seiner Bürokratie, und Russland, um den Reigen zu schließen, kann als ein Land aufgefasst werden, in dem die Menschen das Gefühl haben, sie sollten eine Bürokratie sein, aber sich schämen, dass sie es nicht sind.

15 Ein britischer Bankangestellter erklärte mir jüngst, dass gewöhnliche Bankmitarbeiter in dieser Frage durchaus bewusst ein widersprüchliches Denken pflegen. In ihrer internen Kommunikation werden sie stets davon sprechen, dass ihnen bestimmte Regulierungen auferlegt werden – »Der Schatzkanzler hat beschlossen, die ISA-Standards zu erhöhen«; »Der Schatzkanzler hat eine Liberalisierung der Pensionsregeln angekündigt« und dergleichen – obwohl allgemein bekannt ist, dass leitende Bankmanager gerade mehrere Treffen mit dem

Schatzkanzler hatten und sich dabei für die Einführung dieser genannten Gesetze und Regelungen eingesetzt haben. Es ist ein Spiel. Die leitenden Manager gaukeln Überraschung oder gar Entsetzen vor, wenn ihre eigenen Vorschläge umgesetzt werden.

16 Als Deregulierung kann man eigentlich nur eine Politik bezeichnen, die darauf zielt, eine andere Politik rückgängig zu machen, die bereits als »Deregulierung« ausgegeben wurde, was bedeutet, dass es wichtig ist, das Spiel mitzuspielen, damit die eigene Politik als erste »Deregulierung« etikettiert wird.

17 Das hier beschriebene Phänomen ist weltumspannend, aber es entstand zuerst in den USA, und die US-amerikanischen Eliten haben die größten Anstrengungen unternommen, es zu exportieren; daher erscheint es angemessen, mit der Entwicklung in Amerika zu beginnen.

18 In gewisser Weise ist die amerikanische Fernsehfigur *Archie Bunker* aus den Siebzigerjahren, ein Hafenarbeiter, der sich ein Haus in einer Vorortsiedlung leisten kann, dessen Ehefrau nicht berufstätig ist, der engstirnig, sexistisch ist und die bestehenden Verhältnisse, die ihm diesen Wohlstand ermöglichen, vorbehaltlos unterstützt, eine idealtypische Verkörperung der korporatistischen Ära.

19 Dennoch sollte man darauf hinweisen, dass gerade diese in den Sechzigerjahren aufgekommene radikale Gleichsetzung von Kommunismus, Faschismus und bürokratischem Wohlfahrtsstaat von den heutigen amerikanischen Rechtspopulisten übernommen wird. Im Internet finden sich zuhauf derartige Beiträge. Man muss sich nur ansehen, wie »Obamacare« ständig mit Sozialismus und Nazismus gleichgesetzt wird, und zwar meistens gleichzeitig.

20 William Lazonick hat diese Verlagerung ausgesprochen ausführlich dokumentiert und darauf hingewiesen, dass es sich dabei auch um eine Veränderung der Geschäftsmodelle handelt – die Folgen der Globalisierung und der Offshore-Verlagerung machten sich erst später, ab Ende der Neunzigerjahre, bemerkbar. (Siehe dazu zum Beispiel seinen Aufsatz »Financial Commitment and Economic Performance: Ownership and Control in the American Coproration«, in: *Business and Economic History,* 2nd series 17 [1988]: 115–128; »The New Economic Business Model and the Crisis of U.S. Capitalism«,

in: *Capitalism and Society* [2009] 4, 2, Article 4; oder »The Financialization of the U.S. Corporation: What Has Been Lost, and How Can It Be Regained?«, in: *INET Research Notes* 2012). Eine marxistische Interpretation dieser Neuausrichtung der gesellschaftlichen Klassen findet sich in: Gérad Duménil und Dominique Lévy, *Capital Resurgent: The Roots of the Neoliberal Revolution*, Cambridge 2013). Die Gruppe der Investoren und die Exekutivorgane verschmelzen miteinander – sie vermählen sich – und der berufliche Wechsel zwischen Finanz- und Unternehmensmanagement ist gängige Praxis. Die Rückkäufe von Aktien führten gemäß Lazonick zum wirtschaftlich größten Schaden. In den Fünfziger- und Sechzigerjahren hätte man einem Unternehmen, das Millionen dafür ausgibt, die eigenen Aktien zurückzukaufen, damit sein Börsenwert steigt, höchstwahrscheinlich illegale Marktmanipulation vorgeworfen. Ab den Achtzigerjahren, seit die Manager verstärkt mit Aktien bezahlt werden, wurde dies zur gängigen Praxis, und Billionen von Dollar, die früher zur Ausweitung der Geschäftstätigkeit, der Einstellung neuer Arbeiter oder für die Forschung verwendet worden wären, wurden stattdessen zur Wall Street zurückgeleitet.

21 Ein ab den Achtzigerjahren verbreitetes Codewort lautete »im Lebensstil liberal, wirtschaftlich konservativ«.Dies bezog sich auf jene Gruppen, die die Werte der Gegenkultur der Sechzigerjahre verinnerlicht hatten, die Wirtschaft aber mittlerweile mit den Augen von Investoren betrachteten.

22 Zur Klarstellung: Dies gilt nicht für die bekannten journalistischen Flaggschiffe, für Zeitungen wie die *New York Times*, die *Washington Post* oder Zeitschriften wie *The New Yorker*, *The Atlantic* oder *Harper's*. Bei diesen Medien betrachtet man ein Journalismus-Diplom eher als ungünstig. Die Aussage trifft bestenfalls auf kleinere Publikationsorgane zu. Doch die allgemeine Tendenz besteht eindeutig darin, Dokumenten und Zeugnissen heute mehr, nicht weniger, Bedeutung beizumessen als früher.

23 http://www.aljazeera.com/indepth/opinion/2014/05/college-promise-economy-does-no-201451411124734124.html.
Der zitierte Text stammt aus *Saving Higher Education in the Age of Money* (Charlottesville 2005), S. 85. Die Autorin fährt fort: »Warum

halten die Amerikaner das für eine gute Voraussetzung oder zumindest für eine notwendige? Weil sie so denken. Wir haben den Bereich der Vernunft verlassen und sind in jenen des Glaubens und der Massenkonformität eingetreten.«

24 Das entspricht auch meiner persönlichen Erfahrung. Als einer der wenigen Studenten, die aus der Arbeiterschicht kamen, war ich bestürzt, als meine Professoren mir erklärten, dass sie mich zwar für einen der besten Studenten im Kurs – vielleicht sogar am ganzen Fachbereich hielten –, dass ich aber nicht weiterkommen würde, weil ich nur über sehr bescheidene finanzielle Mittel verfügte und mich viele Jahre mit unterschiedlichen Jobs über Wasser hielt, während die Studenten, deren Eltern Ärzte, Anwälte oder Professoren waren, anscheinend automatisch alle Beihilfen, Stipendien und Zuschüsse abräumten.

25 In den USA gibt es keine Ausbildungsdarlehen direkt vom Staat, so dass die Studenten private Darlehen mit höheren Zinsen aufnehmen müssen.

26 Ein Freund lieferte mir ein Beispiel, das den Master-Abschluss in Bibliothekswissenschaft betrifft. Ein solcher Abschluss ist heute für jede Anstellung an einer öffentlichen Bibliothek erforderlich, obwohl in diesem mehrjährigen Studium kein grundlegendes Wissen vermittelt wird, das nicht auch in einem ein- oder zweiwöchigen Training am Arbeitsplatz erlangt werden könnte. Das Ergebnis besteht darin, dass der frischgebackene Bibliothekar in den ersten ein oder zwei Jahrzehnten seiner Berufstätigkeit 20 bis 30 Prozent seines Einkommens für die Rückzahlung des Darlehens aufwenden muss – im Fall meines Freundes sind das 1000 Dollar pro Monat, wovon die Hälfte an die Universität geht (Tilgung) und die andere Hälfte an den Kreditgeber (Zinsen).

27 Diese Logik der Komplizenschaft kann sich auf Organisationen unterschiedlichster Art ausdehnen. Eine der bedeutendsten linken Zeitschriften in Amerika hat einen Milliardär als Chefredakteur, der sich in diese Position eingekauft hat. Das wichtigste Kriterium für das Vorankommen in einer Organisation besteht natürlich in der Bereitschaft, vorzugeben, dass es einen anderen Grund als Geld gibt, warum man einen bestimmten Job ausübt.

28 Ich habe die Geschehnisse in einem Aufsatz mit dem Titel »The Shock of Victory« dargestellt. Offenkundig konnte die planetarische Bürokratie ihre Position behaupten, aber die vom IWF den Ländern aufgezwungene Politik der strukturellen Anpassung fand ihr Ende, und Argentiniens Entscheidung im Jahr 2002, die Zahlungen an seine ausländischen Gläubiger einzustellen, die unter enormem Druck von sozialen Bewegungen erfolgte, setzte eine Kettenreaktion in Gang, die schließlich zur Beendigung der Schuldenkrise der Dritten Welt führte.

29 Der Völkerbund und bis in die Siebzigerjahre auch die Vereinten Nationen waren im Grunde nur Quasselbuden.

30 In England beispielsweise wurde das Anti-Corn-Law, das zur Aufhebung der Schutzzölle führte und damit den Beginn des liberalen Zeitalters markierte, von dem konservativen Premierminister Sir Robert Peel eingebracht, der vor allem durch die Gründung der britischen Polizei bekannt geworden ist.

31 Daran bin ich vor einigen Jahren durch keinen Geringeren als Julian Assange erinnert worden, als eine Gruppe von Occupy-Aktivisten in seiner Fernsehsendung *The World Tomorrow* auftrat. Da er wusste, dass viele von uns Anarchisten waren, stellte er uns eine Frage, die er für besonders provokant hielt: Nehmen wir an, in Ihrem Camp gibt es Leute, welche die ganze Nacht trommeln und die anderen am Schlafen hindern und sie wollen damit auch nicht aufhören. Was würden Sie vorschlagen, was soll man dagegen unternehmen? Damit sollte angedeutet werden, dass in solchen Situationen die Polizei oder eine ähnliche Einrichtung – eine unpersönliche Gewalt, die bereit ist, Gewalt anzudrohen – einfach notwendig sei. Er bezog sich damit auch auf ein reales Ereignis – im Zuccotti Park hatte es tatsächlich einige störende Trommler gegeben. Doch die Besetzer, denen diese Musik nicht gefiel, handelten mit den Trommlern einen Kompromiss aus, dass sie nur während bestimmter Stunden trommeln durften. Es war keine Gewaltandrohung notwendig. Für die überwältigende Mehrheit der Menschen, die bisher auf der Erde gelebt haben, gab es nicht im Entferntesten so etwas wie eine »Polizei«, die sie unter solchen Umständen hätte rufen können. Dennoch fanden die Menschen immer eine Lösung. In mesopotamischen,

chinesischen oder alten peruanischen Berichten sucht man vergeblich danach, dass Stadtbewohner durch ausgelassene Partys ihrer Nachbarn zur Raserei getrieben worden seien.

32 Es kann durchaus Marktbeziehungen geben, die nicht auf diese Weise funktionieren. Während unpersönliche Märkte in der Geschichte stets eine Schöpfung von Staaten waren, meistens zur Unterstützung militärischer Operationen eingerichtet, gab es auch Phasen, in denen sich Staaten und Märkte auseinander entwickelten. Viele der Ideen von Adam Smith und anderen Verfechtern des Marktes in der Zeit der Aufklärung sind anscheinend einem solchen Zeitabschnitt entlehnt, nämlich dem islamischen Mittelalter, als die Scharia-Gerichte erlaubten, dass geschäftliche Verträge ohne unmittelbare staatliche Eingriffe in Kraft traten, sondern nur durch das Ansehen (und damit die Kreditwürdigkeit) des Kaufmanns. Ein solcher Markt wird in vielfacher Hinsicht ganz anders funktionieren als die Märkte, die wir kennen. So war beispielsweise die Marktaktivität viel stärker durch Kooperation als durch Konkurrenz bestimmt (siehe dazu mein Buch: *Schulden. Die ersten 5000 Jahre,* Stuttgart 2012, S. 286–297). Das Christentum hatte eine völlig andere Tradition: Hier war der Handel seit je stärker mit Krieg verbunden, und das Wettbewerbsverhalten, vor allem wenn es keine vorher schon bestehenden Bindungen gab, erforderte das Vorhandensein einer Einrichtung wie der Polizei, um sicherzustellen, dass sich die Menschen an die Regeln hielten.

33 Es deutet einiges darauf hin, dass sich dies in den vergangenen Jahren geändert hat. Doch jedes Mal, wenn ich einen Text vorlegte, in dem der Gedanke geäußert wurde, dass ein gewisses Maß an sozialer Kontrolle durch das staatliche Gewaltmonopol ermöglicht wird, wurde mir mit Argumenten von Foucault, Gramsci oder Althusser vorgehalten, dies sei Unsinn, weil eine solche Analyse überholt sei, denn »disziplinierende Systeme« würden heute nicht mehr auf diese Weise funktionieren oder wir hätten mittlerweile erkannt, dass sie dies nie getan hätten.

34 *The Collected Works of Abraham Lincoln,* Bd. 5, hg. V. Roy P. Basler, New Brunswick o.J., S. 52. Die Anthropologin Dimitra Doukas beschreibt anschaulich, wie sich diese Transformation im Hinterland

von New York vollzog in: *Worked Over: The Corporate Sabotage of an American Community,* Ithaca 2003. Siehe ferner E. Paul Durrenberger und Dimitra Doukas, »Gospel of Wealth, Gospel of Work: Counterhegemony in the U.S. Working Class«, in: *American Anthropologist,* Vol. 110, Nr. 2 (2008), S. 214–225 zu dem fortdauernden Konflikt zwischen den beiden Sichtweisen in der amerikanischen Arbeiterschaft.

35 Es wäre reizvoll, diese Kampagne mit den finanzkräftigen Bemühungen zu vergleichen, die Ideologien des freien Marktes zu fördern, die in den Sechziger- und Siebzigerjahren mit der Gründung von Denkfabriken wie dem American Enterprise Institute begannen. Im letzteren Fall kamen diese Aktivitäten anscheinend eher aus einem kleineren Bereich des kapitalistischen Lagers und brauchten länger, bis sie Breitenwirkung entfalteten – erwiesen sich am Ende aber als wesentlich erfolgreicher.

36 Sogar die sowjetische Bürokratie verband die Verherrlichung der Arbeit mit dem langfristigen Versprechen, ein Konsumentenparadies zu schaffen. Es ist auch darauf hinzuweisen, dass die Regierung Reagan, als sie in den Achtzigerjahren die Durchsetzung des Kartellrechts praktisch einstellte, die Kriterien für die Genehmigung von Unternehmenszusammenschlüssen dahingehend änderte, ob diese auf eine Einschränkung des Handels zielten oder »dem Verbraucher zugutekommen«. Dies führte dazu, dass die US-Wirtschaft heute in vielen Sektoren, von der Landwirtschaft bis zum Buchhandel, durch einige wenige große bürokratische Monopole oder Oligopole beherrscht wird.

37 Auch in der Antike oder im christlichen Mittelalter konnte die Rationalität kaum als Mittel oder Werkzeug betrachtet werden, denn sie war schlicht die Stimme Gottes. Mit diesem Thema werde ich mich ausführlicher im dritten Essay befassen.

38 In Russland betrug die Gesamtzahl der Beamten im Jahr 1992 eine Million; in Jahr 2004 waren es 1,26 Millionen. Das ist nicht zuletzt deshalb besonders bemerkenswert, weil diese Zeitspanne größtenteils durch einen wirtschaftlichen Niedergang geprägt war, so dass es weniger zu verwalten gab.

39 Diese Auffassung deckt sich auch mit dem marxistischen Verständnis von Fetischismus, wonach menschliche Schöpfungen gewisser-

maßen zum Leben erwachen und ihre Schöpfer beherrschen anstatt umgekehrt. Das ist wahrscheinlich am besten als eine Unterart des gleichen Phänomens zu betrachten.

1: Tote Zonen der Phantasie

1 Diese Taktik ist so weit verbreitet, dass man eine Bezeichnung für sie erfinden sollte. Ich schlage vor, sie als die »Noch ein Wort von Ihnen und Sie gehören der Katze«-Taktik zu nennen. Wenn man sich über ein bürokratisches Problem beklagt, sollte man klarstellen, dass das Ergebnis am Ende darin bestehen wird, dass irgendein Befehlsempfänger in Schwierigkeiten kommt – gleichgültig, ob dieser untergeordnete Beamte mit der Entstehung des Problems etwas zu tun hatte oder nicht. Der Beschwerdeführer wird dann, sofern er nicht ungewöhnlich streitsüchtig oder grausam ist, beinahe unverzüglich seine Beschwerde zurückziehen. In diesem Fall hatte jemand vergessen, mir eine entscheidende Information zu übermitteln, aber ich habe diese Taktik auch schon angewendet, als ich mich über Dinge beschwerte, die eindeutig jener Vorgesetzte zu verantworten hatte, dem ich die Beschwerde vorlegte.

2 Zum Beispiel: »Wir erwarten, dass sich jeder nach besten Kräften für das Gemeinwohl einsetzt, ohne dafür eine Belohnung zu erwarten! Und wenn Sie diese Anforderungen nicht erfüllen können, sind Sie eindeutig ein konterrevolutionärer bürgerlicher Parasit, den wir in den Gulag schicken müssen.«

3 Soweit es anthropologische Studien über Bürokratie gibt – der Klassiker in diesem Zusammenhang ist Herzfelds *The Social Production of Indifference: Exploring the Symbolic Roots of Western Bureaucracy* (New York 1992) –, beschreiben sie derartige Arrangements nie als töricht oder idiotisch. Wenn Bürokratie überhaupt in irgendeiner Weise mit Idiotie in Verbindung gebracht wird, dann wird eine solche Einschätzung den Informanten zugeschrieben, den Vertretern des einfachen Volkes, deren Existenz der Anthropologe erklären muss. Warum, so wird gefragt, machen griechische Dorfbewohner oder mosambiquanische Ladenbesitzer so häufig Witze über lokale

Beamte, in denen diese Beamten als unbedarfte Idioten hingestellt werden? Eine Antwort, die nie in Betracht gezogen wird, lautet, dass die Dorfbewohner und Ladenbesitzer schlicht die Wirklichkeit beschreiben. Doch man muss hier differenzieren. Ich behaupte nicht, Anthropologen und anderen Sozialwissenschaftlern wäre überhaupt nicht bewusst, dass das Eintauchen in bürokratische Abläufe und Regeln Menschen regelmäßig dazu bringt, sich auf eine Art und Weise zu verhalten, die sie selbst in anderen Zusammenhängen für dumm oder idiotisch halten würden. Jeder weiß aus persönlichen Erfahrungen, dass es das gibt. Doch für die kulturelle Analyse sind offenkundige Wahrheiten uninteressant. Man kann bestenfalls ein »Ja, aber …« erwarten – mit der Annahme, dass nach dem »aber« jene Aspekte angeführt werden, die wirklich wichtig sind.

4 Bis zu einem gewissen Grad widerspricht dies der Einstellung gegenüber der Welt, die ihr von der Institution nahegelegt wird. Kürzlich musste ich online einen »Zeitverwendungsbericht« für meine Universität ausfüllen. Darin gab es ungefähr 30 Kategorien von Verwaltungstätigkeiten, aber keine Kategorie für »Arbeit an einem Buch«.

5 Dass sich überhaupt niemand dieser Fragen annehmen würde, ist zweifellos eine Übertreibung. Es gibt eine Handvoll Ausnahmen. Allerdings eine sehr kleine Handvoll. In der Anthropologie ist diesbezüglich vor allem Marylin Stratherns ausgezeichnetes Werk *Audit Cultures: Anthropological Studies in Accountability, Ethics and the Academy* (London 2000) erwähnenswert.

6 Talcott Parsons und Edward A. Shils (Hg.), *Toward a General Theory of Action,* Cambridge 1951.

7 Eric Ross, »Cold Warriors Without Weapons«, in: *Identities* 1998, Bd. 4 (3–4), S. 475–506. Um einen Eindruck von den Kontakten und Verbindungen in Harvard zu vermitteln, sei erwähnt, dass Geertz Schüler von Clyde Kluckhohn war, der nicht nur »ein wichtiger Mittelsmann für CIA-Forschungsgelder war« (Ross 1998), sondern auch den Abschnitt über Anthropologie in Parsons und Shils berühmtem Weberschen Manifest für die Sozialwissenschaft, *Toward a Theory of General Action* (1951), verfasst hatte. Kluckhohn stellte die Verbindung zwischen Geertz und dem Center for International Studies des MIT her, das damals von dem früheren CIA-Direktor für Economic

Research geleitet wurde, der ihn dazu veranlasste, sich mit der Entwicklung in Indonesien zu befassen.

8 Interessanterweise war Foucault bis 1968 in Frankreich kaum bekannt, ein einstmaliger Erz-Strukturalist, der viele Jahre im Exil in Norwegen, Polen und Tunesien verbracht hatte. Nach dem Aufstand wurde er aus Tunesien ausgewiesen und man bot ihm eine der prestigeträchtigsten Positionen an, die Paris zu vergeben hat, eine Professur am Collège de France.

9 Für das Gebiet der Anthropologie siehe dazu beispielsweise Nancy Scheper-Hughes, *Death Without Weeping: The Violence of Everyday Life in Brazil* (Berkeley 1992); Caroyln Nordstrom und Joann Martin, *The Paths to Domination, Resistance, and Terror* (Berkeley 1992).

10 Der Begriff geht zurück auf Diskussionen in der Friedensforschung in den Sechzigerjahren und wurde von Johan Galtung geprägt (»Violence, Peace, and Peace Research«, in: *Journal of Peace Research* 1969, Jg. 6, S. 167–171; *Peace, Research, Education; Action, Essays in Peace Research* [Kopenhagen 1982]; Peter Lawler, *A Question of Values: Johan Galtung's Peace Research* [Boulder 1995]), um dem Vorwurf zu begegnen, dass bei der Definition von »Frieden« als reiner Abwesenheit von Akten physischer Gewalt das Vorhandensein wesentlich schlimmerer Strukturen menschlicher Ausbeutung übersehen werde. Galtung empfand den Begriff »Ausbeutung« als zu stark überfrachtet, da er mit dem Marxismus identifiziert wurde, und schlug als Alternative die Bezeichnung »strukturelle Gewalt« vor: jedes institutionelle Arrangement, das durch seine Umsetzung einem bestimmten Teil der Bevölkerung regelmäßig physischen oder psychischen Schaden zufügt oder dessen Freiheit einschränkt. Strukturelle Gewalt lässt sich daher unterscheiden von »persönlicher Gewalt« (Gewalt durch einen identifizierbaren menschlichen Akteur) und »kultureller Gewalt« (Überzeugungen und Annahmen über die Welt, die es rechtfertigen, anderen Schaden zuzufügen). In diesem Sinne wurde der Begriff auch überwiegend in der anthropologischen Literatur verwendet (z. B. Philippe Bourgois, »The Power of Violence in War and Peace: Post-Cold War Lessons from El Salvador«, in: *Ethnography* 2001, Jg. 2 (1), S. 5–34; Paul Farmer, »An Anthropology of Structural Violence«, in: *Current Anthropology* 2004,

Jg. 45 [3], S. 305–325; *Pathologies of Power: Health, Human Rights, and the New War on the Poor* [Berkeley 2005]; Arun Gupta, *Red Tape: Bureaucracy, Structural Violence, and Poverty in India* [Durham 2012]).

11 In Anbetracht der Welt, wie wir sie vorfinden, ergibt das keinen Sinn. Wenn es zum Beispiel bestimmte Bereiche gibt, aus denen Frauen ausgeschlossen werden, weil man fürchtet, sie könnten dort körperlichen oder sexuellen Übergriffen ausgesetzt sein, kann man nicht unterscheiden zwischen dieser Angst, den Annahmen, die Männer zu solchen Übergriffen verleiten, oder den entstehenden Eindruck bei der Polizei, das Opfer habe es »selbst verschuldet«, und dem daraus resultierenden Gefühl der meisten Frauen, sie sollten sich selbst besser nicht in diesen Umgebungen aufhalten. Auch kann man diese Faktoren nicht unterscheiden von den »ökonomischen« Konsequenzen für Frauen, die dann bestimmte Berufe nicht mehr ausüben können. Das alles zusammen konstituiert eine bestimmte Struktur von Gewalt. – Das Hauptproblem bei Galtungs Ansatz besteht, wie Catia Confortini festgestellt hat (»Galtung, Violence, and Gender: The Case for a Peace Studies/Feminism Alliance«, in: *Peace and Change* 2006, Jg. 31 [3], S. 333–367), darin, dass Strukturen als abstrakte, freischwebende Einheiten betrachtet werden, während es sich bei dem, womit wir es hier zu tun haben, um materielle Prozesse handelt, in denen Gewalt und Gewaltandrohung eine entscheidende, konstitutive Rolle spielen. Man könnte sogar die Auffassung vertreten, gerade diese Tendenz zur Abstraktion ermögliche es den Beteiligten, sich einzureden, die Gewalt, die das System stützt, sei auf irgendeine Weise nicht verantwortlich für seine mit Gewalt verbundenen Auswirkungen.

12 Sklaverei wird häufig – dies trifft tatsächlich zu – als eine moralische Beziehung betrachtet: Der Herr entwickelt ein patriarchalisches Interesse am geistigen Wohlergehen des Sklaven. Doch glauben, worauf schon häufig hingewiesen wurde, solche Bekundungen weder Herr noch Sklave ernsthaft. Allein schon die Fähigkeit, die Sklaven zu zwingen, sich gemäß einer solchen offenkundig falschen Ideologie zu verhalten, ist eine Art und Weise, die reine, willkürliche Macht des Herrn zu verankern.

13 Keith Breckenridge, »Power Without Knowledge: Three Colonialisms in South Africa« (www.history.und.ac.zaempapers/Breckenridge2003.pdf).

14 Keith Breckenridge, »Verwoerd's Bureau of Proof: Total Information and the Making of Apartheid«, in: *History Workshop Journal* 1985, Jg. 58, S. 84.

15 Andrew Matthews, »Power/Knowledge, Power/Ignorance: Forest Fires and the State of Mexico«, in: *Human Ecology* 2005, Jg. 33 (6), S. 795–820; *Instituting Nature: Expertise, and Power in Mexican Forests, 1926–2001* (Cambridge 2011).

16 David Apter, *The Politics of Modernization* (Chicago 1965); *Choice and the Politics of Allocation: A Developmental Theory* (New Haven 1971).

17 »Gewalthandlungen sind wie alle anderen verhaltensbezogenen Ausdrucksformen durchdrungen von kultureller Bedeutung und sie sind jener Augenblick, in dem sich individuelles Handeln innerhalb historisch eingebetteter Verhaltensmuster manifestieren kann. Individuelles Handeln, das sich bestehender kultureller Normen, Symbole und Bilder bedient, kann daher gewissermaßen eine ›poetische‹ Qualität darstellen für das regelgesteuerte Substrat, das ihm zugrunde liegt, und für die Art und Weise, wie dieses Substrat eingesetzt wird, wodurch sich neue Bedeutungen und kulturelle Ausdrucksformen entwickeln.« (Neil Whitehead, »On the Poetics of Violence«, in: *Violence*, James Curry (Hg.), Santa Fe 2004, S. 9f.)

18 Wenn man jemandem eine Schusswaffe vor das Gesicht hält und dadurch die Herausgabe seiner Brieftasche erzwingt, sprechen wir in strafrechtlicher Hinsicht von einem Gewaltverbrechen, obwohl kein direkter physischer Kontakt stattgefunden hat. In den meisten liberalen Definitionen von Gewalt wird die Androhung von körperlichem Schaden noch nicht als eine Form von Gewalt eingestuft, weil dies mit subversiven Implikationen verbunden wäre. Daher definieren Liberale Gewalt als Akt einer nicht einvernehmlichen Schädigung, und Konservative betrachten sie als Akt einer nicht einvernehmlichen Schädigung, der nicht durch eine legitimierte Autorität gedeckt wird – was es praktisch unmöglich macht, dass der Staat,

oder überhaupt jeder Staat, der als solcher betrachtet wird, »Gewalt« ausüben könnte. (Siehe dazu: C.A.J. Coady, »The Idea of Violence«, in: *Journal of Applied Philosophy* 1986, Jg. 3 (1), S. 448f.

19 Ich muss an dieser Stelle wahrscheinlich nicht eigens darauf hinweisen, dass solche patriarchalischen Arrangements schlagende Beispiele für strukturelle Gewalt sind; ihre Normen werden durch vielfältige Arten subtiler oder auch weniger subtiler Androhung physischen Schadens durchgesetzt.

20 Nachdem ich die erste Fassung dieses Absatzes geschrieben hatte, habe ich vergeblich versucht, jenen Essay aufzustöbern, in dem ich zum ersten Mal von diesen Experimenten gelesen habe. (Ich bin darauf gestoßen in einem Artikel über den Film *Tootsie* in einer amerikanischen Zeitschrift, die mir im amerikanischen Konsulat in Antananarivo, der Hauptstadt Madagaskars, in die Hände fiel, als ich dort um 1990 meine Feldforschungen durchführte.) Wenn ich davon erzähle, hält man mir häufig entgegen, die meisten Jungs weigerten sich schlicht aus Homophobie, sich in Mädchen hineinzuversetzen, was durchaus zutreffend sein mag. Aber warum ist die Homophobie so mächtig und warum nimmt sie diese Form an. Schließlich sind auch viele halbwüchsige Mädchen ebenso homophob – dies scheint sie aber nicht davon abzuhalten, sich vorzustellen, sie wären Jungs.

21 bell hooks, »Representations of Whiteness« in: *Black Looks: Race and Representation* (Boston 1992), S. 165–178.

22 Die Schlüsseltexte zur Standpunkttheorie, die von Patricia Hill Collins, Donna Haraway, Sandra Harding, Nancy Hartsock und anderen stammen, finden sich in einem von Harding herausgegebenen Sammelband (*The Feminist Standpoint Theory Reader: Intellectual and Political Controversies* [London 2004]). Ich möchte hinzufügen, dass die Geschichte dieser Essays ein schönes Beispiel für die geschlechterbezogene Vergesslichkeit ist, von der ich spreche. Als ich mich mit dem Problem zu beschäftigen begann, war mir noch gar nicht bewusst, dass es diese Literatur gab, wenngleich meine Argumentation eindeutig davon beeinflusst worden war – erst durch eine feministische Freundin wurde ich darauf hingewiesen, woher die meisten dieser Ideen stammten.

23 Egon Bittner, *Aspects of Police Work* (Boston 1970); ferner: »The capacity to use force as the core of the police role«, in: Elliston und Feldberg (Hg.), *Moral Issues in Police Work* (Savage 1985), S. 15–26; P.A. Waddington, *Policing Citizens: Authority and Right* (London 1999); Mark Neocleous, *The Fabrication of Social Order: A Critical Theory of Police Power* (London 2000).

24 In diesem Abschnitt werden selbstverständlich die Angehörigen mit einem bestimmten Klassenstatus angesprochen. Ich habe schon häufig darauf hingewiesen, dass der Begriff »Mittelschicht« dadurch definiert werden kann, ob sich jemand, wenn er einen Polizisten auf der Straße sieht, sicherer fühlt oder unsicherer. Deshalb fühlt sich nur ein relativ kleiner Teil der Bewohner beispielsweise von Nigeria oder Indien oder Brasilien der Mittelschicht zugehörig, während dies bei den Dänen oder den weißen Australiern anders aussieht. In den meisten europäischen oder amerikanischen Großstädten spielt auch die Rassenzugehörigkeit eine Rolle, wenngleich auch Personengruppen, die am häufigsten von rassistischer Gewalt durch die Polizei betroffen sind, nichtsdestotrotz darauf beharren werden, dass die Verbrechensbekämpfung die wichtigste Aufgabe der Polizei sei.

25 Mir ist bewusst, dass das eigentlich nicht dem entspricht, was Max Weber sagen wollte. Auch der Ausdruck »Eisenkäfig« ist eher eine missverständliche Bezeichnung für etwas, das eher als »glänzendes Metallgehäuse« zu verstehen ist – kein graues Gefängnis, sondern eine Art Hightech-Umhüllung, die oberflächlich betrachtet durchaus attraktiv wirkt. Doch so wurde Weber im 20. Jahrhundert meist verstanden, und in gewisser Weise war diese populäre Auffassung wichtiger und zweifellos auch einflussreicher als die eigentliche Bedeutung, die der Autor dem Begriff zuschrieb.

26 Das alte Ägypten brachte demgegenüber literarische Genres hervor, in denen Schüler vor abenteuerlichen Berufen gewarnt wurden. Diese Werke begannen gewöhnlich mit der Frage, ob der Leser schon einmal davon geträumt habe, Schiffskapitän oder königlicher Kutscher zu werden, und beschrieben dann, wie armselig ein solcher scheinbar glamouröser Beruf in Wirklichkeit sei. Die Schlussfolgerung war immer die gleiche: Tue es nicht! Werde ein Bürokrat. Du wirst einen einträglichen Job haben und du wirst die Soldaten und

Seeleute herumkommandieren können, die dich wie einen Gott behandeln werden.

27 Die eigentliche Pointe der Bond-Filme besteht meiner Meinung nach darin, dass James Bond ein miserabler Spion ist. Spione sollen diskret und unaufdringlich sein. James Bond ist alles andere als das. Er kommt nur deshalb damit durch, weil er alle übrigen Aufgaben und Tätigkeiten mühelos und auf fast übernatürliche Weise fehlerfrei meistert. Diesbezüglich könnte man die Umkehrung zu Holmes fast endlos weiterführen: Holmes besitzt eine Familiengeschichte. Bond ist anscheinend ein Waisenkind, er besitzt jedenfalls keine familiären Bindungen und hat zudem ständig Sex, ohne jemals Nachkommen zu zeugen. Holmes arbeitet mit einem männlichen Partner zusammen, der sich in dieser Verbindung wohlfühlt. Bond tritt mit wechselnden Partnerinnen auf, die notorisch ums Leben kommen.

28 Für eine umfassende Darstellung dieses Gedankengangs ist hier nicht der Platz, es sei jedoch darauf hingewiesen, dass Polizeifilme nach dem Muster »Harter Cop, der alle Regeln bricht«, die heute anscheinend den Standard für Hollywoods Actionfilme bilden, erst in den Siebzigerjahren aufkamen. Im ersten halben Jahrhundert der amerikanischen Filmgeschichte gab es praktisch keine Filme, die ihre Handlung aus der Sicht eines Polizisten erzählten. Der Typus des harten Bullen tauchte zur selben Zeit auf, als der Western verschwand, und ist zum großen Teil eine Übertragung des Western-Plots in ein städtisches, bürokratisches Umfeld. Diesen Übergang verkörperte Clint Eastwood höchst anschaulich: vom »Fremden ohne Namen« in Sergio Leones Italowestern (1964–1966) zu *Dirty Harry* (1971). Der Western-Plot versucht – darauf haben auch schon andere hingewiesen –, eine Situation zu entwerfen, die es für einen rechtschaffenen Menschen rechtfertigt, Dinge zu tun, die ansonsten völlig unverantwortlich wären. Die Übertragung dieses Konzepts in ein urbanes, bürokratisches Umfeld ist mit beunruhigenden Implikationen verbunden: In diesem Sinne könnte man Jack Bauer, den Helden der amerikanischen Actionserie *24*, durchaus als den logischen Kulminationspunkt dieses Genres bezeichnen.

29 Marc Cooper, »Dum Da-Dum-Dum«, in: *Village Voice,* 16. April 1991, S. 28–33.

30 Hier zeigen sich Ähnlichkeiten zum Schicksal der liberalen oder libertären Ideen des freien Marktes, die staatliche Eingriffe ablehnen, aber gemäß dem, wie ich es nenne, *Ehernen Gesetz des Liberalismus* am Ende stets mehr Bürokratie hervorbringen. Linke Ideen müssen nicht immer und notwendig, so meine Überzeugung, auf dieselbe Weise Bürokratie erzeugen. Momente, in denen Aufstände sich zeigen oder anbahnen, beginnen gewöhnlich damit, bestehende bürokratische Strukturen zu beseitigen. Wenn aber diese Strukturen allmählich wieder zurückkehren, haben die Revolutionäre bereits begonnen, mit Hilfe des Staates zu handeln. Gelingt es den Revolutionären, autonome Enklaven zu behaupten, wie etwa die Zapatisten in Mexiko, ist das nicht der Fall.

31 Ich gebrauche den Ausdruck »Ontologie« hier etwas zögerlich, denn dieser philosophische Begriff wurde in jüngerer Zeit häufig missbräuchlich verwendet. Im engeren Sinn ist Ontologie die Theorie über das Wesen der Realität, im Gegensatz zur Epistomologie, der Theorie darüber, was wir über die Realität wissen können. In den Sozialwissenschaften dient der Begriff »Ontologie« heute aber meist nur dazu, um auf prätentiöse Weise über »Philosophie«, »Ideologie« oder »eine Reihe kultureller Annahmen« zu sprechen, und zwar häufig in einer Art, die bei Philosophen Empörung hervorrufen muss. Hier verwende ich den Begriff im spezifischen Sinne einer »politischen Ontologie«, den ich mir – zugegeben – selbst zurechtgelegt habe, der sich jedoch auf eine Reihe von Annahmen über zugrundeliegende Realitäten bezieht. Auf welche Realität bezieht man sich, wenn man sagt, man müsse »realistisch sein«? Welche verborgene Realität, welche zugrundeliegenden Kräfte werden hier unter der Oberfläche der politischen Ereignisse vermutet?

32 Selbst die Reichen und Mächtigen werden normalerweise eingestehen, dass die Welt ein schrecklicher Ort ist für die meisten Menschen, die in ihr leben. Sie werden aber darauf beharren, dies sei unvermeidlich oder alle Versuche, die Welt zu verändern, würden die Dinge nur noch verschlimmern. Sie werden aber keineswegs behaupten, wir würden in einer idealen sozialen Ordnung leben.

33 Leider wählte er dann doch einen anderen Titel, nämlich *Crack Capitalism* (London 2010), der wesentlich schwächer ist.

34 Schlüsseltexte hierfür sind folgende Werke: James Engell, *The Creative Imagination: Enlightenment in Romanticism* (Cambridge 1981) und Thomas McFarland, *Originality and Imagination* (Baltimore 1985).

35 Ich halte es für ein eindrucksvolles Beispiel für die Wirkungen struktureller Gewalt auf die Imagination, dass die feministische Theorie sehr schnell auf ihre eigene Teildisziplin zurückgedrängt wurde. Dadurch konnte sie fast keinen Einfluss mehr auf die Arbeit der meisten männlichen Theoretiker ausüben.

36 All dies erleichtert es, beide als grundlegend verschiedene Arten von Aktivitäten zu betrachten; weshalb es uns Mühe bereitet, Interpretationsarbeit – zum Beispiel das, was die meisten von uns als Frauenarbeit ansehen – als Arbeit anzuerkennen. Meiner Meinung nach sollte man sie besser als die ursprüngliche Form von Arbeit bezeichnen. Soweit hier eine klare Unterscheidung getroffen werden kann, sollten die Fürsorge, die Energie und die Arbeit, die für andere Menschen aufgewendet werde, als das Grundlegende betrachtet werden. Alles, was uns am meisten bewegt und beschäftigt – unsere Liebsten, unsere Leidenschaften, unsere Rivalitäten und Obsessionen –, bezieht sich auf andere Menschen, und in den meisten Gesellschaften, die nicht kapitalistisch sind, geht man davon aus, dass die Herstellung von Gütern ein untergeordnetes Element in einem größeren Prozess ist, der darauf zielt, den Menschen ihre Existenz zu ermöglichen. Ich behaupte, der Aspekt des Kapitalismus, der am stärksten die Entfremdung forciert, besteht darin, uns zu zwingen, es umgekehrt zu sehen; der Hauptzweck von Gesellschaften sei es, den Output von Dingen zu steigern.

37 Siehe dazu mein Buch *The Democracy Project* (New York 2012). Ich wollte dafür ironischerweise den Titel »As If We Were Already Free« verwenden, hatte aber nicht die Freiheit, meinen Titelvorschlag durchzusetzen.

38 Rebecca Solnit, *A Paradies Made in Hell: The Extraordinary Communities That Arise in Disaster* (New York 2010).

39 Dieser Text erschien unter dem Titel »Dead Zones of the Imagination on Violence, Bureaucracy, and Interpretive Labor. The 2006 Malinowski Memorial Lecture« in *HAU: The Journal of Ethnographic Theory*, Vol. 2, No. 2, 2012.

2: Von fliegenden Autos und dem Fall der Profitrate

1 Auch George Orwell hatte seine futuristische Dystopie *1984* nur 35 Jahre in der Zukunft angesiedelt.

2 Tatsächlich waren Videotelefone bereits in den Dreißigerjahren von der deutschen Post verwendet worden.

3 Aus: Fredric Jameson, *Postmodernism*, in: *The Cultural Logic of Late Capitalism*, 1991, S. 36f. Der Aufsatz wurde ursprünglich 1894 veröffentlicht.

4 Das Buch erschien ursprünglich 1972 auf Deutsch unter dem Titel *Der Spätkapitalismus.*

5 Die klassische Formulierung dieser Position findet sich wahrscheinlich in *Space and the American Imagination* von Howard McCurdy (Washington 1997); in abgewandelter Form wird diese Auffassung dargestellt in Stephen J. Pyne, »A Third Great Age of Discovery, in: Carl Sagan und Stephen J. Pyne, *The Scientific and Historical Rationales for Solar System Exploration,* SPI 88–1 (Washington 1988) oder in Linda Billings, »Ideology, Advocacy, and Spaceflight: Evolution of a Cultural Narrative«, in: Stephen J. Dick und Roger D. Launius (Hg.), *The Societal Impact of Spaceflight* (Washington 2009).

6 Alvin Toffler, *Future Shock* (New York 1970); dt. Ausgabe: *Der Zukunftsschock. Strategien für die Welt von morgen* (Bern/München 1971).

7 Auch in diesem Fall gibt es ein sowjetisches Äquivalent: die Tupolew TU-144, die das erste Überschall-Verkehrsflugzeug war und die 1968, einige Monate vor der Concorde, ihren ersten Flug absolvierte, ab 1983 aber nicht mehr zu kommerziellen Zwecken eingesetzt wurde.

8 Alvin Toffler, *The Third Wave* (New York 1980); dt. Ausgabe: *Die dritte Welle. Zukunftschance. Perspektiven für die Gesellschaft des 21. Jahrhunderts* (München 1983).

9 Tofflers politische Haltung war etwas uneindeutiger. Vor seinem Erfolg mit *Future Shock* war er hauptsächlich als Wirtschaftsjournalist tätig und wurde vor allem durch ein Interview mit Ayn Rand für den *Playboy* bekannt. Wie die meisten Konservativen unterstützt er die Gleichberechtigung der Frauen als abstraktes Prinzip, äußert sich zu konkreten feministischen Themen und zu Vertretern des Femi-

nismus aber nur, wenn er sie kritisieren möchte. Typisches Beispiel dafür ist sein Buch *Revolutionary Wealth: How It Will Be Created and How It Will Change Our Lives,* Alvin Toffler und Heidi Toffler (New York 2006), S. 132 ff. Seltsamerweise werden Toffler wie Gilder gleichermaßen von der Sorge über die Bedrohung der Mutterschaft umgetrieben werden. Man könnte vermuten, beide hätten ihre Politik auf den Widerstand gegen Shulamith Firestone gegründet, lange bevor Firestone tatsächlich auf der politischen Bühne auftauchte.

10 So exzentrisch die beiden auch erscheinen mögen, der Einfluss solcher Denker auf die politische Rechte ist nicht zu unterschätzen, denn sie wurden als deren kreative Visionäre betrachtet. So gilt etwa Gilders angebotsorientierte Wirtschaftstheorie als wichtigste Inspiration für die Reaganomics, und sein »Technology Report« war so weit verbreitet, dass Marktbeobachter von einem »Gilder-Effekt« sprachen, der darin bestand, dass der Aktienkurs jeder Firma, die er in seinem Newsletter positiv erwähnte, unmittelbar danach stieg.

11 Win McCormick beispielsweise berichtete mir, dass er Ende der Sechzigerjahre in einer Denkfabrik mitwirkte, die von einem früheren Präsidenten der University of Chicago gegründet worden war und die in erster Linie der Frage nachging, wie man die Umwälzungen meistern könne, die sich, wie man annahm, im Verlauf der nächsten Generation einstellen würden, wenn die körperliche Arbeit vollständig durch Maschinen ersetzt werden würde.

12 Ich kann hier nicht im Einzelnen die politischen Konflikte vom Anfang der Siebzigerjahre nachzeichnen, die in dem unveröffentlichten Werk *Zero Volume* beschrieben werden, das den Boden bereitete für das spätere Entstehen des Midnight Notes Collective, doch sie zeigen sehr deutlich, dass die wilden Streiks, die in dieser Zeit in vielen vom Fließband bestimmten Industriezweigen stattfanden, vor allem darauf zielten, die harte körperliche Arbeit durch Mechanisierung zu ersetzen, und dass für die Unternehmer die Aufgabe ihrer Fabriken in dem stark gewerkschaftlich geprägten »Rust Belt« zu einer bewusst gewählten Strategie wurde, um diese Forderungen zu unterlaufen (siehe dazu z. B. Bruno Ramirez, »Crisis in the Auto Sector«, ursprünglich aus *Zero Volume,* veröffentlicht in *Midnight Notes,* 1992).

13 In den USA pflegt man die Vorstellung, es gebe hier keine Industrieplanung, was aber Kritiker schon längst widerlegt haben. Der Großteil der direkten Planung, und damit auch der Aktivitäten für Forschung und Entwicklung, wird vom Militär organisiert und durchgeführt.

14 Dieses Projekt bekam den Namen *Energia* und war der Grund für die Entwicklung der gewaltigen Starthilfsraketen, die auch heute noch das Rückgrat des globalen Raumfahrtprogramms bilden, nachdem das amerikanische Space Shuttle außer Betrieb genommen worden ist. In den USA erfuhr man erst 1987 von diesem Projekt, zwei Jahre vor dem Zusammenbruch der Sowjetunion, http://www.nytimes/1987/06/17/worldoviet-studies-satellites-to-convert-solar-energy-for%20the-relay-to-earth.html.

15 Daraus ergibt sich eine interessante Frage: Wie viel von dieser mythischen Welt war – zumindest teilweise – slawischer Herkunft? Um diese Frage zu beantworten, bedürfte es allerdings umfangreicher Forschungen.

16 Jeff Sharlet hat mich darauf aufmerksam gemacht, dass diese imaginären Verbindungen wahrscheinlich tiefer reichen, als wir denken. In den Fünfziger- und Sechzigerjahren vermuteten viele prominente Amerikaner, auch eine größere Zahl von Kongressabgeordneten, die Sowjets stünden mit außerirdischen Wesen in Kontakt und UFOs seien entweder sowjetische Verbündete oder sowjetische Fluggeräte, die mit ausgeborgter außerirdischer Technologie gebaut worden seien (siehe dazu z. B. Sharlet, *Sweet Heaven When I Die: Faith, Faithlessness, and the Country in Between,* New York 2012, S. 146ff.).

17 Ein Beispiel dafür: Auf 368 Seiten wird in dem Buch *The Ethics of Star Trek* von Judith Barad nicht ein einziges Mal von Demokratie gesprochen oder von Themen, die in einem kollektiven politischen Entscheidungsbildungsprozess behandelt werden.

18 Andere Sätze, die man nie hört, wären zum Beispiel: »Haben Sie gehört, dass die Traditionalistische Allianz der Vulkanier und der Bejoraner der regierenden Koalition ihre Unterstützung entziehen und Neuwahlen erzwingen will, wenn ihr Kandidat dieses Jahr nicht die Zuständigkeit für die Bildung bekommt?« Man beachte auch, dass angesichts des Fehlens ideologischer Differenzen, die sich mit

ethnischen Unterschieden überschneiden können, eigentlich nur politische Konflikte zwischen den einzelnen Völkern der Föderation als Streitthemen in Frage kommen: Die Andorianer wollen dies, die Betazoiden wollen jenes. Auch hier zeigen sich Ähnlichkeiten zu den Entwicklungen in der UdSSR und vergleichbaren Regimen, in denen eine Verbindung aus einem zentralisierten, umverteilenden System und dem Beharren auf ideologischer Konformität dafür sorgte, dass nur ethnische Differenzen offen politisch diskutiert werden konnten – was letztlich verheerende politische Folgen nach sich zog.

19 Zwar sind alle ethnischen Gruppen in der Föderation repräsentiert, doch es gibt eine bemerkenswerte Ausnahme: die Juden. Das ist umso auffälliger, als sowohl Kirk als auch Spock in der Originalserie von jüdischen Schauspielern dargestellt wurden – und der berühmte Vulkaniergruß ist eine orthodox-jüdische Segnung. Niemals aber trifft man auf einen Kapitän Goldberg oder einen Leutnant Rubinstein; so weit mir bekannt ist, tritt auch keine einzige jüdische Figur in der Serie auf.

20 Die Abfolge der Ereignisse ist etwas hypothetisch, da, wie gesagt, eine solche Geschichte bisher nicht geschrieben wurde. Ich behaupte nicht, Michael Moore hätte diese Debatte angestoßen, sondern nur, seine Bemerkungen könnten einen Eindruck davon vermitteln, worüber damals diskutiert wurde. Die Ferengi tauchen schon sehr früh auf, im Jahr 1987, die Borg noch früher, aber sie werden vor allem später als Gegenspieler der Förderation bekannt. Man muss nur auf Google »Gene Roddenberry« (Schöpfer von *Star Trek*) und »kommunistisch« eingeben, um einen Eindruck davon zu bekommen, welche Aufregung dieses Thema in konservativen Kreisen hervorrief.

21 Der Begriff ist ursprünglich von den »Franken« abgeleitet, dem arabischen Oberbegriff für Kreuzfahrer. Daher besitzen die Ferengi ein eigenartiges mittelalterliches Erbe: Ihr Name ist eine Bezeichnung, welche die Muslime in feindseliger Absicht für die Christen verwendeten, die sie als barbarisch, gottlos und so stark von Gier zerfressen betrachteten, dass sie allen menschlichen Anstands verlustig gegangen seien, und ihre physische Erscheinung und ihr Auftreten ist eine Anspielung an das feindselige Bild, das diese Christen aus genau denselben Gründen von den Juden hatten.

22 So konnte beispielsweise eine jüngere Studie über die Arbeit im 21. Jahrhundert feststellen: »Zwei einschneidende Entwicklungen haben Ende des 20. Jahrhunderts zu einer Umgestaltung der Arbeit geführt. Die erste war der Zusammenbruch der Sowjetunion und der weltweite Triumph des marktwirtschaftlichen Kapitalismus. Der zweite Faktor war der weitverbreitete Einsatz computergestützter Produktionstechniken und computerbasierter Führungs- und Leitsysteme im Management.« (Rick Baldoz, Charles Koeber, Philip Kraft, *The Critical Study of Work: Labor, Technology, and Global Production* [Philadelpia 2001], S. 3.

23 Der Entwickler dieses Gewehrs, der 2013 verstorbene Michail Kalaschnikow, erklärte vor einigen Jahren auf einer Pressekonferenz, amerikanische Soldaten im Irak würden häufig ihre Waffen wegwerfen und dann erbeutete AK-47-Gewehre verwenden, wenn sich ihnen die Möglichkeit biete.

24 Es ist irreführend, nur die Universitätsmitarbeiter zu zählen, denn dabei wird die wachsende Zahl von Verwaltungsmitarbeitern übersehen, die von Stiftungen und anderen Geldgebern beschäftigt werden.

25 Don Braben, ein Physiker am University College in London, erregte in Großbritannien Aufsehen mit der Aussage, Albert Einstein erhielte keine Fördermittel, würde er heute leben. Andere haben darauf hingewiesen, dass die meisten großen Werke von Einstein niemals das Peer-Review-Verfahren überstanden hätten.

26 Jonathan L. Katz, »Don't Become a Scientist!« (wuphys.wustl.edu/~katzcientist.html).

27 Freunde, die in der Industrie arbeiten, haben mich darauf hingewiesen, Geldgeber beständen regelmäßig darauf, dass die Wissenschaftler selbst und nicht irgendwelche untergeordneten Mitarbeiter Anträge formulieren, Berichte schreiben usw., was zur Folge hat, dass selbst die erfolgreichsten Forscher rund 40 Prozent ihrer Arbeitszeit mit Papierkram verbringen müssen.

28 Es stimmt, dass einige kapitalistische Firmen des Silicon-Valley-Typus – Unternehmen, die überzeugt sind, dass sie ganz vorne mitmischen – in abgewandelter Form die Herangehensweise von Bell Labs wieder aufgreifen und dafür sorgen, dass diese auch allgemein bekannt wird. Doch bei diesen Bemühungen handelt es sich, wie

sich bei näherer Betrachtung zeigt, größtenteils um Publicity-Aktionen. In Firmen vom Silicon-Valley-Typus wird Innovation weitgehend an Start-up-Unternehmen ausgelagert. Gegenwärtig wird die vielversprechendste Forschungsarbeit weder in Großkonzernen noch in staatlich finanzierten Zusammenhängen, sondern im nichtprofitorientierten Sektor geleistet (wozu auch die meisten Universitäten gehören), aber auch hier sorgt die Korporatisierung der institutionellen Kulturen zunehmend dafür, dass immer mehr Zeit für die Abfassung von Anträgen aufgewendet werden muss.

29 David Harvie, »Commons and Communities in the University: Some Notes and Some Examples«, in: *The Commoner,* Nr. 8 Herbst/Winter 2004 (http://www.commoner.org.uk/08harvie.pdf).

30 Wir wissen zum Beispiel nicht, ob Ölmultis tatsächlich Rezepte für synthetische Treibstoffe aufgekauft und in Tresoren weggesperrt haben, aber es ist gut vorstellbar, dass dies geschehen ist. Eine mir bekannte russische Journalistin berichtete mir von einer Freundin, die einen Bauplan für eine Internet-Basisstation entwickelt hatte, die kostenlosen Internetzugang per Funk für ein ganzes Land ermöglicht hätte. Das Patent wurde rasch von einem großen Internet-Provider für mehrere Millionen aufgekauft und in die Schublade gelegt. Solche Geschichten lassen sich nicht überprüfen, aber es spricht für sich, dass es sie gibt – und dass sie höchst glaubwürdig wirken.

31 Neal Stephenson, »Innovation Starvation«, in: *World Policy Journal,* Herbst 2011, S. 11–16.

32 Ich hatte schon häufig den Verdacht, dass der Steampunk eine nostalgische Sehnsucht nach diesen Zeiten darstellt. Ich habe einmal an einer Museumsdiskussion zu diesem Thema teilgenommen, und dabei sprachen alle Kommentatoren seltsamerweise ausschließlich über das »Steam«-Element, keiner aber von »Punk«. Im Punkrock der Siebzigerjahre ging es darum, dass es keine erlösende Zukunft gibt – »no future« lautete eines seiner berühmtesten Mantras –, und ich denke, dass eine Vorliebe für Zukunftsvisionen, die vom viktorianischen Zeitalter beeinflusst sind, vor allem eine Sehnsucht nach dem letzten Augenblick ist, nach der Zeit vor dem blutigen Gemetzel des Ersten Weltkriegs, als man noch beruhigt von einer erlösenden Zukunft ausgehen konnte.

33 Giovanni Arrighi, *The Long Twentieth Century: Money, Power, and the Origins of Our Times* (London 1994).

34 Das hatte nicht nur mit seiner Neigung zum Okkultismus zu tun, sondern auch mit seiner libertär-kommunistischen Einstellung. Seine Schwägerin, die anscheinend die Leiterin des magischen Zirkels war, schloss sich schließlich L. Ron Hubbard an. Nach seinem Ausscheiden aus der NASA nutzte Parsons seine magischen Praktiken zur Erzeugung pyrotechnischer Effekte für Hollywood-Filme, bis er sich schließlich 1962 selbst in die Luft sprengte.

35 Lewis Mumford, *The Myth of the Machine: Technics and Human Development* (New York 1966).

36 Ich möchte erwähnen, dass Peter Thiel, der ursprünglich den Thesen dieses Aufsatzes weitgehend zustimmte, in jüngster Zeit eine marktkritische, pro-monopolistische Haltung vertritt, weil eine solche Form des Kapitalismus seiner Auffassung nach die beste Möglichkeit biete, raschen technologischen Wandel zu fördern.

37 So lange ich mich erinnern kann, zumindest seit meinen Zwanzigern, habe ich jedes Jahr mindestens einen Forscher davon reden hören, dass es nur noch drei Jahre dauern werde, bis man ein Mittel gegen das Altern gefunden haben werde.

38 Dieser Text erschien unter dem Titel »Of Flying Cars and the Decline Rate of Profit« in *The Baffer*, No. 19, 2012

3: Die Utopie der Regeln, oder: Warum wir die Bürokratie insgeheim lieben

1 Max Weber, *Wirtschaft und Gesellschaft*, zweiter Teil, Tübingen 1921, S. 571ff.

2 Einem amerikanischen Besucher gegenüber sagte Bismarck damals: »Mein Gedanke war, die arbeitenden Klassen zu gewinnen, oder soll ich sagen, zu bestechen, den Staat als soziale Einrichtung anzusehen, die ihretwegen besteht und für ihr Wohl sorgen möchte.« Otto von Bismarck, *Gesammelte Werke* (Friedrichsruher Ausgabe) 1924/1935, Band 9, S. 195f. Dieses Zitat sollte man im Kopf behalten, da ich feststelle, dass der Kerngedanke – dass der Wohlfahrtsstaat haupt-

sächlich aus der Angst heraus geschaffen wurde, die Arbeiterklasse könnte eine Revolution anzetteln – vielerorts eher skeptisch aufgefasst wird und nach einem Beweis dafür verlangt wird, dass dies tatsächlich die bewusste Absicht der herrschenden Klasse gewesen sei. Hier jedoch äußert sich Bismarck selbst unmissverständlich dazu.

3 Herodot, *Historien*, 8.98.

4 Es ist interessant, dass Benedict Anderson dieses Phänomen kaum erwähnt und sich in *Die Erfindung der Nation. Zur Karriere eines folgenreichen Konzepts* beinahe ausschließlich auf Zeitungen konzentriert. Hier zitiert nach der Ausgabe Berlin 1998.

5 Dies trifft immer noch zu: In den Vereinigten Staaten gehören ein Drittel aller Staatsbediensteten dem Militär an, ein Viertel arbeitet bei der Post – weit mehr als in jedem anderen Bereich.

6 Leider ist das Essay verschollen. Siehe J. R. LeMaster, James Darrell Wilson und Christie Graves Hamric (Hgg.), *The Mark Twain Encyclopedia*, New York 1993, S. 71; Everett Emerson, *Mark Twain, a Literary Life,* Philadelphia 2000, S. 188.

7 Zitiert nach: Wladimir Iljitsch Lenin, *State and Revolution,* London 1992 [1917], S. 52. Deutsche Ausgabe: *Staat und Revolution*, München 2001.

8 Zitiert nach: Peter Kropotkin, *Anarchism: A Collection of Revolutionary Writings,* New York 1974, S. 68. Deutsche Ausgabe: *Der Anarchismus*, Frankfurt 1992.

9 Gordon Wood, *Empire of Liberty: A History of the Early Republic, 1789–1815 (Oxford History of the United States),* Oxford 2011, S. 478ff.

10 Während meiner Kindheit und Jugend in New York City verblüffte mich stets der schroffe Gegensatz zwischen den herrlichen, um die Jahrhundertwende gebauten öffentlichen Einrichtungen, als diese Pracht ein Sinnbild für die Kraft und die Macht der Republik war, und der augenscheinlich beabsichtigten Geschmacklosigkeit von allem, was seit den siebziger Jahren von der Stadt für die Bürger der Stadt errichtet worden war. Für mich zumindest waren die beiden schönsten Exemplare jenes früheren Zeitalters das monumentale Central Post Office mit seinen ausladenden, einen Block langen Marmorstufen und korinthischen Säulen sowie die Hauptfiliale

der New York Public Library (die zufälligerweise bis in die späten achtziger Jahre des 20. Jahrhunderts ein eigenes Röhrensystem für die Bücherleihe unterhielt). Ich erinnere mich, dass ich einmal als Tourist den Sommerpalast des Königs von Schweden besuchte – der erste Palast, den ich je betreten hatte. Meine erste Reaktion war: Hier sieht es ja genauso aus wie in der New York Public Library!

11 Mark Ames, *Going Postal: Rage, Murder, and Rebellion from Reagan's Workplaces to Clinton's Columbine and Beyond*, Brooklyn 2005.

12 In dem großartigen Film *Hollywood Shuffle* ist dies besonders anschaulich dargestellt: Ein glückloser, junger afro-amerikanischer Held ist fest gewillt, jedes noch so erniedrigende rassistische Stereotyp zu bieten, wenn er es dafür im Filmgeschäft schafft – seine Großmutter erinnert ihn derweil stets freundlich daran, dass es »bei der Post immer etwas zu tun« gebe.

13 Dieses Muster gilt für alle Filmgenres: Selbst, wenn der eigensinnige Held beispielsweise ein Wissenschaftler ist, ist der Ranghöhere in der bürokratischen Ordnung fast ausnahmslos eine farbige Person. Gelegentlich ist auch der Held ein Mensch mit dunklerer Hautfarbe, doch meistens ist er weiß; der Chef hingegen – zumindest, wenn er als übereifriger Drillmeister dargestellt ist – so gut wie nie.

14 Angesichts meiner Ausführungen zum Internet im Kapitel zuvor ist es im Grunde unnötig zu erwähnen, dass solche poetischen Technologien die Tendenz haben, selbst zu bürokratischen Technologien zu werden.

15 Faszinierend ist auch der Versuch Freuds, die beiden Konzepte miteinander zu verbinden: Rationalität (das Ego) steht nicht mehr für Moral, wie es in der mittelalterlichen Auffassung noch der Fall gewesen wäre, in welcher Vernunft und Moral ein und dasselbe waren, sondern wird vielmehr von den Leidenschaften (dem Es) in die eine und von der Moral (dem Über-Ich) in die andere Richtung gedrängt.

16 Man könnte sagen, dass dies in Militärbürokratien am stärksten ausgeprägt ist, in denen die Offiziere oft stolz darauf sind, ungeachtet politischer Entwicklungen und persönlicher Ansichten jedem zivilen Führer mit gleicher Hingabe und Effizienz zu dienen. Dies ist jedoch nur eine Erweiterung der bürokratischen Geisteshaltung. Von adligen Offizierscorps befehligte Armeen verhalten sich vollkommen anders.

17 Zum Beispiel gibt es inzwischen immer mehr Literatur über die gesellschaftlichen Hintergründe der extremeren Formen des politischen Islam, aus welcher hervorgeht, dass diese auf Studenten der Technik- und Naturwissenschaften besonders anziehend wirken.

18 Es hat seinen Grund, dass Mr. Spock ein fiktiver Charakter war. Freilich war er nicht vollkommen emotionslos – er tat nur so, wodurch er das Ideal der Rationalität perfekt verkörperte.

19 Es ist durchaus möglich, auf Grundlage irriger Annahmen ein logisch kohärentes Argument zu konstruieren, oder ein Problem realistisch zu analysieren und dann einen logisch völlig falschen Ansatz zu seiner Lösung zu wählen. Das tun Menschen die ganze Zeit.

20 Ich beziehe mich hier auf die pythagoreische Bewegung und nicht auf deren Gründer Pythagoras, da dessen Rolle bei der Aufstellung jener Doktrinen, die unter seinem Namen bekannt wurden, derzeit umstritten ist. Walter Burkert meint, Pythagoras zeichne lediglich für die Doktrin der Wiedergeburt verantwortlich, nicht jedoch für die mathematische Kosmologie, welche oft auch mit späteren Pythagoreern wie Hippasus, Philolaus und Archytas verbunden wird. Es wird sogar behauptet, sie sei nachträglich von Plato erfunden und den Pythagoreern zugeschrieben worden (was ich allerdings für eher unwahrscheinlich halte).

21 Diese Doktrin soll politisch derart bedeutend gewesen sein, dass der Pythagoreer Hippasus, als er die irrationalen Zahlen entdeckte, von seinen Genossen im Meer ertränkt wurde. Die antike Legende besagte allerdings, Hippasus sei bei einem Unfall ertrunken, als Strafe der Götter für seine Respektlosigkeit, solche Angelegenheiten zu offenbaren. Ich persönlich finde andere Quellen interessanter, in denen es heißt, Hippasus habe die Ansicht vertreten, Gott sei eine irrationale Zahl – mit anderen Worten, dass Gott ein transzendentes Prinzip jenseits der immanenten Rationalität des Kosmos darstelle. Dies wäre eine weite Abschweifung von der aufkommenden Logik der »kosmischen Religion« der Antike gewesen und hätte zweifellos den Zorn von Hippasus' Kameraden hervorgerufen. Interessant ist die Frage, wie und in welchem Zusammenhang es mit den unten ausgeführten Gedanken zur Souveränität steht.

22 Hans Jonas (*Die mythologische Gnosis*, Göttingen 1954) war meines Wissens der Erste, der den Begriff »kosmische Religion« verwendete, um damit den Gnostizismus zu beschreiben, der die Vorstellung einer idealen kosmischen Ordnung ablehnte und menschliche Seelen als der Schöpfung grundlegend fremd betrachtete, ja, als deren explizite Negation. Das augustinische Christentum enthält beiderlei Elemente und verknüpft einen manichäischen Dualismus mit der fundamental heidnischen Forderung einer Identität von Geist und Gottheit.

23 Die Wurzeln liegen bei den Stoikern, doch war es in der Antike nicht annähernd so universell, wie es im europäischen Mittelalter wurde.

24 Sofern sie es doch tun, geschieht dies natürlich beim Spielen.

25 Edmund Leach, *Social Anthropology*, Oxford 1982, S. 121.

26 Es wäre vielleicht logischer gewesen, die Menschen durch ihre Phantasie von den Tieren abzugrenzen, doch in mittelalterlichen Begriffen war dies nicht denkbar. Nach der von Astrologie und Neuplatonismus beeinflussten, damals weit verbreiteten Alltagstheologie der damaligen Zeit entsprach diese einer höheren Ordnung – die Phantasie war Vermittler zwischen dem göttlichen Intellekt und der stofflichen Welt, wie auch die Astralebene zwischen Himmel und Erde vermittelte; tatsächlich glaubten viele Menschen damals, unsere Vorstellungskraft bestünde aus Astralsubstanz.

27 Aus Francis Yates, *Giordano Bruno and the Hermetic Tradition*, London 1964, S. 144; ursprünglich aus Robert Fludd, *Meteorologica cosmica*, Frankfurt, 1626, S. 8.

28 Übersetzung von Francis Yates, s.o., S. 119.

29 Und natürlich auch der kirchlichen Hierarchie, deren Zentrum weiterhin in Rom lag und die das höchstentwickelte und geografisch weitreichendste Verwaltungssystem darstellte, dass es im damaligen Europa gab.

30 Zur Proto-Bürokratie siehe: Hans Nissen et al., *Archaic Bookkeeping: Early Writing and Techniques of Economic Administration in the Ancient Near East*, Chicago/London 1993; David Wengrow, *What Makes a Civilization?*, Oxford 2012, S. 81ff.

31 Aus anthropologischer Sicht kommen hier die Maori infrage oder die ersten Nationen der Nordwestküste Nordamerikas (die in Adlige

und Gemeine geteilt waren, ohne zentrales Regierungs- und Verwaltungssystem), aber auch egalitärere heroische Gesellschaften wie die Iatmul von Papa Neuguinea, wo sämtliche männlichen Erwachsenen die ganze Zeit solch prahlerisches Verhalten an den Tag legten.

32 Meine wichtigste Quelle ist hier: David Wengrow, »›Archival‹ and ›Sacrificial‹ Economies in Bronze Age Eurasia: An Interactionist Approach to the Hoarding of Metals«, in: T. C. Wilkinson, S. Sherratt und J. Bennet (Hgg.), *Interweaving Worlds: Systemic Interactions in Eurasia, 7th to the 1st Millennia BC*, Oxford 2011, S. 135 ff. Ich selbst diskutiere heroische Gesellschaften in »Culture as Creative Refusal«, in: *Cambridge Anthropology*, Bd. 31, Nr. 2 (2013), S. 1 ff.

33 Das habe ich tatsächlich behauptet, und zwar in einem früheren Buch: *Lost People: Magic and the Legacy of Slavery in Madagascar*, Bloomington 2007, S. 129 ff.

34 Attila der Hunne beispielsweise taucht sowohl im *Nibelungenlied* als auch in der *Völsunga saga* als Figur auf.

35 »Fantasy« kann sich natürlich auf eine sehr breite Palette von Literatur beziehen, von *Alice im Wunderland* und *Der Zauberer von Oz* bis zu *Cthulhus Ruf*; zudem betrachten viele Kritiker auch die Science-Fiction als Subgenre der Fantasy. Inoffizielles Paradebeispiel bleibt natürlich die heroische Fantasy im Stil der Mittelerde-Geschichten.

36 An anderer Stelle habe ich dies als »hässliches Spiegelphänomen« bezeichnet. Siehe: David Graeber, »There Never Was a West: Democracy Emerges from the Spaces in Between«, in: *Possibilities: Notes on Hierarchy, Rebellion, and Desire*, Oakland 2007, S. 343.

37 Der Hauptunterschied ist hier zweifellos, dass mittelalterliche Karnevalsveranstaltungen – im Gegensatz zum römischen Zirkus – zum großen Teil von unten nach oben organisiert wurden.

38 In einem Brief an seinen Sohn, den er während des Zweiten Weltkriegs schrieb, heißt es: »Meine politische Meinung tendiert immer mehr zur Anarchie (philosophisch gesehen, also als Abschaffung von Kontrolle, keine bärtigen Männer mit Bomben) – oder zu ›unkonstitutioneller‹ Monarchie. Ich würde alle verhaften lassen, die das Wort Staat gebrauchen (außer im Sinne des unbelebten Königreichs von

England und seiner Einwohner, eines Gebildes, das weder Macht, Rechte noch Geist besitzt), ihnen die Chance geben, zu widerrufen, und sie dann hinrichten lassen...« Weiter heißt es, er halte Kommandobeziehungen nur innerhalb kleiner Gruppen für angemessen, und der einzige Lichtblick auf Erden sei »die um sich greifende Angewohnheit verärgerter Menschen, Fabriken und Kraftwerke in die Luft zu sprengen«. (Brief an Christopher Tolkien vom 29. November 1943, in: Humphrey Carpenter (Hg.), *The Letters of J.R.R. Tolkien*, London 1981, Nr. 52. Dieses Beharren darauf, dass allein persönliche Autorität legitim sei, spiegele Tolkiens lebenslange Abneigung gegenüber der Bürokratie in all ihren Erscheinungsformen (Faschismus, Kommunismus, Wohlfahrtsstaat usw.) wider – so andere Autoren, darunter John Garth, *Tolkien and the Great War: The Threshold of Middle-earth*, London 2011, S. 94, oder Mark Home, *J.R.R. Tolkien*, Nashville 2011, S. 124ff. Letzterer schreibt, »die Fluktuation zwischen Königen und ›Anarchie‹ ist nicht ungewöhnlich für einen Studenten nordeuropäischer Stammesgeschichte« (ebenda, S. 125) – und typisch dafür, was wir als heroische Gesellschaften definiert haben.

39 Fans von Douglas Adams erinnern sich bestimmt, dass *Per Anhalter durch die Galaxis*, eine andere Mitte des 20. Jahrhunderts entstandene Bürokratiesatire, mit genau solch einem Szenario beginnt, das zur Zerstörung des Planeten führt.

40 Der edle Häuptling im Kampf gegen den bösen Zauberer ist eigentlich ein Stereotyp aus der britischen Kolonialzeit: Kolonialbeamte in Afrika versuchten meist, lokale Kriegereliten ausfindig zu machen, welche sie verehrten; wenn sie keine fanden, nahmen sie an, sie wären von bösen »Medizinmännern« oder sonstigen Magiern verschleppt worden, welche sie stets als bösen Einfluss betrachteten. *König Salomons Schatzkammer* ist der ultimative fiktionale Ausdruck dieses Mythos.

41 Huizinga geht davon aus, dass Spielen und Spiel dasselbe sind. Johan Huizinga, Homo Ludens: *Vom Ursprung der Kultur im Spiel*, Reinbek 1987.

42 Wenn jemand ein Spiel spielt, ist das »Spielen-Element« das unberechenbare Element, der Grad, zu welchem man nicht einfach nur die

Regeln befolgt, sondern Geschicklichkeit anwendet, einen Würfel wirft oder sonstige Unsicherheiten eingeht.

43 Ein typisches Beispiel: J. Lowell Lewis, »Toward a Unified Theory of Cultural Performance«, in: Graham St. John (Hg.), *Victor Turner and Contemporary Cultural Performance*, London 2008, S. 47. Dieser Standpunkt taucht in der Literatur immer wieder auf. Ich könnte noch hinzufügen, dass Dungeons & Dragons und ähnliche Rollenspiele deshalb so beliebt sind, weil sie die perfekte Mischung der Prinzipien Spielen *(play)* und Spiel *(game)* darstellen.

44 »Alternative Futures«, in: *Times of India* vom 10. Februar 2007; timesofindia.indiatimes.com/edit-page/AlternativeFutures/articleshow/1586903.cms.

45 Carl Schmitt, *Politische Theologie. Vier Kapitel zur Lehre von der Souveränität*, Berlin 1993 (1922). Schmitts Argumente wurden von den Nazis zur legalen Rechtfertigung der Konzentrationslager missbraucht.

46 »In der indischen Kosmologie ist das Spielen eine Vorstellung von oben nach unten. Passagen über das Spielen und seine Voraussetzungen sind auf einer hohen Ebene von Abstraktion und Allgemeingültigkeit eingebettet. Überall finden die Wesenszüge des Spielens ihren Nach- und Widerhall. Darüber hinaus jedoch sind die Wesenszüge des Spielens unverzichtbar für das Funktionieren des Kosmos.« D. Handelman, »Passages to Play: Paradox and Process«, in: *Play and Culture* Bd. 5, Nr. 1 (1992), S. 12. Ebenfalls zitiert in: Brian Sutton-Smith, *The Ambiguity of Play*, Cambridge 2001, S. 55 (deutsche Ausgabe: *Die Dialektik des Spiels: eine Theorie des Spielens, der Spiele und des Sports*, Schorndorf 1978).

47 Brian Sutton-Smith, S. 55ff. Das Spielen von unten nach oben hingegen – die Vorstellung des Spielens als grundsätzlich subversives Tun – hat es immer gegeben, wurde jedoch erst in der Romantik zu unserem vorherrschenden Denkmodell.

48 Um genauer zu sein: Diese Repräsentanten sind die einzigen Menschen, denen es in einer gegebenen Situation gestattet ist, gewaltsam zu handeln, wenn sie sowohl anwesend als auch bei der Arbeit sind. Max Weber, »Das staatliche Gewaltmonopol« aus dem Vortrag *Politik als Beruf*, München 1919.

49 Während der Demonstrationen gegen die Weltbank im Jahre 2002 beschloss die Polizei von Washington, D. C., eine öffentliche Parkanlage zu umstellen und sämtliche Personen zu verhaften, die sich dort aufhielten. Ich erinnere mich noch gut, wie ich den Kommandanten fragte, weshalb wir denn verhaftet würden, und er antwortete: »Wir denken uns später etwas aus.«

50 Es ist möglich, doch bedarf es dazu mindestens einer analen Penetration mit Waffen. So vergewaltigte der Polizist Justin Volpe 1997 einen Mann mit einem Besenstiel auf der Toilette eines New Yorker Polizeireviers, weil er fälschlicherweise annahm, dieser hätte ihn bei einem Straßenkampf geschlagen; Dennis Krauss, ein Beamter aus Georgia, reagierte auf Notrufe wegen häuslicher Gewalt wiederholt damit, dass er den Frauen, die ihn angerufen hatten, sexuelle Gefälligkeiten abverlangte. 1999 versuchte er, eine Frau mit einer Schusswaffe zu vergewaltigen. Beide Polizisten wurden zu Haftstrafen verurteilt. In der Regel bedarf es eines Übergriffs solcher Schwere, um einen Beamten hinter Gitter zu bringen. Während der Proteste des Global Justice Movement und von Occupy Wall Street beispielsweise kam es wiederholt zu Fällen, in denen Polizisten – oft nach vorheriger Androhung – systematisch Handgelenke und Finger brachen, doch kein Beamter wurde jemals angeklagt, geschweige denn verurteilt.

51 Man beachte die komplexe Beziehung zwischen diesem und dem zuvor beschriebenen rationalistischen Ansatz, bei dem Kreativität als dämonisch betrachtet wurde, weil sie dem göttlichen oder kosmischen Prinzip der Vernunft entgegenstand. Hier wird die Kreativität als dämonisch betrachtet, weil sie *Teil* des göttlichen oder kosmischen Prinzips des Spielens ist!

52 Manch zeitgenössischer Politiktheoretiker würde dies vermutlich sofort bestätigen. Ich meine hier insbesondere eine Denkschule, die als Bürgerlicher Republikanismus bezeichnet wird. Dieser wird von intellektuellen Historikern wie Quentin Skinner und Philosophen wie Philip Pettit vertreten, die argumentieren, »Freiheit« in der klassischen liberalen Tradition sei nicht die Möglichkeit, ohne ein Eingreifen von Macht oder eine Bedrohung mit Gewalt zu handeln – da Rechtssysteme Gesetzesübertretungen mit Gewalt bedrohen –,

sondern vielmehr, ohne ein Eingreifen *willkürlicher* Macht handeln zu können. Wir wollen hier nicht allzu weit in die Tiefe gehen, aber die gesamte Formulierung führt zu einer Art Nullsummen-Sicht von Freiheit. »Willkürlich« bedeutet schließlich »unbestimmt, launenhaft, eigenwillig, beliebig«. In einem System willkürlicher Autorität spiegeln Entscheidungen den Willen und das Wohlgefallen des Despoten wider. Doch aus Sicht des Despoten bedeutet diese Willkür Freiheit. Das Volk ist also frei, wenn der Führer es nicht ist. Mächtige Menschen müssen die Regeln befolgen. Da jedoch alle Bürger ein gewisses Maß an Macht besitzen, gilt dies auch für alle anderen. Da Freiheit den Schutz vor willkürlicher (nicht regelkonformer) Macht bedeutet und es überall Macht gibt, bietet diese Logik einen Freibrief dazu, sämtliche Bereiche menschlichen Lebens in ein Korsett transparenter Regeln zu pressen. (Die Schlüsseltexte sind hier: Philip Pettit, *Republicanism: A Theory of Freedom and Government*, Oxford 1997; Quentin Skinner, »Freedom as the Absence of Arbitrary Power«, in: Cécile Laborde and John Maynor (Hgg.), *Republicanism and Political Theory*, Malden, MA, 2008).

53 Marilyn Strathern, *Audit Cultures: Anthropological Studies in Accountability, Ethics and the Academy*, London 2000.

54 Sie verändern sich nicht nur, sondern verändern sich mit ziemlich konstanter Geschwindigkeit, ungeachtet historischer Rahmenbedingungen. Es gibt sogar eine ganze Wissenschaft, die sich damit befasst, die sogenannte Glottochronologie.

55 Jo Freeman, »The Tyranny of Structurelessness«, erstveröffentlicht in: *The Second Wave* (Bd. 2, Nr. 1), Nachdruck in: *Quiet Rumours: An Anarcha-Feminist Reader*, Edinburgh 2002, S. 54ff.

Anhang: Über Batman und die Problematik der rechtsetzenden Gewalt

1 Ich möchte nebenbei darauf hinweisen, dass sich meine Analyse auf die klassische Comic-Literatur bezieht, vor allem auf jene aus den ersten Jahrzehnten nach der Entstehung dieses Genres. Nachdem

dieser Aufsatz erstmals erschienen war, wurde häufig kritisiert, dass die fortgeschrittensten Beispiele dieser Literatur nicht berücksichtigt worden seien: *Batman* von Frank Knight, die Serie *Watchmen, V for Vendetta* und viele weitere explizit politische Comic-Plots. Auch die »Mainstream«-Comics sind im Lauf der Zeit zunehmend politischer geworden (Lex Luther zum Beispiel wurde Präsident!) Doch wenn man verstehen will, was ein populäres Genre im Kern ausmacht, sollte man nicht dessen fortgeschrittenste, hoch entwickelte Varianten untersuchen. Um das Genre zu verstehen, schaut man sich den Durchschnitt an.

2 Sofern man den Fall jenes Mannes unberücksichtigt lässt, der eindeutig zu viele Batman-Filme gesehen hatte.

3 Dieser Text erschien unter dem Titel »Super Position« in *The New Inquiry*, Oktober 8, 2012.

Personenregister

V

W

Sachregister

B

C

D

G

J

K

L

M

N

O

P

R

S

T

U

V

W

Y

Z